全媒体实践实验教学系列教材

全球知名谈话节目案例解析

牛慧清◎著

中国传媒大学出版社
·北京·

序

他山之石，可以攻玉。

对于中国电视界来说，向国外学习已经持续了很多年，特别是2009年以来，中国电视开始大规模引进国外的电视模式，全方位向电视模式输出大国学习。据不完全统计，中国在2002年到2005年间引进了4种模式，2006 年到 2009 年间增长为10种，2010 年以来则引进了近 40种模式，其中还不包括非正式版权购买的“借鉴”模式类节目。这些节目模式的引进不仅节约了前期的研发成本，有效降低电视节目“试错”的风险，而且增加了向国外电视行业精英学习的机会。

毫无疑问，中国电视现已成为全球电视节目模式销售的最大市场。但是一味地引进模式也会产生原创力不足的负面效应，近十余年来中国电视获得收视佳绩的创新节目，大多是模仿、复制、引进国外电视节目模式的产物。如果中国电视只满足于扮演全球电视创意销售的“商贩”角色，那么，不仅会在经济领域失去原创力和竞争力，而且会在文化领域丧失优秀民族文化的创造力、传播力和影响力。

所以，要想提升我国本土视听节目的独立创新能力，正确的做法自然是引进与本土相结合，在引进中学习经验、提升水准，以弥补原创力的不足。所以，从这个意义上讲，从国外优秀的视听节目中取经依然是当下提升本土节目生产与制作水平的一条有效的路径。

自1954年美国NBC创办晚间谈话节目《今夜秀》以来，世界范围内的电视谈话节目已有60多年的历史。而在我国，1992年，上海东方电视台播出了一个名为《东方直播室》的节目，这个节目采用现场直播的方式，邀请嘉宾和观众来到演播室就某个话题展开讨论，该节目的诞生意味着中国电视从此出现了一种新的节目类型——电视谈话节目。1996年3月16日，经过精心策划的电视谈话节目《实话实说》在中国中央电视台开播，它开启了谈话节目的一轮热潮。创办不到六年，《实话实说》就成为一档拥有至少500万观众的品牌节目。以《实话实说》为标志，中国的谈话节目如雨后春笋般发展起来，地方电视台纷纷开播电视谈话节目，谈话节目的主持人也以仿效崔永元的主持风格为时髦。

弹指一挥间，中国电视谈话节目从诞生到如今，也走过了30年的历史，其间虽然出现过一段繁荣鼎盛期，但是现在数量已大幅减少,能够留存下来的谈话节目从收视率到影响力均不可同日而语。近几年，随着中国视听节目模式的不断创新，一些形式新颖，在社会上产生较大反响的谈话节目出现在荧屏上，尽管在这些节目中依然可以找到国外同类节目形态的影子，但是它们毕竟成功地进行了本土化的改造，其中不乏可取之处，所以，对我国这些谈话节目的分析也纳入书稿中。

随着互联网的快速迭代，网络媒介生态也在加速洗牌。早在几年前，网络自制节目专业化、大制作的趋势就已经显现。谈话节目作为其网生节目中的一种不可小觑的节目形态，由于网络本身的开放性和受众的互动性而赢得了较大的发展空间，所以，本书也将世界范围内有代表性的网生谈话节目纳入分析的范畴，为进一步提升网生谈话节目的质量提供可资参考的借鉴思路。

由于本书的作者有着多年的电视从业经历，无论在理论研究，还是实际操作方面，都深刻感受到各级电视台以及节目制作公司，急需大量成熟的电视节目模式参考学习。为全面展示当下全球知名视听谈话节目的节目形态，总结和发现规律，为国内同类节目的模仿和学习提供蓝本和创新的方向，我们历经两年多的时间，从法国、德国、意大利、荷兰、葡萄牙、俄罗斯、西班牙、英国、美国、印度、中国、日本、韩国13个国家搜集、挑选出32档谈话节目，逐一从节目概况、板块设计、舞台设计、节目分析、可借鉴性和反思等几个方面进行精心梳理和深刻解析，其中很多节目都是第一次在国内呈现。

对视听谈话节目进行分类一直是一件令人头疼的事情，因为随着节目竞争的白热化，谈话节目的形态不断创新，访谈节目的综艺化和真人秀趋势越来越明显，所以在本书中，我们并没有按照节目的形态来分析这些节目，而是将内容划分为欧美篇和亚洲篇两大部分，在每一部分中，按照国家名称的英文首字母来排序，在每一个国家中，又按照节目创办时间的先后来排序，或许这样的安排不偏不倚，更显理性。受制于时间与精力的限制，一些国家如澳大利亚、加拿大、巴西等的谈话节目没来得及纳入本书，这不得不说是本书的一大遗憾。在选择这些国家的谈话节目时，本书也没有统一的标准，仅仅将口碑和收视作为判断标准，其学理性稍显不足。

脱口秀节目最早出现在美国，其英文名称为“Talk Show”，港台的翻译家们发挥奇妙的想象力，将其翻译为“脱口秀”。事实上，脱口秀与传统的谈话节目并不完全相同，前者更讲究个性化与临场发挥，而后者则有一定的常规形态。

美国晚间和日间脱口秀节目基本上使用的是“开场段子+喜剧环节+嘉宾访谈+音乐嘉宾+乐队伴奏+观众互动”的六段式模式。美国的《喜剧中心吐槽大会》的节目形式虽然与美式脱口秀不尽相同，但是因为其幽默、轻松搞笑乃至讽刺挖苦的节目调性是一致的，所以本书也将它归纳到脱口秀这一类别中。

纵观全世界，美式脱口秀这种节目形式不仅在当地大受欢迎，而且深深地影响了全球的谈话节目，许多国家如法国、荷兰、俄罗斯、西班牙、英国、韩国等也不断借鉴。尽管这些节目都根据本国的文化传统，进行了一些本土化的微调，但是总体架构基本相似，本书将这一类节目形态统统定位为脱口秀。

中国传媒大学苗棣教授在《脱口成“秀”——电视谈话节目的理念与技巧》一书中，将传统的电视谈话节目分为叙事型、辩论型、专题讨论型和清谈型四种类型。尽管这本书于2006年出版发行，这种分类方法也是基于当时的电视谈话节目的实践，但是时至今日这种划分依然有它的合理性和适用性。在这四种谈话节目形态中，辩论型和专题讨论型理解起来较为容易，辨识度较高；而清谈型和叙事型谈话节目听起来较为晦涩，实际上，清谈型谈话也称为漫谈式谈话，这种节目不追求问题答案的“正论”，而是一种客厅聊天式的谈话方式。叙事型谈话节目就是以讲述故事为谈话内容的节目形态，可以以人物为中心展开，也可以以故事为中心展开，简单来说，节目就是由主持人对嘉宾和故事中的当事人进行访谈，讲述鲜为人知的精彩故事以及当事人对待事件的态度和看法。在本书中，为了使四种谈话节目的形态在表述上更为贴近，我们把这一类节目形态定义为访谈型谈话节目。

尽管划分节目形态无比困难，但是为了让读者能够对节目的主要形态一目了然，本书依据上述分析，结合当下谈话节目的现实表征，将谈话节目大致划分为脱口秀节目、访谈型谈话节目、辩论型谈话节目、主题讨论型谈话节目和清谈型谈话节目，并在每一档节目的节目概况梳理中，标注出它的节目形态。

这是一本可供广电集团、节目制作公司及其从业者，相关领域的专家学者、相关专业的学生准备的专业书籍，为了全景式展示节目的整体概况，我们在节目解析中，专门加入舞美设计这一板块，期望这样的安排会对读者有所启发和帮助。

美国著名脱口秀女王奥普拉·温弗瑞说过："即使童年再黑暗，抓住一丝亮光，就能成为太阳"，借用这句话，即使这本书的影响力再弱小，笔者也殷切期望本书会对中国视听谈话节目的研发与创新尽一点微薄之力，给未来的谈话节目带来一丝亮光，进而使之繁荣昌盛。

牛慧清

2018年5月10日

于中国传媒大学

目　录

（以下按照国家名称英文首字母排序）

欧美篇

◎ **法国**

名人与政治家混搭的节目典范
——《我们还没睡》 002

我们只想娱乐
——《别动我的电视》 011

◎ **德国**

德国电视的奥斯卡
——*3 nach 9* 020

41 年脱口秀常青树
——*NDR Talk Show* 030

◎ **意大利**

意大利“议会第三院”
——《门对门》 040

观点交锋的战场
——《外族人的入侵》 048

◎ **荷兰**

诗意地栖居
——《转动世界》 057

我们不是记者，而是讽刺者
——《鲁巴赫周日秀》 072

◎ **葡萄牙**

素颜出镜的心灵对话
——《深度访谈》 085

媒体从业者的智库
——《最后一个人关灯》 094

◎ **俄罗斯**

每个人都有说话的权利
——《说话的权利》 103

带着好心情入眠
——《晚间乌尔甘特》 112

◎ **西班牙**

西班牙国家文化的窗口
——《蚂蚁窝》 122

如挚友般畅谈
——《欢迎来我家》 133

◎ **英国**

英式幽默下的明星访谈
——《格拉汉姆·诺顿秀》 145

多元与本土碰撞下的文化名片
——《乔纳森·罗斯秀》 154

◎ **美国**

“插科打诨”下看不见的宣传
——《吉米鸡毛秀》 165

吐槽的快感
——《喜剧中心吐槽大会》 178

美国日间脱口秀节目的代表作
——《艾伦秀》 188

超现实主义的对话
——《蕨间访谈》 201

喜剧制胜的晚间谈话节目
——《吉米今夜秀》 208

亚洲篇

◎ **中国**

一堂别开生面的电视公开课
——《开讲啦》 222

展示中国人丰富而美好的精神世界
——《等着我》 233

辩论赛式说话达人秀
——《奇葩说》 244

杂谈茶话会
——《圆桌派》 256

连接一切孤独的现代人
——《和陌生人说话》 265

◎ **印度**

真理战胜一切
——《真相访谈》 276

印度的国家公诉人
——《你的法院》 285

◎ **日本**

日本最长寿的访谈节目
——《彻子的房间》 294

普通的主题不普通的谈话
——《中居之窗》 304

◎ **韩国**

访谈舞台上的小型演唱会
——《柳熙烈的写生簿》 312

拼盘式评论性谈话节目
——《舌战》 320

后 记 327

欧美篇

法国

名人与政治家混搭的节目典范

——《我们还没睡》

一、节目概况

节目名称：*On n'est pas couch*é（ONPC）

中文名称：《我们还没睡》

发行地区：法国

播出频道：法国电视二台（France2）

首播时间：2006年9月16日

播出时间：每周六23：15

单集时长：150–180分钟

节目类型：辩论型谈话节目

图1　节目LOGO（图片来自YouTube截图）

《我们还没睡》(简称ONPC)是全法国最为流行的谈话节目，从2006年9月16日开播以来，每周六晚11点15分在法国电视二台播出。该节目由脱口秀之王劳伦特·瑞奎尔(Laurent Ruquier)主持，在长达两个半小时的时间内，主持人与当晚邀请的嘉宾一起讨论过去一周内在法国发生的事情。

该节目更像是一场以法国甚至世界上正在发生的热点事件为主题的辩论，与国内的《奇葩说》形式有些相似。在这个节目中，观众不仅可以了解到法国的时事新闻，还可以学习法国人的说话艺术。

二、板块设计

在节目一开始，主持人劳伦特·瑞奎尔先用幽默的方式介绍“今晚不能来的人”，也就是不在舞台现场而在这一周的时事新闻中出现的人物。在2012—2013播出季，虽然这部分更名为“flop ten”，但保持了和原来同样的目的。从2016—2017播出季开始，这部分不再有明确的名字，而是由主持人用诙谐的方式来回顾新闻。

接着，主持人依次介绍到场嘉宾及其个人成就，嘉宾依次登场坐下后，大屏幕会展示上周出现的新闻事件或焦点新闻人物的图片、漫画等，每位嘉宾需要选取其中一个进行评论。之后，嘉宾们轮流坐在采访席上相互对质辩论。

不管是专栏作家，还是记者，都可以根据他们的个人喜好，与不同的被访者进行辩论。因此，一些嘉宾可能会受到政治和艺术方面的质疑和批评，这当中可能带有强烈的敌意。在节目录制期间，嘉宾们曾发生了一些口角，一些嘉宾还因此而离开了舞台。

下面以2017年12月2日播出的第12季中的一期节目[①]为例，对《我们还没睡》节目的板块设计进行分析。

图2　嘉宾席位的设计感强，在席位前面设置小型电子屏幕(图片来自YouTube截图)

① 节目视频网址：https://m.youtube.com/watch?v=ntNd77RIRLk。

本期节目于2017年12月2日23点15分在法国电视二台首播，和往常一样，主持人依然是劳伦特·瑞奎尔，另外，还有他的两位搭档——扬·穆瓦（Yann Moix）和克里斯蒂娜·安戈（Christine Angot）。本期节目的嘉宾是著名导演马克·杜甘（Marc Dugain）、著名歌手乔伊·斯塔尔（Joey Starr），以及著名小说家伊莎贝尔·蒙宁（Isabelle Monnin）。本期节目的政治嘉宾是曼努埃尔·瓦尔斯（Manuel Valls），即奥朗德在任期间任命的法国总理，本期节目针对伊斯兰的一些问题和他进行了交流。

表1　节目板块内容详解

总时长	板块时长	具体内容	形式
0分22秒	0分22秒	节目名称，导演以及制片人的介绍	片头短片
0分35秒	0分13秒	主持人出场，介绍他的两位搭档，向观众问好	现场画面+主持人导语+音效
0分45秒	0分10秒	主持人介绍本期节目的政治嘉宾——法国前总理	现场画面+大屏幕短片 +音效
3分35秒	2分50秒	主持人介绍本期节目邀请的嘉宾，简单介绍他们的最新作品	屏幕出现嘉宾的最新作品+嘉宾在后台准备登场以及嘉宾上台的镜头+观众反应镜头+音效
22分40秒	19分05秒	在场嘉宾轮流从主持人给出的12个人物当中选择一个时，屏幕上会给出与这些人物相关的新闻报道的图片、漫画，以及关于该人物的一些视频。在场嘉宾与该人物进行简短的交流	现场画面+主持人与嘉宾交流+嘉宾之间交流+观众反应+大屏幕画面+图片视频素材+音效
51分14秒	28分34秒	主持人引导嘉宾发言，嘉宾分别介绍自己的最新作品，有的是书，有的是电影，有的是唱片，以及自己创作的过程和受到的启发。在嘉宾发言的过程中，主持人的两位搭档也会针对嘉宾的发言发表自己的见解	现场画面+主持人与嘉宾交流+大屏幕展示作品图片+短视频素材
52分04秒	0分50秒	主持人介绍本期节目的政治嘉宾，介绍他的职位以及贡献，政治嘉宾登场	现场画面+政治嘉宾后台登场以及上台镜头+音效
29分00秒	36分56秒	主持人先对政治嘉宾进行提问，问题是他对本期节目中其他嘉宾作品的看法，然后主持人的两位搭档提出一些关于本周时事政治的问题，让政治嘉宾发表自己的见解	现场画面+主持人与政治嘉宾的互动+嘉宾之间的互动+大屏幕短片+音效

续表

总时长	板块时长	具体内容	形式
1小时40分24秒	11分24秒	主持人介绍本期节目中政治嘉宾所选取的漫画，政治嘉宾解释选取的原因和背后的故事，以及自己对这件事情的看法	现场画面+大屏幕短片+嘉宾个人讲述自己的看法+音效
1小时41分44秒	1分20秒	政治嘉宾退场	现场画面+观众反应+政治嘉宾离场镜头+音效
1小时42分11秒	0分27秒	在场嘉宾在主持人的引导下详细介绍自己带来的作品的内容、创作的过程，其他嘉宾和主持人提出问题，发表自己的看法	现场画面+主持人与嘉宾发言+嘉宾互动+音效
2小时54分15秒	1小时12分4秒	主持人总结本期节目嘉宾带来的作品	现场画面+主持人发言+大屏幕短片+音效
2小时54分46秒	0分31秒	主持人结语，播放片尾视频	现场画面+片尾视频

三、舞美设计

1.舞台背景

该节目的舞台背景非常简洁，整个舞台的色调为蓝色，深浅不同的渐变蓝色构成了舞台的主色调，但并不会因为一成不变而显得单调，因为舞台上还有各种灯光特效，它们会随着嘉宾的登场和话题的变化而变化，增加节目的活力，烘托现场气氛，调动观众参与的积极性，使节目更加丰满。

图3　舞台远景，圆形的小型舞台，两边是观众席位（图片来自YouTube截图）

2.大屏幕的设置

整个演播室的大屏幕分为两个部分，一个是观众和嘉宾都可以看到的大号LED显示屏，显示屏一共有两块，用以实时切换嘉宾的镜头、主持人的镜头和观众的反应镜头。当对嘉宾的作品进行介绍时，大屏幕上会显示相应的图片、视频等。这样的设置考虑到观众的需求，使坐在每个位置的观众都能看见每一位嘉宾的反应，从而更好地融入他们的交流辩论中。

另一个是嘉宾席座位前的LED显示屏，这里的显示屏不太大，显示的是一些图片或者视频的素材，对于相对而坐的嘉宾来说，这块显示屏可以让他们更直观地了解坐在自己对面的人和他们的作品。

图4　舞台大屏幕，图为主持人开场画面（图片来自YouTube截图）

图5　嘉宾席位前的小型屏幕，与大屏幕相呼应（图片来自YouTube截图）

3.嘉宾席的设置

舞台被分为三个部分，一部分是主持人的位置，一部分是嘉宾的位置，还有一把单独的椅子，是为每一期节目中的政治嘉宾准备的。主持人劳伦特·瑞奎尔单独坐，面对观众，他的两位搭档扬·穆瓦和克里斯蒂娜·安戈坐在离他不远处，与嘉宾共同构成了一个圆形。整个舞台座位的布局颇似圆桌会议，大家发表各自的看法时，可以看见对方，增强了谈话的随意性；而政治嘉宾单独一个座位的设置，会让观众产生一种大家都在质问一个人的感觉，从而突出强调了被采访者。

图6　嘉宾座位，图为辩论双方（图片来自YouTube截图）

4.观众席的设置

和一般的脱口秀节目不同，《我们还没睡》的观众席的设置更像是歌曲选秀节目的观众席。观众并不只是坐在正对舞台的位置，而是将整个舞台环绕起来，从后台通向舞台的玻璃路两旁也都坐满了观众。这种设置会显得很活泼、很随意，可以让观众放松身心，不受拘束。

图7　观众席呈整齐的方形阶梯状（图片来自YouTube截图）

5.嘉宾的出场方式

一般的节目，呈现在观众眼前的只是“台前”部分，不会有“幕后”部分。因为这样会显得节目安排很严谨，没有任何纰漏。但《我们还没睡》将嘉宾等待登场的镜头也加入进来。每当主持人介绍完一位嘉宾以及他/她的作品后，镜头就会切换到幕后，拍摄准备登场的这位嘉宾，这是整期节目当中观众首次看见嘉宾本人，而且镜头是在嘉宾毫不知情的情况下拍摄的，具有真实性，也能让观众很直观地看到嘉宾上场前的心理状态，或紧张，或激动，或淡定，抑或高冷。

图8　嘉宾登场前画面（图片来自YouTube截图）

6.着装

主持人劳伦特·瑞奎尔的着装正式、大气，每期节目他都会穿着西装，显得沉着内敛。而其他嘉宾的穿着大都比较随意，多按照自己的风格来着装，不会显得很刻意、拘谨。

图9　主持人劳伦特·瑞奎尔的着装　（图片来自YouTube截图）

四、人员设计

1.主持人

从2006年开播以来，《我们还没睡》的主持人一直是劳伦特·瑞奎尔。他是法国老牌电视节目主持人之一，曾经在法国电视一台、二台、四台担任各种节目的主持人，有着丰富的主持经验。他的现场把控能力、话题推动能力以及对时事新闻的熟知力，都使得他能很好地驾驭、主持这档节目，无论发生什么样的突发情况，无论嘉宾做出了怎样的回答，他都可以迅速做出回应。

2.嘉宾

该节目选取的嘉宾都是具有一定社会影响力的名人，来自各行各业，有作家、歌手、导演、演员、企业家等。嘉宾的选取范围很广泛，这就增强了话题讨论的广泛性，而不会局限于单一的话题，这也是该节目从2006年开播到现在一直备受关注的重要原因之一。

而对于政治嘉宾的选取，也是非常考究的。法国的政治家并不避讳登上《我们还没睡》这种脱口秀谈话节目，他们喜欢向公众阐述自己的政治思想，喜欢出现在各种媒体上，让更多人了解自己的政治理念，所以节目邀请的政治嘉宾通常是比较有名的政界当权人物。

3.嘉宾搭配

每期节目都会邀请三位社会名人和一位政界人士担任嘉宾，这样的安排不会使节目因为政治性太强而缺乏趣味性，也不会因为过多地介绍作品和名人本身而显得过于单调。节目巧妙地将两者结合在一起，既相互联系，又相互制衡，既有趣味性，又有政治色彩。

五、节目分析

1.选题具有广泛性和时效性

《我们还没睡》的选题范围非常广泛，涉及日常生活和社会的各个层面，而且选题具有很强的时效性，每次节目都由本周新闻中出现的事件、热门人物、热门话题或某一经济现象开始，捕捉鲜活经济事件、探讨新潮理念、演绎故事冲突，着重突出思想的交锋与智慧的碰撞。节目多邀请重量级嘉宾，对某一话题展开深入探讨，挖掘其背后的人和事，并进行讨论和争辩，引人思考。每个人都有自己独特的想法和见解，有时候会因为想法不同而发生冲突，而这正是整期节目的高潮部分。如何能说服对方，让对方和观众都同意自己的观点，是每位嘉宾的最终目的。

同时，整期节目被分成两个部分，一部分侧重娱乐，一部分偏向政治，两者的结合让整个节目内容丰富又不乏趣味性。

《我们还没睡》因其选题的广泛性和时效性，其观众也具有广泛性，无论是年轻人还是老年人，无论是学生还是政治家，都是该节目的观众。但是由于节目播出时间为晚上11点15分，所以在首播当天观看的更多是年轻人，以及对时事新闻或政治感兴趣的人，而老年人大多会选择在第二天重播时观看。

2.在细微处体现每一期节目的环节设置

在环节策划方面，每期节目都是相同的，都是“主持人介绍嘉宾—嘉宾选取图片进行讨论—政治嘉宾上场接受采访、进行辩论—嘉宾介绍作品以及故事”这样几个环节，但由于每一期邀请的嘉宾和政治嘉宾都不同，所以在具体细节上也会做略微调整。节目通过短片的形式介绍图片或者作品背后的故事，从而推动节目进行话题的展开与讨论，使观众更直观地理解这些作品及其背后的故事。

3.展示“幕后”的嘉宾出场方式

向观众展示“幕后”，也是这档节目的一个创新点。这档节目的嘉宾大多是一线明星和政治大咖，观众对他们在镜头前光鲜的“表演”已经产生了审美疲劳。而当镜头对准准备登场的嘉宾时，嘉宾的真实心理和行为就展现在观众眼前，虽然只是短短的十几秒，但是观众看到了一个不一样的嘉宾，这样的方式既满足了观众的窥视欲，也凸显了嘉宾多样性的特质。

有人评价说：“这档节目是政治家能够有时间进行自我展示的最后一档节目。”正是因为这档节目对公共问题深入浅出的辩论，这个深夜播出的节目才深受观众和专业人士的欢迎。

4.主题音乐强化记忆

《我们还没睡》的主题音乐在节目中反复出现，是来自芬兰乐队The Rasmus的*In the Shadows*。整首歌曲活力十足，跳跃性强，主旋律也很清晰，听过以后便很难忘记。

选择一首合适的歌曲对整个节目来说是至关重要的，选对了歌曲，观众就会产生代入感，观众再次听到这首歌曲的时候也会想到这个节目，从而吸引更多观众持续关注。

（牛慧清　李宜珈）

我们只想娱乐

——《别动我的电视》

一、节目概况

节目名称：Touch pas à mon poste（简称TPMP）

中文名称：《别动我的电视》

发行地区：法国

播出频道：France4（第一季至第三季）和C8（第四季至第七季）

首播时间：2010年4月22日

播出时间：周一至周五 19：10

单集时长：80分钟至125分钟

节目类型：脱口秀

图1　节目LOGO（图片来自节目官网）

《别动我的电视》(*Touch pas à mon poste*)是一档多样化的脱口秀节目，目前在法国C8频道以直播的形式播出，由H2O影片公司发行。该节目于每周一至周五19时10分播出，时长80分钟到125分钟不等，常驻主持人是西里尔·哈努纳(Cyril Hanouna)，周五的节目有时由朱利安·库尔贝(Julien Courbet)主持。《别动我的电视》最初在法国电视四台(France4)播出，播出时间是周四22时40分，播出后受到极大欢迎，节目因此增加至每周播出三次，自2012年10月8日起，节目改至现在的C8频道播出。

节目自2010年4月22日播出以来迅速俘获了大批的粉丝，即使对于法国电视四台这样一个影响力较大的频道来说也是不可小觑的成功。对于初次播出的节目来说，平均每期节目能聚集27.6万名观众，斩获2.2%的收视率是个骄人的成绩。节目在第四季转到C8频道播出后改为直播的形式，第一集就获得了4.1%的收视率，有78万名观众收看了本期节目。从2013年5月20日起，《别动我的电视》每期节目都稳定地拥有百万量级的观众。

《别动我的电视》还推出了许多特别节目，在黄金时段以直播或是录播的形式播出，节目虽然设有固定的流程，但每次都有不同的主题，其主题丰富多变，有关于演员、歌手等名人的，也有关于某个电视节目的。

这档节目打破了传统的脱口秀节目形式，以新颖、多变、有趣著称，因此受到了大批观众特别是年轻观众的追捧，其YouTube主页拥有20余万名粉丝。该节目邀请的嘉宾范围广、跨度大，海内外的名人明星、政治人物都曾走进它的演播室。面对节目被指时长拖沓、环节散乱、不惜代价地搞笑等问题，主持人西里尔·哈努纳宣扬了节目的理念，称该档节目就是要与严肃电视节目有所不同，是一档纯粹为了娱乐，使人放松、捧腹的脱口秀节目，这一理念也使得该节目引领了娱乐化节目的新浪潮。

二、板块设计

节目每集时长为80分钟左右，首先为开场表演，主持人对表演者进行简短访谈；接着主持人介绍到场嘉宾，进入不同的游戏板块，以多样的形式进行现场问答；最后主持人对前一天的电视节目进行分析和点评，总结本期节目。

下面以2017年11月8日的一期节目①为例进行分析，本期嘉宾为洛朗·巴菲(Laurent Baffie)②，这期节目的板块设计较为经典、有代表性。

---

① 节目视频网址：https://youtu.be/8WPeA8RpI4A。

② 洛朗·巴菲生于1958年，法国演员、编剧、短片导演，代表作《黑暗年代》《巴格达怪杰》等。

表1　节目板块内容详解

总时长	时长	内容	形式
2分59秒	2分59秒	热身环节，开场舞台表演。 歌手卡拉（Carla）带来*Le meilleur des 2*的表演	现场表演
4分46秒	1分47秒	主持人上台问候表演者，进行简短访谈，大屏幕显示卡拉新专辑的信息	双方现场画面（中景）
7分41秒	2分55秒	一位嘉宾上台互动，三人寒暄问候，卡拉即兴演唱	三方现场画面（近景和中景+嘉宾新专辑封面照片）
9分06秒	1分25秒	主持人介绍现场嘉宾，洛朗·巴菲（Laurent Baffie）给台下嘉宾送花，主持人询问洛朗送花给这些嘉宾的原因	现场画面+主持人与嘉宾交流（远景、中景切换）+现场观众画面（远景）+背景音乐+现场音效
12分31秒	3分25秒	主持人与嘉宾们互动，拿起9号猪砸出一个iPhone，大屏幕配合显示手机画面。主持人选择另一只猪，以点兵点将的方式选人砸猪，砸出的礼物归嘉宾	现场画面+主持人与嘉宾交流+大屏幕照片+背景音乐、笑声、掌声
12分44秒	13秒	被选中的嘉宾参与砸小猪存钱罐的游戏	现场画面+主持人与嘉宾交流画面
18分15秒	5分43秒	主持人讲解新的电话连线游戏规则，嘉宾洛朗参与游戏，与场外观众随机进行连线通话	现场画面+主持人与嘉宾交流+连线观众通话
19分33秒	1分18秒	进入新的板块，播放简介视频，镜头切回演播室后，主持人、观众以及嘉宾共同随音乐起舞	视频画面
21分09秒	1分36秒	主持人介绍节目内容，介绍洛朗的新书，与洛朗简短聊天	现场画面+主持人与嘉宾交流+大屏幕展示新书封面照片+背景音乐
25分18秒	4分9秒	主持人介绍游戏规则，进行场外电话连线	现场画面
26分03秒	29秒	进入新的板块“疯狂数字”，主持人与嘉宾、观众一起唱此环节的歌，并对此板块做简单介绍	现场画面+主持人与嘉宾交流+背景音乐
39分58秒	13分55秒	游戏开始，一共7个问题，嘉宾把答案写在白板上，大屏幕上显示嘉宾头像和他们的得分，舞台上的DJ也加入答题环节；游戏中多次插入短片来配合提问以及供嘉宾寻找答案，并通过重播短片的方式来揭晓答案	现场画面+主持人与嘉宾互动及嘉宾自由交流+短视频+背景音乐
45分58秒	6分00秒	进入新的游戏环节“笑话大比拼”。在此环节中，嘉宾讲笑话，看谁能逗笑洛朗，再次介绍洛朗及其新书	现场画面+主持人与各位嘉宾交流

续表

总时长	时长	内容	形式
53分30秒	7分32秒	进入新的板块“马克西姆·格尼的独家格言”。每进入一个新板块都有简单的开场歌舞，主持人和嘉宾以及现场观众共同舞动。现场气氛活跃。此板块中，许多舞者在台上跳舞，舞姿随意，并与嘉宾互动。大屏幕上展示风景图片和宣传标语，鼓励场外观众参与互动，赢取大奖	现场画面+主持人与嘉宾及现场观众互动+背景音乐
55分58秒	2分28秒	进入新板块“昨日电视”。主持人介绍此板块，并简短介绍昨晚播出的电视节目与剧集，大屏幕上显示最佳收视剧集，主持人对此剧集进行介绍。 “最佳节目”环节，宣布该环节得主为《慰藉》（*La Consolation*）。播放该剧集昨晚的精彩片段，嘉宾发表对剧集的看法。 “最烂节目”环节，宣布该环节影片为《自白》（*Confession Intime*），播放节目的短片，嘉宾就此发表观点。 “黄金短片”环节，宣布该环节得主为《四对新人的婚礼蜜月旅行》（*4 mariage pour lune de miel*）。介绍该短片并播放短片片段，嘉宾对此进行讨论，发表观点	现场画面+主持人与嘉宾交流互动+短视频
63分20秒	7分22秒	进入新板块“一个答题环节”，以馅饼作为答题奖励，主持人解释游戏规则，游戏开始后主持人进行提问，每位嘉宾持“对与错”的小牌答题	现场画面+主持人与嘉宾互动+大屏幕图片展示+短片+背景音乐
80分41秒	17分21秒	进入游戏“连线推销”环节，以电话连线的形式让洛朗朗读自己书中的内容，与观众进行分享并推销自己的新书	现场画面+主持人与嘉宾交流
82分00秒	1分19秒	主持人说结束语，节目结束	现场画面

三、舞美设计

1.舞台设计

《别动我的电视》设有舞台供主持人对嘉宾进行访问以及主持节目流程，舞台上方配有大屏幕，用来播放短片及图片等节目辅助内容。舞台的右侧有音乐操作台，这也是该节目的一大特色：把传统脱口秀节目放置在后台的设施搬到前台，营造出开放的环境。在节目中，主持人会与舞台上的音响师互动，音响师也会参与到游戏环节中。该节目的舞台设计经历过多次改版，但始终将嘉宾席与主持人所在的区域连成U形，方便主持人与嘉宾以及嘉宾与嘉宾之间互动，营造出轻松、适于交谈的环境。

图2　观众席与嘉宾席，秉承了大写U形设计（图片来自节目官网视频截图）

2.道具设计

在嘉宾与主持人的互动环节，节目会提供各种各样颇有创意的小道具，作为游戏道具或是奖品，比如在问答环节，嘉宾可以得到一次砸小猪存钱罐的机会，砸出来的东西会作为奖品送给嘉宾。

3.灯光运用

《别动我的电视》采取法国传统脱口秀节目偏好的蓝调灯光，富有专业感和科技感。在此基础上，节目灯光根据主题的不同又会富于变化，比如关于圣诞的特辑节目中，棚内灯光变成暖黄色调，但主持人和嘉宾台上的光带维持蓝光不变。

4.着装风格

在日常的节目中，主持人着装较为正式，常穿西装，DJ则多穿小礼服，嘉宾着装风格也较为正式，但在一些特辑节目中，参与者的着装风格会根据主题有明显变化，如在圣诞特辑中，主持人和DJ都穿着具有圣诞特色的服装出场。

图3　主持人及嘉宾（图片来自节目官网视频截图）

四、人员设计

1.主持人选择

周一至周四的节目由西里尔·哈努纳主持；在第六季与第七季中，周五的节目由朱利安·库尔贝主持。两位主持人经验丰富，西里尔更是凭借其个人魅力为节目吸引了大批粉丝。他幽默多才，主持特色鲜明，不拘小节，以敢说敢言著称，常常不按常理出牌，注重与嘉宾及观众的互动。值得一提的是，在2017年11月17日的这期节目中，为了契合残疾人媒体协会的主题，主持人由9位残疾人代替，这也是《别动我的电视》节目独特性的一种体现。西里尔在主持时常采用通俗化的语言，被语言学家尼古拉斯·菲利普

（Nicolas Philippe）称赞“为通俗法语注入了新的生命力”。他使一些法国俗语、谚语等得到了再次流行，还创造出许多新的流行词汇与语句，在节目的粉丝中引起了广泛传播。

图4　主持人近景（图片来自节目官网视频截图）

2.嘉宾选择

节目嘉宾的选择范围十分广泛，既国际化又不局限于娱乐圈，政界人物也多有涉及。如杰梅因·杰克逊（Jermaine Jackson）、雪儿（Cher）、詹姆斯·布朗特（James Blunt）等知名歌手及演员，音乐团体 Tokio Hotel，迪士尼出品的电视剧《薇奥莉塔》（*Violetta*）的演员班底，足球明星等。甚至在日本以一首现象级歌曲*Pen-Pineapple-Apple-Pen*爆红的歌手Piko Taro也曾走进《别动我的电视》的演播室。

在2016年11月的一期节目中，火爆的现象级美剧《权力的游戏》中的演员哈弗斯·朱利尔斯·比昂森（Hafpór Júlíus Björnsson）受邀来到节目，呼吁人们重视生态环境保护，关注塑料垃圾污染海水的问题。美国著名歌手克瑞斯·凯博（Cris Cab）在节目中翻唱了斯汀（Sting）的著名歌曲*Englishman in New York*。加拿大歌手贾斯汀·比伯（Justin Bieber）也在节目中接受西里尔的访谈。2017年的节目中更有许多美国歌手作为开场表演嘉宾来到现场，如歌手瑞塔奥拉（Rita Ora）、说唱歌手韦克莱夫·让（Wyclef Jean）、DJ乔纳斯·布鲁（Jonas Blue）等，芬兰女歌手艾玛（Alma）也曾来此表演。

除此之外，节目还邀请了许多政界人物，让-吕克·梅朗雄（Jean-Luc Mélenchon）和纳贾特·维刘德-贝勒克塞姆（Najat Vallaud-Belkacem）参与过一期以女权运动为主题的节目，杰克·朗（Jack Lang）参加了“政治技术论游行”（la Techno Parade）这期节目的录制，戈舒斯科-莫里泽（Nathalie Kosciusko-Morizet）参加过“4/3快问快答”（Les questions en 4/3）环节，并在节目中与总理曼努埃尔·瓦尔斯（Manuel Valls）进行了电话连线。

五、可借鉴性与反思

1.对传统脱口秀节目的颠覆与革新

《别动我的电视》的节目理念就是要打破传统节目类型的枷锁，不惜代价营造幽默娱乐的氛围。主持人西里尔曾在节目中说过，“我们厌烦了传统的严肃节目，我们只想要娱乐”。节目在一定程度上填补了娱乐类脱口秀节目的空缺，为脱口秀开创了一种新的模式。

2.清晰的受众定位

《别动我的电视》是一档面向年轻受众的节目，针对法国年轻人向往新潮自由、厌恶拘束和渴望冒险的特质，节目没有过于死板固定的流程，所讨论的话题多新锐有趣，那些被传统电视节目视为难登大雅之堂的话题也有所涉猎，这使得节目备受争议。例如主持人西里尔在一期节目中对同性恋群体的调侃被视为一种挑衅，引起了极大的争议和不满，也掀起了关于同性恋的讨论。当然，这也给节目带来了很大的话题度与关注度，使得节目的收视率一路飘红，成为法国年轻人最喜欢的一档脱口秀节目。

3.利用社交网络与观众互动

《别动我的电视》十分注重利用Twitter和Facebook等社交网络与粉丝互动，每期节目都会在视频的右下角实时展示观众在社交网络上发布的评论。这种方式极大地增强了用户黏度，提高了参与感，加上其观众定位为年轻一代，这些人多为社交网络的原住民、深度用户，他们习惯于在社交网络发布评论、分享感受，喜欢有参与感的互动方式。

4.轻松随意的氛围

节目较为开放的场景布置缩短了嘉宾、主持人和观众之间的距离，舞台上的DJ适时地弹奏乐曲，调节现场气氛，主持人常走到嘉宾中间或是在观众席旁与观众互动。节目由多个环节组成，在切换这些环节时，主持人会带领嘉宾和观众随着音乐唱跳一段来活跃气氛，并把板块的名字加入歌曲中。除调节现场气氛外，这也是一种让场外观众记住节目环节的很好的方式。

5.富有特色的开场表演

与传统脱口秀节目直奔主题的开场方式不同，《别动我的电视》设有开场表演、开场秀环节，许多著名歌星和表演艺术家都会受邀来到这个舞台，为节目做开场表演，吸引观众收看节目，为节目引流，可能有些人只是为了观看某位明星的开场表演，但大多数人点开节目后就被之后的环节吸引，成为节目新的受众。在开场表演之后，主持人一般会对表演嘉宾进行简单的访谈，为观众提供了解嘉宾的机会。

当然，这档深受年轻人喜爱的谈话节目也引发了很大的争议，没有固定的节目环节虽然可以让观众保有新鲜感，并为节目营造轻松活跃的氛围，但也往往会让观众不知所云，产生眩晕感。《自由报》曾评论该节目用大量的往期镜头回顾来填补空白，总是抖同样的包袱，反复讲相似的笑话。节目无拘无束的语言表达方式以及追求纯粹娱乐的节目理念也让节目遭受批评，France Inter的主持人布鲁诺·多奈特（Bruno Donnet）认为节目中的玩笑毫无节制，已经超出了玩笑的范围，让人感觉到受辱和受到人身攻击。

秉承娱乐的精神无可厚非，但是为了博人眼球，靠无底线的话题设置和出位的语言表达来营销，只会让节目遭人诟病，给他人留下话柄。

（牛慧清　卞　玮）

德国

德国电视的奥斯卡

——*3 nach 9*

一、节目概况

节目名称：3 nach 9
发行地区：德国
播出频道：不来梅广播电台
首播时间：1974年11月19日
播出时间：每隔四周的周五22：00至24：00
单集时长：120分钟
节目类型：主题讨论型谈话节目

图1　节目的LOGO（图片来自Bing）

*3 nach 9*于1974年11月19日在不来梅广播电台首播，至今已有40多年的历史。在这四十余年间，节目邀请了超过3000位嘉宾，不仅有世界明星、政治家等名人，也有普通百姓参与其中。节目主题综合多样，包罗万象，同时也紧跟时代发展潮流，如热议话题、丑闻等，每一期节目都充满了碰撞与惊喜。

*3 nach 9*原名为“III nach 9”，随后改为“3 nach 9”。起初，“3”代表该节目在三家广播电台中同步播出，即北德意志广播电台（NDR9）、不来梅广播电台（RB）以及自由柏林广播电台（SFB），此外，“3”还意味着节目由3位主持人联袂主持，可以更细致、全面地与嘉宾和现场观众交流互动。

在德国，当时新任不来梅广播电台节目总监的迪特尔·艾特尔（Dieter Ertel）首先提出这种全新的直播脱口秀电视节目模式，他吸收了美国脱口秀节目的概念，并加上自己的想法，推出了*3 nach 9*。

*3 nach 9*使当时的电视评论员眼前一亮，并获得了他们的一致好评。1976年，在节目开播两年之后，节目组导演阿尔弗雷德·门萨克（Alfred Mensack）和迈克尔·莱克布施（Michael Leckebusch）便赢得了一尊“格里姆奖”奖杯，该奖项素有“德国电视奥斯卡”之称。

二、板块设计

以2017年12月1日的节目[①]为例，节目嘉宾有德国外交部长西格玛·加布里埃尔（Sigmaar Gbriel）、音乐家卡拉·布鲁尼（Carla Bruni）、喜剧演员海格·施耐德（Helge Schneider）、音乐家西多（Sido）、设计师菲利浦·普莱（Philipp Plein）、主持人贝尔·舍费尔（Bärbel Schäfer）、演员乌尔里希·图库尔（Ulrich Tukur）以及“微缩景观世界”创始人杰里特·弗雷德里克（Gr ü nder Frederik）和杰里特·布劳恩（Gerrit Braun）。

表1 节目板块内容详解

总时长	板块时长	具体内容	形式
11秒	11秒	片头	背景音乐+现场画面+画外音介绍
3分22秒	3分11秒	主持人朱迪思·瑞克斯和乔瓦尼·迪·洛伦佐介绍本期嘉宾	背景音乐+现场画面+同期声+嘉宾特写

① 节目视频网址：http: //www. radiobremen. de/fernsehen/3_nach_9/index160. html。

续表

总时长	板块时长	具体内容	形式
13分35秒	10分13秒	由最后介绍的嘉宾“微缩景观世界”创始人杰里特·弗雷德里克和杰里特·布劳恩引入话题，画面同期出现其制作的微观小火车，女主持人向嘉宾提问“微缩景观世界”大获成功后的感受，并就 “微缩景观世界”展开深入讨论。当两兄弟讲述完如何建造出世界上最大的铁路模型时，女主持人顺势采访西格玛·加布里埃尔，询问他是否也喜欢模型	现场画面+同期声+嘉宾特写
14分40秒	1分05秒	女主持人与西格玛·加布里埃尔就模型的魅力展开讨论，并顺势将该话题抛向年龄相仿的双胞胎兄弟	现场画面+同期声+嘉宾特写
19分11秒	4分31秒	双胞胎兄弟谈及数字化社会给传统玩具行业带来的挑战。话题在双胞胎兄弟和西格玛·加布里埃尔之间转换，并延伸至名人模型、微缩景观世界不会单独向名人开放，为公众带来美好回忆才是它们的意义所在	现场画面+同期声+嘉宾特写
30分21秒	11分10秒	男女主持人分别采访乌尔里希·图库尔、卡拉·布鲁尼、海格·施耐德以及菲利浦·普莱，畅谈模型对于各自童年的意义，以及作为传统玩具，模型对于整个德国的意义	现场画面+音效+嘉宾特写+翻译同期声（卡拉·布鲁尼讲英文）
36分07秒	5分46秒	男主持人采访贝尔·舍费尔，借由他写的一本关于奥斯维辛集中营幸存者的书，将话题引向对二战的反思与思考	现场画面+音效+同期声
49分24秒	13分17秒	恰逢西多生日，全体成员为西多举杯庆生。女主持人采访西多，贝尔·舍费尔与其互动，谈及对美好生活的看法	现场画面+嘉宾特写+同期声
1小时08分25秒	19分01秒	男主持人采访西格玛·加布里埃尔，谈及他的工作强度以及如何平衡工作与生活	现场画面+嘉宾特写+同期声
1小时20分53秒	12分28秒	女主持人采访嘉宾菲利浦·普莱，访问其品牌建立的故事	现场画面+同期声+嘉宾特写
1小时33分36秒	12分43秒	男主持人采访卡拉·布鲁尼，将话题转换到音乐，采访中卡拉·布鲁尼介绍了自己的新专辑，并现场演奏了她新专辑中的新曲	现场画面+音乐+同期声
1小时47分54秒	14分18秒	女主持人采访海格·施耐德。他不仅是最受欢迎的喜剧演员，更是乐器演奏家，近期要举行巡回演出。女主持人提议，每一位在场嘉宾可以向海格提一个问题。海格·施耐德充分发挥喜剧演员的天分予以回答，节目现场笑声连连	现场画面+音效

续表

总时长	板块时长	具体内容	形式
2小时 17分08秒	29分14秒	男主持人采访乌尔里希·图库尔。他不仅是一位演员，还同三个好友一同组建了乐队。男主持人先邀请男嘉宾及Die Rhythmus Boys为大家现场演奏。随后男嘉宾谈到艺术创作，说今天的创作都来源于科技，与自己的时代不同。随后其他嘉宾如西多、西格玛·加布里埃尔和卡拉·布鲁尼也参与了讨论，谈及猫王、滚石以及电影艺术	现场画面+音效+嘉宾特写
2小时 17分32秒	24秒	男女主持人感谢嘉宾和现场观众，预报下期节目时间以及嘉宾	现场画面+同期声+音效
2小时 17分54秒	22秒	结尾	现场画面+音效+同期声

三、舞美设计

3 nach 9 的舞台设计十分精巧，开场从远景切入，可以综观整个舞台设置。观众分散围坐在嘉宾周围，无形间拉近了观众与嘉宾之间的距离，使得节目气氛更为轻松愉悦。一些观众坐在小酒桌周围，桌上摆着精致的玻璃水杯，宛若置身惬意的小酒馆中。

开场灯光呈暖黄棕红色调，缀以点点蓝色射灯，周围还装饰了些许白色圆形灯，一暗一明，一冷一暖，温馨惬意又不失格调，沉稳大气又不乏活力。

图2　*3 nach 9* 脱口秀开场（图片来自节目官网截图）

图3　*3 nach 9* 脱口秀观众区（图片来自官网截图）

开场后，主持人坐于背景墙前中心位置，介绍各位来宾。此时，射灯为主持人出镜提供了充足的光源，场下观众席灯光调暗，为节目开始做好准备。

图4　*3 nach 9* 脱口秀开场主持人位置（图片来自官网截图）

介绍完嘉宾后，主持人坐回采访位置。节目每期到场嘉宾大概6—7人，因此男女主持人相隔三四位嘉宾而坐，便于同嘉宾交流，关照全场。

舞台中间摆放着一张木质圆桌，桌上不仅有鲜花，更有美酒。主持人、嘉宾穿插围坐在圆桌旁，每人面前放有一两只酒杯，用于品尝不同美酒。在德国，不同的啤酒要搭配不同的酒杯。美酒佳酿，才子佳人，不仅增加了节目质感，更有了德式访谈的惬意感。

图5 *3 nach 9* 脱口秀圆桌（图片来自官网截图）

在演播厅的一侧，是音乐的天堂，伴奏和嘉宾即兴演出都在这里完成。介绍乐队或演出时，使用明亮射灯。值得一提的是，*3 nach 9* 脱口秀的钢琴伴奏家——戈特弗里德·博特格（Gottfried Böttger），从1974年节目开播到2014年，为*3 nach 9*整整伴奏了40年，朗朗琴声如同“德国制造”一样经典永恒。

图6 节目乐队（图片来自官网截图）

演出开始后，舞台上闪耀着蓝色灯光，活力典雅。例如，在2017年12月1日的这期节目中，嘉宾现场演出被安排在节目后半部分，在长时间访谈后，充满活力的音乐和跳跃的灯光调节了现场气氛，也缓解了观众的观看疲惫感。

四、节目分析

1.主持人乔万尼·迪·洛伦佐(Giovanni di Lorenzo)和朱迪思·瑞克斯(Judith Rakers)

乔万尼·迪·洛伦佐，1959年3月9日出生于斯德哥尔摩，母亲是德国人，父亲是意大利人，因此他具有意大利和德国双重国籍。乔万尼·迪·洛伦佐是著名的记者和作家，现担任柏林《每日镜报》(*Berliner Tagesspiegel*)的联合编辑以及《时代周刊》(*Die Zeit*)的主编，也是不来梅广播电台脱口秀节目*3 nach 9*的主持人。双重国籍、多重身份造就了他思维灵活，主持风格沉稳大气。作为德国知名报刊的主编，他对时事政治、文化艺术有着自己独到深刻的见解，在节目当中，不论面对什么主题，他都可以应对自如。

乔万尼·迪·洛伦佐15岁时，在家里黑白电视机上第一次收看了*3 nach 9*脱口秀节目，他被节目深深吸引了，并且励志要成为节目主持人。时光荏苒，如今他已主持*3 nach 9*近20年，成为该节目历史上主持时间最长的主持人。

乔万尼·迪·洛伦佐高中时就在《汉诺威日报》(*Neue Presse*)实习，并在这里遇到了自己的人生导师迈克尔·拉德克(Michael Radtke)，受其影响颇深。随后，他在慕尼黑大学主修传播学、现代史和政治学。

乔万尼·迪·洛伦佐也曾斩获多项殊荣，如2006年获得语言媒体文化奖，2005年荣获伊斯基亚国际新闻奖，2001年斩获欧洲新闻奖等。

朱迪思·瑞克斯，1976年1月6日出生于德国帕德博恩，德国记者、电视节目主持人。1995年至2001年间，她就读于明斯特大学，主修出版学、传播学、德国哲学和德国近现代史。早在大学期间她就曾担任德国北威州地方电台Hochstift和Antenne Münster的主持人，此外她也是《一战中的新闻采编及海报宣传》一书的合著作者，为很多报纸和专业出版物撰稿。

2004年1月至2010年，朱迪思·瑞克斯在北德广播之声主持《汉堡记事》节目，2005年起担任*Tagsschau*的新闻主播，如今她已是德国电视一台*Tagesthemen*，*Nachtmagazin und Morgenmagazin*等新闻节目的固定出镜主播。2010年9月9日以来她成为乔万尼·迪·洛伦佐的固定主持搭档，成为*3 nach 9*脱口秀节目中一道亮丽的风景线。

朱迪思·瑞克斯面容姣好、收放自如、幽默动人且不失深度，面对不同领域的嘉宾，她都亲和力十足，让嘉宾不由自主地讲述自己更多的故事。

朱迪思·瑞克斯被记者行业杂志*Medium: Magazin für Journalisten*评为2010年度百佳记者之一，还被评为德国最受欢迎的新闻播音员和脱口秀主持人。

乔万尼·迪·洛伦佐和朱迪思·瑞克斯，一男一女，一沉稳一灵动，完美配合，将长达两个小时的节目把控调节地恰到好处。在节目中，嘉宾们交谈甚欢，观众也乐在其中。

2.嘉宾

每期节目都会邀请7至8位嘉宾，他们身份各异，有政治家、喜剧演员、音乐家、主持人、设计师、滑雪运动员、记者、作家、极限运动者、生物学家、主厨等，他们可以是活跃在公众视线中的世界级大明星，也可以是有着自己别样人生的街头百姓。围坐在圆桌周围的可以是一国之首默克尔，也可以是普通主厨；可以是纵横捭阖的外交部长西格玛·加布里埃尔，也可以是创造了“世界之最”的杰里特兄弟；可以是嘻哈朋克的说唱歌手西多，也可以是优雅浪漫的卡拉·布鲁尼。在访谈过程中，各位嘉宾可以针对同一问题发表自己的见解，例如在12月1日这期节目中，不羁的西多对铁路模型丝毫不感兴趣，但对于西格玛·加布里埃尔而言，铁路模型是童年的回忆和乐趣。众位嘉宾在表面的对立和冲突中，碰撞出和谐奇妙的火花。

如此多样化的嘉宾构成，增加了节目的趣味性和多样性。节目长达两小时，严肃枯燥的话题难免让人疲惫，因此，采访环节的时间设置要恰到好处，一位嘉宾的访问时间大概是10—20分钟，在观众产生疲惫感之前，就引入新的话题，节奏紧凑、安排巧妙。

3.嘉宾形象塑造

*3 nach 9*旨在为观众呈现嘉宾的多面性。例如在2017年12月1日的节目中，我们看到了德国外交部长西格玛·加布里埃尔亲切可爱的一面。他在政坛上严肃认真，在节目中却经常引得大家捧腹大笑，与各位嘉宾互动自如。主持人的问题也极力为大家展现了不一样的外交部长，例如问他退休之后如何度过、在妻子心目中的地位会不会下降，将一位立体而又真实的外交部长呈现在大家面前。乌尔里斯·图库尔以精湛的演技为观众所熟知，但很少有人知道他也是一名乐手，有自己的乐队。在节目现场，他大方地为观众献唱一曲。而在其他节目中，观众或许无法看到如此多样化的嘉宾形象，这使得节目内容更加吸引人。

节目力求真实，将最本真的嘉宾形象传递给观众。菲利浦·普莱，大名鼎鼎的全球奢侈品品牌菲利浦·普莱的创始人，但鲜有人知，他没有参加过访谈节目是因为害羞；卡拉·布鲁尼，著名模特、歌手、法国第一夫人，头衔无数，但在抱起吉他演奏新曲时依旧会紧张，会忘词；说唱歌手西多，之前绯闻缠身，很难想象他现在已经身为人父，看似放荡不羁，但最纯粹的愿望却是和谐安逸，与爱人一同在阳光下，看着孩子们嬉戏。如此真实的镜头，如此真实的嘉宾，在节目中为观众一一呈现。这或许就是*3 nach 9*脱口秀经久不衰的最主要原因。

4.环节设置

节目长达两小时，如何精心把控设计环节，直接关系到节目的质量。

节目一般会从有趣的话题开始，例如在本期节目中，主持人首先采访了两次被评为最受欢迎的旅游景点之一的微缩景观世界的创始人，一是这个话题足够有趣；二是微景观世界，尤其是铁路模型，堪称德国传统玩具，话题具有普遍性，现场嘉宾都可以参与进来，甚至可以唤起大家儿时的回忆。随后过渡到节目中间部分，此时观众已有疲惫感，因此一般会安排一些特别节目，如现场嘉宾的演出等。在本期节目中，卡拉·布鲁尼就即兴为大家演奏了新曲，活跃了现场气氛，为单调的谈话带来一丝趣味。

在节目接近尾声时，主持人一改之前单独采访的模式，将采访权让给在座的每一位嘉宾，让嘉宾从自己的视角出发，向其他嘉宾提问。这种形式调动了现场气氛，让每位嘉宾都可以参与其中，不仅丰富了节目内容，也调节了谈话氛围。

5.主题深刻

作为访谈式谈话节目，*3 nach 9*的主题既有话题性，也有深刻性。例如，开场的话题是铁路模型，所有的嘉宾对这一话题都耳熟能详，但话题背后也蕴含着“传统玩具遭遇冲击”的深刻问题。主持人巧妙地询问不同年代的嘉宾，最后将问题抛回双胞胎兄弟，由两人深化主题：随着互联网的发展，新一代的玩具越来越电子化、视觉化，传统玩具的吸引力下降。在采访外交部长西格玛·加布里埃尔时，除了展示他的真实生活，主持人也毫不避讳地询问政府组阁问题、难民问题、全球政治问题等。由此一来，话题既丰满有趣，又有深刻的社会反思。

五、可借鉴性

*3 nach 9*作为德国最长寿的访谈节目，成功的原因不胜枚举。在国内流量明星“霸屏”的时代，我们可以从该节目中获得很多思考。

1.精致惬意的舞台设置

在舞台布置上，国内节目鲜有如此惬意的氛围，德国人之于酒，如同中国人之于茶，可以通过适宜的酒具、家具、灯光来营造轻松愉悦的氛围。国内多数访谈节目的舞台、道具大多中规中矩，灯光也多以冷色调为主，给观众及嘉宾的感觉过于刻板单调；另外，在观众席的设置上，国内节目也鲜有包围式观众席，多数是嘉宾坐在舞台上，观众坐在台下，如此一来，观众和嘉宾、主持人之间的距离就被拉大了。

2.多样化的嘉宾人选

在*3 nach 9*中，不论是外交官、著名演员、音乐家还是小有成就的普通百姓，只要有自己的故事，就可以来到节目中同观众分享，在交谈的同时也观照了社会问题。而在国内，大多数访谈节目仍旧以娱乐明星为主，因此可以考虑邀请各领域嘉宾，结合实时热点，提升访谈节目的深度和层次。在嘉宾数量上，国内访谈节目以单人或两人访谈为主，可以尝试一次邀请多位不同领域的嘉宾，一来嘉宾阵容强大，二来节目内容得以丰富，三来各种观点激烈碰撞交流，能增加节目的观赏性。

3.真实多面的嘉宾形象

在嘉宾形象塑造方面，*3 nach 9*对真实多面性的追求也值得国内访谈节目借鉴。对于公众人物，或许观众更期待的是他们卸下光环后的真实模样，更想了解他们的真性情，因此，国内访谈节目可以深度了解嘉宾背景，发现嘉宾背后更多的故事，从而将嘉宾立体、全面、真实地呈现给观众。

（牛慧清　李　欣）

41 年脱口秀常青树

——*NDR Talk Show*

一、节目概况

节目名称: NDR Talk Show

中文名称:《NDR 脱口秀》

发行地区: 德国

播出频道: 西德意志广播电视台(WDR)

首播时间: 1979年2月9日

播出时间: 每隔两周的周五22: 00至24: 00

单集时长: 120分钟

节目类型: 主题讨论型谈话节目

图1　节目LOGO(图片来自节目官网)

至今已有40多年历史的脱口秀节目*NDR Talk Show*，目前已播出850多集，每隔两周的周五晚上播出一次。它是至今仍在播出的长寿脱口秀，最长寿的脱口秀是*3 nach 9*。

节目自1979年2月9日首播至今，影响力巨大，许多主持人、嘉宾通过*NDR Talk Show*展现了自己非凡的个性并产生了巨大的影响力，能够坐到NDR的圆桌旁“聊一场”已经成为一名脱口秀节目主持人是否优秀的鉴定标准。“时而有趣，时而争论，时而引发思考”，*NDR Talk Show*作为一档经典节目，以其妙趣横生的语言赢得了观众喜爱。该节目每期邀请7至8名嘉宾，大部分很有知名度，也会邀请一位普通人参与话题讨论，并带来精彩的故事。

二、板块设计

*NDR Talk Show*总时长为两小时，总体分为上下两个板块，中间穿插一个小节目作为分界点。两位主持人把握节奏，从一个大话题引入，穿插嘉宾介绍和针对每位嘉宾的问题。每期节目会邀请7—8位嘉宾，每位嘉宾采访时间不超过3分钟，嘉宾回答比较自主，没有固定时间，总体时长靠主持人掌握，这就需要主持人前期了解每位嘉宾的特点及其在节目中表演才艺的具体时长。采访也按板块分为上下两部分，分别采访不同的嘉宾。

以2017年8月11日这期节目[①]为例，主持人以话题“提到夏天你会联想到什么”开场，引出关于夏日度假、旅行的故事，进一步介绍各地特色文化生活。

表1　节目板块内容详解

总时长	板块时长	具体内容	形式
5秒	5秒	片头	片头+现场画面+动画特效
2分23秒	2分18秒	主持人芭芭拉·舍娜贝格（Barbara Schöneberger）和胡贝图斯·迈耶-布尔克哈特（Hubertus Meyer-Burckhardt）介绍本期嘉宾	现场画面+音效+嘉宾特写
2分56秒	33秒	主持人互相介绍	现场画面+同期声
3分43秒	33秒	男主持人问女主持人“提到夏天你会联想到什么”，引出本场访谈主题	现场画面+音效
4分29秒	46秒	女主持人采访达格玛（Dagmar），嘉宾讲述童年往事	现场画面+音效

① 节目视频网址：https：//www. ndr. de/fernsehen/sendungen/ndr_talk_show/NDR-Talk-Show, ndrtalkshow4200. html。

续表

总时长	板块时长	具体内容	形式
5分9秒	40秒	女主持人采访基多（Guido）最棒的夏日经历是什么，基多讲述在英国度假趣事	现场画面+音效
6分9秒	1分	男主持人采访康斯坦丁（Konstantin），康斯坦丁讲述第一次全家自驾去意大利的旅行经历	现场画面+音效+同期声
6分31秒	22秒	男主持人询问朱莉娅（Julia），作为不来梅人，那里有什么地中海特色的生活文化	现场画面+音效+同期声
7分13秒	42秒	女主持人询问阿尔德（Adler）相关的专业知识——人们在夏天要注意哪些皮肤问题	现场画面+音效+采访+同期声
7分36秒	23秒	男嘉宾托马斯（Thomas）顺着话题谈到如何使用美黑机器，讲到德国小孩普遍很讨厌涂防晒霜	现场画面+音效+嘉宾特写
7分44秒	8秒	女主持人说因为防晒霜涂上去很白还很难受，嘉宾基多接茬讲冷笑话，观众鼓掌大笑	现场画面+音效+同期声
7分56秒	12秒	女嘉宾阿尔德指出，过去如果广告里模特的皮肤是小麦色的，大家会觉得这很有可能是意外晒伤	现场画面+音效
8分02秒	6秒	女主持人谈十几年来大众对肤色审美的改变	现场画面+音效
8分10秒	8秒	女主持人引入讨论主题：皮肤和棕色（小麦色）	现场画面+同期声
14分10秒	6分	女主持人采访托马斯，话题转到中年危机，嘉宾幽默回答	现场画面+音效+同期声
14分48秒	38秒	女主持人采访托马斯，问他凌晨两点四十五起床是否会对下午的工作造成影响	现场画面+音效
16分48秒	2分	女主持人说托马斯主持古典乐电台节目的好处就是不用每天去听新的音乐，不然工作量会更大，话题转向音乐，托马斯进而讲述音乐演变过程	现场画面+音效
18分19秒	1分31秒	男主持人转向另一位嘉宾，询问其电台的重要性。滑轨拍摄嘉宾激烈讨论的场面，托马斯讨论古典乐对他的重要意义	现场画面+音效+同期声
17分19秒	1分	女主持人谈到，并不是所有人都会对古典音乐感兴趣	现场画面+音效+同期声
21分19秒	4分	女主持人总结嘉宾的主要观点，并播放古典乐，嘉宾讨论作曲家和音乐	现场画面+音效+同期声

续表

总时长	板块时长	具体内容	形式
22分19秒	1分	女主持人问托马斯幼年时演奏过什么乐器，他回答说自己没学过什么，但是让自己的孩子们参加了乐器体验班	现场画面+音效+同期声
24分19秒	2分	男主持人介绍主持*Tagesschau*将近24年的达格玛，询问女嘉宾搬家的故事	现场画面+音效+同期声
28分19秒	4分	男主持人和达格玛认为托马斯说的很多东西都是累赘，开始讲述自己的座钟收藏故事	现场画面+音效+钟表特写+同期声
29分49秒	1分30秒	嘉宾们谈到玩Rummikub牌、大富翁等游戏	现场画面+音效+同期声
31分49秒	2分	达格玛讲述年轻时主持*Tagesschau*开奖彩票时笑场的故事	现场画面+小片+音效+同期声
33分49秒	2分	托马斯讲到在电台的直播笑场糗事，嘉宾朱莉娅等也讲到如何处理现场事故	现场画面+音效+同期声
35分49秒	2分	男主持人问达格玛年轻时有没有收到过情书，达格玛讲述自己被追求的故事	现场画面+同期声+音效
37分49秒	2分	女主持人介绍企业家延斯·希尔伯特（Jens Hilbert），寒暄，准备进入事业主题	现场画面+同期声+音效
40分04秒	2分15秒	延斯讲述小时候受到歧视，之后进入时尚行业，开展个人事业的故事	现场画面+小片+音效+同期声
40分52秒	48秒	托马斯讲述名气背后的自我才是最重要的，男主持人询问达格玛成名时是否有父母的支持	现场画面+小片+音效+同期声
41分32秒	40秒	延斯讲述动物在他生命中的重要意义以及他参加马术比赛的故事	现场画面+小片+音效+同期声
46分32秒	5分	延斯继续讲述他饱受的各种歧视和逐渐被人接受的心理建设过程及其在时尚圈的经历	现场画面+同期声+音效
50分32秒	4分	阿尔德医生从专业角度讲述时尚圈的流行趋势从日光浴转到脱毛的好处，说明脱毛确实比日光浴健康。嘉宾开始讨论男性毛发的问题	现场画面+音效
52分33秒	2分01秒	男主持人介绍音乐人康斯坦丁，康斯坦丁讲述人过六十的感受，进而将话题引到青年人追求物质的特点以及老年人与青年人在购物行为上的差异	现场画面+音效

续表

总时长	板块时长	具体内容	形式
55分55秒	3分22秒	嘉宾康斯坦丁现场演奏新CD曲目，作为上半场和下半场的分界点	现场画面+音效+手部特写
56分37秒	42秒	嘉宾讨论歌曲，认为有些旋律是从《欢乐颂》里借鉴的	现场画面+音效+同期声
1时37秒	4分	康斯坦丁介绍自己的家庭，尤其是父亲对他音乐事业的影响	现场画面+小片+音效+同期声
1时55秒	18秒	女主持人转向基多，问他的父母是否对他感到骄傲	现场画面+音效
1时1分55秒	1分	女主持人转向朱莉娅询问同样的问题	现场画面+音效
1时2分55秒	1分	男主持人询问康斯坦丁育儿经，康斯坦丁说有了孩子以后他看世界的眼光都变了	现场画面+音效
1时5分13秒	2分18秒	康斯坦丁说，只有当大家都明白万物同源时，民族主义才有意义，自己诗歌的创作源头就是回归自然	现场画面+小片+音效+同期声
1时12分13秒	7分	女主持人介绍嘉宾阿尔德，嘉宾介绍阳光对皮肤的影响以及年龄和皮肤的关系	现场画面+音效+同期声
1时15分13秒	3分	嘉宾们自由讨论皮肤、季节、头发和阳光之间的关系，以及UV防护和蚊虫叮咬等问题，阿尔德揭示血型和蚊虫的关系，指出汗液气味吸引蚊虫	现场画面+同期声+音效
1时18分33秒	3分20秒	男主持人说抗衰老产品一点儿用都没有，阿尔德作出解释，并阐述皮肤的自愈修护功能	现场画面+同期声+音效
1时21分33秒	3分	女主持人介绍女诗人朱莉娅，问她灵感从何而来	现场画面+同期声
1时23分03秒	1分30秒	女主持人转向康斯坦丁，询问其灵感从何而来	现场画面+音效+同期声
1时26分03秒	3分	朱莉娅讲述自己写作的主题从何而来，介绍自己为一位朋友写的诗歌并弹唱	现场画面+同期声+音效
1时29分23秒	3分20秒	朱莉娅弹唱歌曲	现场画面+同期声+音效
1时30分23秒	1分	女主持人询问朱莉娅之后是否要向音乐领域发展	现场画面+同期声+音效
1时31分03秒	40秒	女主持人介绍朱莉娅的另一个角色：糖果纸爱好者，朱莉娅说明理由后，女主持人撒出糖果纸，活跃现场气氛	现场画面+同期声+音效

续表

总时长	板块时长	具体内容	形式
1时38分09秒	7分	男主持人介绍基多，介绍他的新节目，并现场展示新节目的形式	现场画面+音效
1时46分48秒	8分39秒	基多展现个人魅力，介绍家庭，调动全场气氛。男主持人将话题转到40多岁同事的变化上	现场画面+同期声+音效
1时58分48秒	12秒	画面转向男主持人，男主持人说结束语，介绍下周嘉宾	现场画面+同期声+音效

三、舞美设计

7—8位嘉宾和两名主持人环坐于圆桌旁，间隔约半米，嘉宾旁边有置物台，可放置嘉宾带来的物品等。

图2 *NDR Talk Show*开场（图片来自节目官网视频截图）

图3 *NDR Talk Show*嘉宾介绍（图片来自节目官网视频截图）

圆桌上空有圆形中央灯光，桌上有自然光源（蜡烛），反射光则来自白葡萄酒杯、柠檬水、红酒醒酒器等玻璃器皿；女主持人正对的机位前、嘉宾座位后方有一排观众席，每次切到嘉宾近景时可拍摄到1—2名观众的反应镜头。舞台后方黑色区域有零星人造光源——六边形红黄LED灯。这就是隐藏摄像机的绝佳办法——障眼法，加上观众众多，不仔细观察很难辨认摄像机的位置所在。

舞台侧方还有观众坐在小圆桌旁，桌上有玻璃器皿。演播室内设有两个滑轨，至少十个机位，棕色方形皮座椅给人稳重舒适的感觉，让谈话氛围更像是老朋友在唠家常。

图4　*NDR Talk Show* 滑轨镜头（图片来自节目官网视频截图）

四、人员设计

1.主持人

到目前为止，曾有86位主持人主持过*NDR Talk Show*。现在*NDR Talk Show*有两个固定主持人：芭芭拉·舍娜贝格（Barbara Schöneberger），1974年生于慕尼黑，毕业于奥格斯堡大学，主修社会学、传播学和艺术历史；胡贝图斯·迈耶-布尔克哈特（Hubertus Meyer-Burckhardt），1956年出生于卡塞尔，毕业于慕尼黑电视电影大学，主修历史和哲学。

两位主持人涉猎广泛，可以对任何主题应对自如，并且配合默契，不会喧宾夺主。主持人芭芭拉除了是电视主播，还是多栖艺人，出演过17部电影，还发行过3张唱片、4首单曲。主持人除了引导话题转换，介绍、采访不同嘉宾外，还起到过渡、调节氛围的作用，很多时候都是在嘉宾说完后总结一句佳句，引起全场爆笑。由于每期节目时长较长（120分钟），为了吸引更多的新媒体用户，节目组不仅在节目官网上传了每期节目的完整视频，还以不同嘉宾的发言为单元，分别进行拆条剪辑，制作成15分钟左右的短视频。这就要求主持人把控好现场节奏，不能让某位嘉宾发言过多或过少。主持人需要十分了解每位嘉宾可以谈论的内容，并在一位嘉宾讲述完之后向另一位嘉宾提问。

2.嘉宾

节目每期会请来7—8位嘉宾，嘉宾身份各异，包括企业家、电台主持、电视主播、诗人、音乐人、作家等，由于每位嘉宾的身份、背景不同，所以针对每个主题都会有不同的见解。

节目对嘉宾的形象塑造是循序渐进的，从一开始主持人的介绍，到问答环节逐渐树立人物形象，通过采访展现嘉宾不为人知的另一面。以嘉宾达格玛为例，她当了20多年《每日新闻》（*Tagesschau*）的主播，如今已年过半百，除了众所周知的主播光鲜形象，她还喜欢收集音乐钟表。嘉宾的表现力和强势程度会直接影响节目效果和节目张力，例如，默克尔作为嘉宾的那一期，现场冲突十分明显，嘉宾的语气和态度都影响着现场氛围，有时主持人都无法掌控场面，所以制造节目效果是一方面，主持人能否控制全局也将决定节目能否成功播出。

图5　*NDR Talk Show* 主持人、嘉宾镜头（图片来自节目官网视频截图）

五、节目分析

1.节目形式

德国有很多脱口秀节目，但大多都以谈论时事政治为主。脱口秀的起源可以追溯到18世纪英格兰的咖啡吧集会，在集会上人们讨论各种社会问题。然而，脱口秀得到真正的发展是在美国。20世纪，随着广播的诞生以及人们对公共集会的热衷，越来越多的人热衷于通过广播这一新媒介进行讨论，这也催生了脱口秀这一节目形式。与今天不同的是，那时的脱口秀大都是“一言堂”，即一位专家向听众发表观点，听众并没有参与其中。而*NDR Talk Show*则是有观众嘉宾参与的谈话节目，制作精良且话题贴近大众。历经38年，*NDR Talk Show*已经形成了成熟的节目风格，且有了一批稳定的受众。

*NDR Talk Show*的特色就在于嘉宾众多，来自各行各业的嘉宾坐在一起讨论，嘉宾们针对每个问题的回答都很简短，节目全程由两位主持人带领讨论，不会出现插话等现象，节奏分明，笑点明显，嘉宾表现也很精彩。

2.舞台设计

作为一个室内访谈节目，*NDR Talk Show*圆桌的设置十分亮眼。嘉宾围坐在圆桌旁，观众无法同时看到所有人的表情和肢体语言，但是嘉宾作为谈话人，他们可以观察到彼此的神态和表情，这对谈话的真实性和对真实反应的捕捉都是有帮助的；但另一方面，过度频繁地切换镜头也会给观众造成疲惫感，引起审美疲劳。

3.主题设计

每期节目没有特定的主题，而是先从一个大主题引入，让每个人都先轻松地发言，再引到每个人的专业领域内。例如本期大主题是夏天，主持人依次询问了每位嘉宾对夏天的感受、童年第一次暑假出游的经历等，由于嘉宾年龄跨度大，因此答案有一定程度的时间跨越感，可以涵盖各个年龄段的观众，后期问到电台节目和钟表等详细问题时都是针对某位特定嘉宾进行询问的，例如，主播达格玛有着20多年的主持经验，主持人就会单独采访她作为主持人有哪些体验，例如现场笑场的情况，回答结束后会转向另一位在电台工作的嘉宾，询问他在电台直播中遇到笑场如何应对，但是由于嘉宾身份不同，其他嘉宾并没有共情点，所以就会变成其他五六个人聆听一个人发言的情形。例如讨论到时尚问题时，经营时尚公司的嘉宾会侃侃而谈，其他嘉宾都不会插话，或表达个人观点，所以这也可能出现如果主持人不采访，某些嘉宾完全无话可说的情况。以本期节目为例，前一个小时中，除了回答一句关于夏天的问题，嘉宾朱莉娅（Julia）没有任何发言，只是偶尔被镜头捕捉到面部表情反馈。后期，主持人转换主题，由于嘉宾不再具有共同话题，所以会进行二次嘉宾介绍，再进行采访。这样做的好处是，可以让观众再次认识前期发言较少的嘉宾；坏处是，这样转场略显生硬，前后两个话题过渡不佳。

六、可借鉴性

明星主持人带动全场的秘诀是将自己放在次位，将嘉宾放到中心位置，并给嘉宾绝对的话语权，除此之外，专注、兴趣和移情能够将一场冷冰冰的闲聊变成很有趣的谈话，这些都是一名谈话节目主持人的必备技能。

由于嘉宾众多，背景各异，所以会产生奇妙的化学反应，每位嘉宾在讲述自己故事和观点的时候其他人都会有共鸣或反驳点，即使是反驳也会礼貌阐述，并没有强烈的戏剧冲突，也不会刻意制造不和，引起话题。

隐藏机位是本节目最值得业内人士学习的地方，7—8位嘉宾、两个滑轨、众多现场观众，如何将10多个机位的摄影机隐藏在观众之中，并且不分散他们的注意力，在这一点上，节目处理得十分巧妙。为了达到隐匿的效果，演播室漆黑的布景和零星的LED灯是关键。

7—8位嘉宾，要是大家以礼相待不互相抢话就意味着现场氛围不十分活跃，两个小时时长的节目很容易造成观众视觉疲劳；但是如果现场争辩十分激烈，话题也将很难进行下去，现场气氛会十分尴尬。网络节目分流的好处是，观众可以自如地在网络界面上选择观看自己喜欢的嘉宾的视频剪辑。

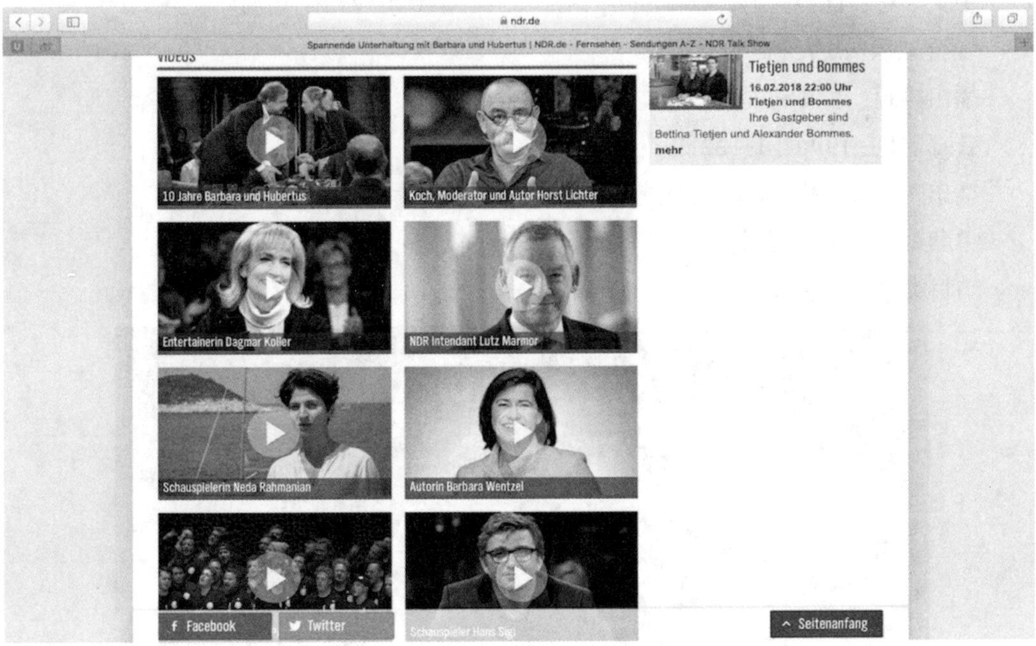

图6 *NDR Talk Show* 嘉宾剪辑（图片来自节目官网视频截图）

（牛慧清　都子钰）

意大利“议会第三院”

——《门对门》

一、节目概况

节目名称：Porta A Porta
中文名称：《门对门》
发行地区：意大利
播出频道：意大利国家广播电视台1套（Rai1）
首播时间：1996年1月22日
播出时间：每周二至周四21点
单集时长：约100分钟
节目类型：辩论型谈话节目

图1　节目LOGO（图片来自意大利国家广播电视台Rai网站）

《门对门》是意大利一档著名的时事政治、社会综合类老牌谈话节目，有“意大利议会第三院”之称。节目历史悠久，自1996年首播以来共播出26季3104期。在播出的二十余年历程中，该栏目凭借其新闻时效性、极高的时事敏感度与超重量级的嘉宾阵容，吸引了众多忠实观众，并持续拥有超高人气和良好口碑，成为意大利最受欢迎的节目之一。

自开播以来，节目一直由布鲁诺·维斯帕（Bruno Vespa）担任主持人，同时他也是节目的创始人与策划人，可谓整个节目的代表和灵魂人物。多年来该节目的形式和结构基本不变，每期节目中，主持人围绕当下社会热点确定2—4个主要话题，并邀请3—5位相关专业人士作为嘉宾参加讨论。嘉宾通常都是政商文体等社会各界知名人士或媒体记者，如果节目主题需要，还会邀请重量级的特别嘉宾。1998年10月，时任教皇的约翰·保罗二世通过电话接受了《门对门》的访问，这也是历史上第一次有教皇参与电视节目。此外，节目内容紧跟时事热点，始终将最具时效性的国内外新闻事件作为当期主要话题，加之重量级嘉宾的参与，对观众来说，其对时事的解读具有较强的权威性和参考价值。如有重大事件发生，节目会以现场直播的形式播出。例如针对2001年美国“9·11”袭击、2008年美国大选、2009年意大利阿布鲁佐大区地震等事件，节目都进行了2—5小时的特别直播。二十余年来，《门对门》可以说陪伴意大利电视观众共同经历了所有重要的历史瞬间，成为一代人的难忘回忆。

二、板块设计

《门对门》每期总时长约100分钟，主要环节是主持人和嘉宾对不同话题的讨论，并以此为单位循环进行。流程大致为“主持人开场并介绍本期话题，主持人介绍嘉宾，主持人和嘉宾展开讨论，主持人介绍下一个话题和嘉宾（循环2—3次），结束”。进行话题讨论时，嘉宾通常分为两组，在舞台两侧相对而坐，便于持不同观点立场进行正面交锋；主持人则居于背景中央位置，充当引导角色。每个话题的讨论时长视情况而定，一般控制在30—60分钟左右。主持人在引导嘉宾畅所欲言、各抒己见之余，还会配合播放数段纪录片、采访视频等作为背景资料补充，为观众呈现尽量准确和丰富的信息、观点。

下面以《门对门》2017年11月14日这期节目[①]为例对其板块设计进行分析。这期节目中，主持人布鲁诺·维斯帕邀请了数位意大利知名国足球员、体育记者等作为嘉宾，以意大利队无缘世界杯决赛作为主题，对意大利足球的当下困境及未来发展展开了深入讨论。

① 节目视频网址：http: //www. raiplay. it/video/2017/11/Porta-a-Porta-1d90913e-19e4-47d7-9e44-d3f98a766920. html。

表1　节目板块内容详解

总时长	板块时长	具体内容	形式
1分03秒	1分03秒	根据各大媒体针对“意大利足球队60年来首次无缘世界杯决赛”这一事件的报道，剪辑成片头短片播放，引出本期主要话题	片头短片+配乐
1分49秒	0分46秒	主持人布鲁诺·维斯帕开场并介绍嘉宾	现场画面+嘉宾连线画面
29分50秒	28分01秒	主持人与嘉宾就意大利足球现状及失败原因等话题展开讨论	现场画面+主持人与嘉宾交流+嘉宾连线画面+采访视频+资料短片
31分40秒	1分50秒	主持人引出本期节目第二个话题：著名美国导演哈维·韦恩斯坦性骚扰丑闻曝光	现场画面+音效
59分20秒	27分40秒	主持人与嘉宾就韦恩斯坦性骚扰丑闻展开讨论，并引出对当今社会生活中女性遭受性骚扰这一现象的讨论和反思	现场画面+主持人与嘉宾交流+嘉宾连线画面+采访视频+资料短片
1小时32分20秒	11秒	嘉宾和主持人谢幕	现场画面+音效

三、舞美设计

1.舞台设计类似于辩论赛场

作为一档时政综合类谈话节目，高质量的谈话内容无疑是《门对门》的生命线与核心所在。而该节目的舞台设计则很好地诠释了“形式为内容服务”的指导思想。演播厅中心舞台大致呈开放的圆弧形，后方背景墙由三块大型LED屏幕组成，中心LED屏幕又被分为三部分，中间部分正对主持人讲台，通常显示当期话题的资料图片；左右两部分则正对嘉宾席，通常显示现场连线嘉宾影像。如前所述，主持人讲台居于中心位置，符合其核心引领者的角色；嘉宾分为两组，在舞台两侧相对而坐，营造出辩论赛场的氛围，便于其持不同观点立场进行正面交锋，使节目内容更具丰富性和可看性。观众席也设计成两段圆弧形，分别位于舞台靠后左右两侧。值得一提的是，在舞台圆心位置，即观众席中间的地面上，还有一块巨大的圆形LED屏幕，在填补剩余空间之余，也提升了舞台在全景视角下的整体视觉效果。

图2　节目开场，俯拍视角下的舞台全景。舞台背景墙上三面LED屏幕播放当期话题——“朝鲜核弹试射”相关影像资料，地面中央LED屏幕显示节目logo，观众席位于两侧（图片来自节目官网视频截图）

图3　嘉宾连线部分。中央LED屏幕中间部分显示话题的主题图片，左右两侧显示现场连线嘉宾影像，最上方还有蓝底白字的LED屏滚动显示当期主题（图片来自节目官网视频截图）

2.舞台背景丰富多样，视觉效果直观鲜明

如前所述，《门对门》舞台背景由三块大面积LED屏幕构成，再加上地面中央的大屏幕，搭配协调，舞台视觉元素丰富。根据节目流程变化，三块LED背景屏幕可同时承担多种不同功能，如播放开场视频、显示话题的资料图片、播放相关资料片、进行场外嘉宾连线等。其上方的环状LED屏幕可滚动显示当期话题。舞台地面中央的圆形LED屏幕可根据现场氛围或节目需求呈现不同颜色或播放各种影音资料，起到调节舞台整体色彩的作用，也给观众带来一定的视觉冲击。总而言之，上至背景墙，下至地面，四块大屏幕在形式和功能上互相搭配，呈现出丰富的内容和绚丽的视觉感受，给观众留下深刻印象。

四、人员设计

1.主持人布鲁诺·维斯帕气场强大、沉稳老练

在新闻谈话节目同质化严重、晚间档节目收视率竞争激烈的大环境下，《门对门》二十多年来人气不减，且始终占有较高收视份额，取得这样的成绩实属不易。表2为近年来《门对门》的收视情况。

表2 《门对门》2012—2015年收视情况

年份	观众数量	收视率
2012	1,469,000	14.99%
2013	1,528,000	15.60%
2014	1,172,000	13.00%
2015	1,129,000	13.23%

节目长期的成功很大程度上要归功于一位核心人物，就是节目的策划者和主持人——意大利殿堂级资深媒体人布鲁诺·维斯帕。生于1944年的布鲁诺·维斯帕甚至比意大利共和国还要年长两岁，他16岁进入传媒界开始为当地报社撰写文章，18岁成为电台专栏记者，并在一次全国广播专栏节目竞赛中拔得头筹。20世纪60年代到80年代，作为意大利国家广播电视台（Rai）晚间新闻节目*TG1*的特派记者，他采访过几乎所有意大利知名政客。1977年，布鲁诺·维斯帕开始主持一档名为*Ping Pong*的电视新闻节目，并邀请嘉宾进入演播室参与录制，这档节目可以说是《门对门》的前身；1990—1993年担任新闻节目*TG1*的负责人；1996年开始策划、主持《门对门》。从业半个多世纪来，布鲁诺·维斯帕三次获得圣文森特（Saint Vincent）奖、四次获得意大利电视“金猫奖”，可以说是当代意大利最资深的记者、主持人之一。

如此丰富的从业经历和无可挑剔的职业素养，使布鲁诺·维斯帕的主持风格沉稳老练、游刃有余；其特殊身份，又让他能够轻松邀请到许多重量级嘉宾，这在一开始就为节目带来了不小的光环。布鲁诺·维斯帕对于节奏、内容的绝对掌控，也为节目烙上了鲜明的个人印记。在每期节目的话题讨论中，嘉宾通常在舞台上相对而坐，布鲁诺·维斯帕则位居主持台，扮演引导者、调节者的角色。他常常以一种或调侃或严肃的淡定姿态，抛出一针见血的问题，引发嘉宾间对立的讨论甚至争论。但无论如何他总能控制全局，除了基本流程间的穿针引线，还会在必要时中断嘉宾的争论，进行客观冷静的总结。可以说布鲁诺·维斯帕的主持气场强大、游刃有余，纵然在节目中稍显强势，但其鲜明的个人风格不失为另一种看点所在。

2.超重量级嘉宾让节目具有无可替代性

对于拥有元老级主持人的《门对门》来说，邀请重量级嘉宾来参与节目几乎从来都不成问题。1996年，首期节目的第一位嘉宾就是当时正在参加总理选举的普罗迪，作为总理候选人，普罗迪在节目中展开了第一波宣传攻势；1998年10月23日，在教皇约翰·保罗二世登基20周年之际，教皇本人在当期节目中通过电话接受了布鲁诺·维斯帕的访问，这在历史上是绝无仅有的一次；2001年美国“9·11”事件发生后，节目连线采访了时任美国总统小布什；2003年该节目独家采访了萨达姆·侯赛因……这样的名字还能列出一长串。这些嘉宾都是具有极高社会关注度和影响力的人物，也是当时新闻事件的中心人物，他们的加入无疑为节目带来了超高人气，也大大增强了节目内容的可看性。

五、节目分析

1.模式上经典不变，内容上灵活多变

《门对门》自开播以来，节目的形式和结构几乎没有改变，在主持人布鲁诺·维斯帕独特的个人魅力影响之下，形成了一套经典的谈话节目模式。然而形式的固定并未禁锢节目内容的丰富与创新，每期节目都会确定一个时下最受关注的热点问题作为讨论的主要话题，除此之外还会加入其他一些热门社会事件作为话题，这些问题之间不一定有关联，全凭主持人将它们串联在一起，组织嘉宾讨论。作为一档综合类谈话节目，《门对门》不仅仅关注意大利社会当下最热门的政治、经济、社会问题，还专门开设了文化生活、体育、人物专访等不同板块，使目标受众群体进一步扩大，保持了收视率的稳定。例如2010年5月2日的节目主题是社会生活，现场一改政经类节目的严肃气氛，请来管弦乐团助兴，还邀请了当红烹饪节目主持人、护士团体代表等，气氛轻松而热烈。

2.以点带面，打造节目核心竞争力

得益于主持人布鲁诺·维斯帕多年政界记者的从业经历，《门对门》并没有漫无目的地均衡发力，成为一档单纯的时事综合访谈节目，而是强调“术业有专攻”，从一开始就有意识地将重心放在内政访谈这一板块，将其作为节目的核心竞争力，不断打磨求精。1996年第一期节目就邀请到当时的总理候选人普罗迪畅谈意大利形势问题，首期就突破了20%的收视率。2001年5月8日，贝卢斯科尼选择在当期节目中发表其竞选前夕的重要讲话《与意大利人民的承诺》。2006年4月3日，同样是在意大利大选前夕，主持人布鲁诺·维斯帕邀请同为总理候选人的普罗迪和贝卢斯科尼作为嘉宾共同到场讨论，当期节目获得了史上最高的52.13%的收视率，共计1600余万人次观看。就这样，《门对门》逐渐成为意大利政客们进行政治辩论的主要战场，被前总理朱利奥·安德烈奥蒂封为“意大利议会第三院”的称号，成为节目的重要象征和标志，也体现出节目的核心亮点。

3.节目内容紧追时事热点，体现人文关怀

作为一档时政综合访谈节目，除了政治，《门对门》同样重视人文关怀，重视对社会问题的揭露和对弱势群体的关注。例如在针对“好莱坞知名导演性骚扰案”的讨论中，为了深刻展现广泛存在的职场性骚扰及性别不平等问题，节目组专门策划了有关社会调查并制作成纪录短片，作为嘉宾讨论的背景资料。在对“宜家公司解雇残疾女员工”一案的讨论中，节目组也以短片的形式呼吁社会尊重残障人士，保障他们的权利。这些案例让略显严肃枯燥的政经访谈节目有了人性的温度，也为节目带来了更多的人气。

六、可借鉴性与反思

1.节目内容覆盖面广、时效性强，让观众信赖

《门对门》之所以二十余年来人气不减，成为一档绝无仅有的“国民”节目，除了主持人身份特别，很大程度上还要归功于高质量的节目内容。如前所述，《门对门》每期节目都会根据当下时事热点选取数个话题进行讨论，内容涵盖政治经济、文化体育等各种社会问题，覆盖面广泛。不仅如此，每当有社会重大事件发生时，节目都会以现场直播的形式播出，播出时间一般提前至晚间黄金时间8点，播出时长一般延长为数小时。例如针对2001年美国“9·11”袭击、2004年意大利人质劫持、2008年美国大选、2009年意大利阿布鲁佐大区地震等事件，节目都进行了2—5小时的特别直播。

2.匠心制作，打造品牌，因品质而长盛不衰

作为一档访谈节目，《门对门》能够坚持二十余年已实属不易，更何况还要保持一贯的制作水准和良好口碑。《门对门》无疑做到了，并且还在坚守。一档电视节目何以创造这样长盛不衰的奇迹？更多的在于制作团队脚踏实地打造精品节目的认真态度和匠心精神，正是在长时间的打磨、改进与优化中，节目才慢慢积累了良好的口碑，从而得以长盛不衰。而这种精神或许比技巧更为可贵，也更加值得国内的电视节目学习。

3.反思

（1）尽量消除派性，使节目保持中立态度

作为资深记者，布鲁诺·维斯帕见证了意大利政界数十年的风雨沉浮，难免会由于个人好恶亲疏等带上某些政治派性。此前，布鲁诺·维斯帕就曾因为与贝卢斯科尼私交甚好，在节目中多次为其“宣传”，以及迎合其他中右翼政客而受到诟病，更因为疑似替某右翼政客量身定做节目内容而被批评有违职业素养和节目道德。作为时政类辩论型节目的模范，《门对门》应尽量保持更为客观中立的态度，避免受到派性影响。

（2）内容更年轻化

受主持人布鲁诺·维斯帕成熟老练的个人风格和习惯的影响，《门对门》整体呈现为一档较为严肃的时政节目，对年轻人来说可能略显枯燥乏味。同时，有数据显示，该节目的收视率近几年也确有下滑迹象。在泛娱乐化的当下社会，《门对门》的存在与坚守有其必要的价值，但节目也可以尝试更为年轻化的语境和视角，更加贴近年轻人的感受和需求，这有利于为节目吸引更多年龄段的受众。

（牛慧清　汤信雅）

观点交锋的战场

——《外族人的入侵》

一、节目概况

节目名称: Le Invasioni Barbariche
中文名称:《外族人的入侵》
发行地区: 意大利
播出频道: LA7
首播时间: 2005年4月20日
播出时间: 每周三或周五21: 10
单集时长: 150分钟左右
节目类型: 访谈型谈话节目

图1　节目LOGO（图片来自LA7电视台网站）

《外族人的入侵》是意大利私营电视台LA7的一档热门人物访谈节目，在意大利民众中具有较高人气。该节目于2005年开播，2008年停播，2010年10月复播，至2015年止，共制作播出10季，累计100多期，2015年3月停播至今。《外族人的入侵》可以说是意大利脱口秀节目中的“常青藤”。该节目由意大利著名记者、主持人达利亚·比纳德（Daria Bignardi）担纲策划和主持，每期节目通常会邀请4—6位意大利政界、文化界和演艺界名流作为嘉宾，以一对一或一对二搭配的形式轮流对嘉宾进行现场访谈。一期节目通常由主持人和嘉宾的三至四段现场采访和一至两段时事热点讨论组成，从当代民主政治到具体社会问题，从主流严肃文化到个人隐私八卦，谈话内容涉猎广泛、别开生面，整体风格简洁明快、诙谐幽默，再加上主持人达利亚·比纳德幽默而辛辣直接的提问方式和重量级嘉宾间的思想碰撞，使得节目内容看点十足，深受意大利民众的喜爱，收视率长期居于意大利人物访谈类节目榜首。在2013年4月17日播出的一期节目中，时任佛罗伦萨市市长的意大利前总理伦齐作为嘉宾参与录制，当期收视率高达6.55%。2007年，《外族人的入侵》获得“意大利大学生最喜爱电视节目奖”和“最具广度和深度电视节目奖”，为LA7捧回了第一座电视节目“金猫奖”奖杯。

二、板块设计

《外族人的入侵》总时长约为两个半小时，主要环节设置为“主持人开场并介绍嘉宾，主持人对嘉宾进行访谈，主持人介绍第二位嘉宾，主持人对第二位嘉宾进行访谈，主持人邀请上一位嘉宾返场进行多人访谈，主持人介绍下一位嘉宾（共循环3—4次），结束”。这样流水循环式的访谈模式和国内常见的聚合式、圆桌式访谈模式相比显得不拘一格、别出心裁，也确有较大区别。这样的形式对于节目内容的整体设计与编排有其匠心独具之处，一期节目中，主持人常常会邀请来自同一领域不同类别和派系的重量级嘉宾参加访谈，而这种相互隔离、单独访问的形式，避免了多人访谈的表达尴尬，将嘉宾始终置于独一无二的中心受访者地位，符合嘉宾的重量级身份，同时也便于主持人与嘉宾之间产生最为直接有效的互动（通常是嘉宾接受主持人辛辣尖锐的提问），最大化地从嘉宾身上挖掘观点等信息，有利于增加节目内容的深度和广度，使节目有趣有料、看点丰富，让观众获得最佳收视体验。不仅如此，经验丰富、老练的达利亚·比纳德还会在独立的单人访谈结束之后，选择时机邀请嘉宾同时返场，重新进行一场一对二（或一对多）的多人访谈。由于有了先前的单人访谈内容做基础，在其后的多人访谈中，主持人能够更加游刃有余地引导嘉宾，展开更加激烈有趣的观点碰撞，进一步增加节目的趣味性和可看性，吸引观众注意力。

下面以《外族人的入侵》2014年2月7日这一期[①]为例对其板块设计进行分析。在这期节目中，主持人达利亚·比纳德邀请了意大利参议院外事委员会主席、“中间联盟”党派负责人皮埃尔·费迪南多·卡西尼（Pier Ferdinando Casini），政治观察员斯特法洛·默里基尼（Stefano Menichini）等人参与节目，讨论即将揭晓结果的意大利总理选举等时政热点话题。

表1　节目板块内容详解

总时长	板块时长	具体内容	形式
7分02秒	7分02秒	主持人达利亚·比纳德开场，介绍第一位嘉宾，意大利参议院外事委员会主席皮埃尔·费迪南多·卡西尼入场，并就意大利民主党领袖莱塔和伦齐的政治选举竞争及意大利当前政局形势展开讨论	片头短片+主持人开场+现场画面+音效+主持人与嘉宾交流
32分08秒	25分06秒	主持人现场连线政治观察员斯特法洛·默里基尼，和嘉宾一起讨论意大利总理人选及其他时政热点问题	现场画面+第二现场画面+主持人、嘉宾及观察员交流
37分09秒	5分01秒	嘉宾皮埃尔·费迪南多·卡西尼退场，主持人介绍第二位嘉宾，著名记者、编辑贝佩·塞万里尼（Beppe Severgnini）入场，并与嘉宾寒暄，活跃现场气氛	现场画面+音效
37分24秒	0分15秒	主持人广告时间	预告动画+广告
50分50秒	12分26秒	主持人和嘉宾贝佩·塞万里尼讨论媒体视角下的意大利政坛动态和当前局势问题	现场画面+主持人与嘉宾交流
58分20秒	7分30秒	主持人邀请第三位嘉宾——作家马尔切诺·佛伊斯（Marecello Fois）上台，就其新书《给撒丁》（*Sei Per La Sardegnia*）展开讨论	现场画面+音效+主持人与嘉宾交流
1小时24分10秒	25分50秒	嘉宾退场，主持人介绍第四位嘉宾，著名演员卡罗·朱赛佩·加巴蒂尼（Carlo Giuseppe Gabardini）上台，并就同性恋等社会热点问题展开讨论	现场画面+嘉宾作品短片+主持人与嘉宾交流
1小时36分40秒	12分30秒	主持人邀请第五位嘉宾——演员、模特贝伦·罗德里杰兹（Belen Rodriguez）上台，对其感情问题进行采访	现场画面+主持人与嘉宾交流
2小时05分25秒	28分45秒	嘉宾退场，主持人介绍第六位嘉宾，著名演员朱力奥·斯卡巴蒂（Giulio Scarpati）上台，就其新书展开阿尔茨海默症相关问题的讨论	现场画面+音效+主持人与嘉宾交流
2小时41分15秒	36分12秒	嘉宾退场，主持人再次邀请嘉宾卡罗·朱赛佩·加巴蒂尼和贝伦·罗德里杰兹上台，并端上啤酒，在热烈轻松的氛围中展开访谈	现场画面+主持人与嘉宾交流
2小时41分37秒	22秒	嘉宾和主持人谢幕	现场画面+片尾短片

① 节目视频网址：https://www.youtube.com/watch?v=KO7JAg7h4gY&t=1822s。

三、舞美设计

1.整体设计精致大气，美观与实用并存

作为一档人气很高的时事访谈节目，《外族人的入侵》的策划团队十分重视舞台设计，在舞台道具及空间设计上更是下足功夫。为了现场观众能够平等地欣赏到主持人与嘉宾的精彩表现，也为了后期屏幕呈现的整体美感，设计团队将舞台大体布置为开放的圆形。沿袭了古罗马元老院的布局传统，观众席以圆弧阶梯式被均匀安置在圆形舞台左右两侧。除舞台正后方的LED主屏幕以外，两边还有四块同样面积的巨型彩色投影幕布，以LED屏幕为中心分别向左右两侧观众席后方延展；五块大幕形成一堵巨大的背景墙，将大半舞台囊括在内，随节目进程的变换可呈现出各式各样五彩斑斓、炫目华丽的光影动画效果，极大地拓展了舞台的表现空间，也凸显出节目内容的丰富绚丽。在灯光布景方面，五块大幕充当了演播室圆形空间的主要光线来源。除此之外，舞台上方还有3D投影装置和顶挂式聚光灯，聚光灯从不同方向追打至主持人和嘉宾所在之处，起到强调其中心位置的作用。

主持人和嘉宾访谈区是聚光灯的中心，其结构布置是该节目舞台空间设计方面的另一大亮点。在正对LED主屏幕的圆形舞台另一侧，除一条嘉宾下场专设通道外，设计团队还在弧边中心位置叠加了一个直径稍小的圆形舞台，作为正式的访谈区。访谈区的布置十分特别，其中最显眼的就是那张充满现代感的蓝黑色长桌：长桌整体垂直于LED主屏幕，横穿整个访谈区的圆形舞台，末端一直延伸至镜头外，具有特别的视觉效果。主持人与嘉宾则通常端坐于长桌两侧，展开精彩激烈的思想碰撞与对话。值得一提的是长桌的功能丰富多样：近景特写镜头下，长桌能带来恰到好处的正式感与分寸感，具有严肃政治人物作为访谈嘉宾所需的场所特性；中景或全景镜头下，长桌又酷似意大利街头巷尾随处可见的酒吧里的标志性长形吧台，有助于拉近主持人与嘉宾间的距离，无形中增强了节目的亲近感和轻松感，更加契合节目中其他非严肃访谈的氛围。

图2　舞台全景（图片来自LA7电视台网站）

图3　LED主屏幕可进行场外连线，作为第三方参与讨论的物理空间（图片来自LA7电视台网站）

图4　嘉宾从舞台侧面观众席旁入口处入场，投影显示欢迎画面（图片来自LA7电视台网站）

图5　嘉宾从访谈区旁的专门通道下场（图片来自LA7电视台网站）

2.灵活运用影音技术，打造鲜明节目风格

《外族人的入侵》的舞台背景由大面积的圆弧形的LED主屏幕以及投影幕布构成。LED屏幕两侧边栏的橙色字为节目名称，屏幕中心可播放片头动画、嘉宾影音资料，进行场外连线等，其功能随节目进程而变化。观众席后方四块投影幕布则以大面积的帆船航海图作为背景（暗合节目名称“外族人的入侵”），并配合节目的不同环节变换色彩，起到调节舞台背景和丰富演播室整体光线色彩的作用。

舞台音效的使用也独具匠心，符合节目主题。如主持人与嘉宾入场、退场时，除了灯光效果，现场还会配以“野蛮人咆哮”音乐，在活跃现场气氛的同时，更烘托了节目热烈的氛围。

值得一提的是，舞美设计团队还在节目中多次利用了3D空间投影技术，在突出相关主题的同时，打造出美轮美奂的空间效果，令人耳目一新。

图6　每期开场时，LED主屏幕和两侧投影幕布上播放主题动画，气氛热烈奔放，具有感染力（图片来自LA7电视台网站）

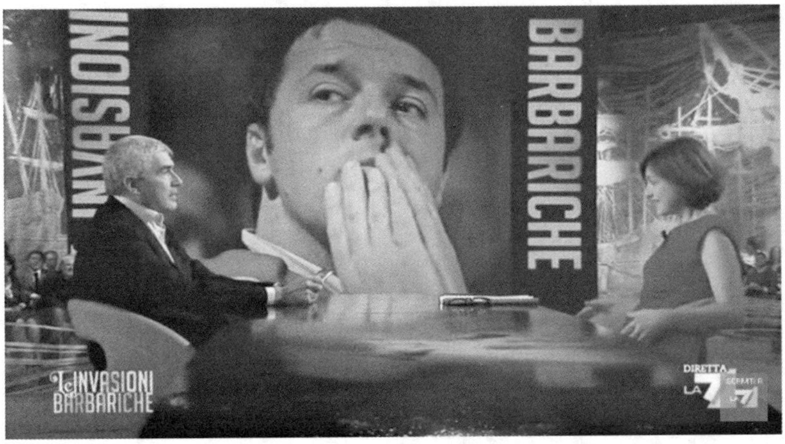

图7　LED主屏幕配合嘉宾访谈内容播放相关影音资料（图片来自LA7电视台网站）

四、人员设计

1.主持人达利亚·比纳德经验丰富，风格犀利

意大利著名记者、主持人达利亚·比纳德在《外族人的入侵》中担纲策划与主持，其在加盟LA7之前曾供职于意大利国家广播电台RAI和传媒巨头Mediaset，已积累了丰富的行业经验，更获得了意大利最有分量的电视大奖“金猫奖”。作为资深记者和主持人，达利亚·比纳德经验丰富、知识涉猎广泛，这也是其沉稳亲和的台风和掌控全局的气场之来源。因此，在节目内容传达、节目风格引领等方面，达利亚·比纳德拥有独一无二的绝对地位，当之无愧为节目的核心与灵魂，其鲜明犀利的个人风格也为整个节目烙上了难以磨灭的印记。

达利亚·比纳德在节目中邀请的嘉宾无一不为意大利政界、文化界和演艺界名流。在不同嘉宾面前，达利亚·比纳德总能保持不卑不亢、落落大方的姿态，在不同环节间穿针引线，在多重角色间自如切换。她既是热情的引领者，又是耐心的倾听者，更是辛辣直接的提问者。从当代民主政治到具体社会问题，从主流严肃文化到个人隐私八卦，达利亚·比纳德善于巧妙设计问题与互动环节，配上其特有的幽默且辛辣直接的提问，常常使得现场充满精彩的观点碰撞。纵然时常会有些许的“火药味”，但最终也能被其幽默与智慧化解，使节目的趣味性和可看性大大增加。

2.嘉宾兼具社会知名度和时事相关度

如前所述，主持人达利亚·比纳德在《外族人的入侵》中邀请到的嘉宾，上至总理马泰奥·伦齐，下至诺贝尔文学奖得主达里奥·福，多为意大利政界、文化界和演艺界名流，如此重量级的嘉宾阵容是节目高收视率的重要原因。除高知名度以外，每期节目中邀请的嘉宾通常也与当期时事新闻紧密相关，例如2014年2月意大利总理换届前夜，主持人便邀请多位知名政客与评论家参与节目，对换届局势做出预测和讨论。节目中的嘉宾兼具社会知名度和时事相关度，使得访谈内容既吸引观众又紧随潮流，具有较强的时效性。

五、节目分析

1.节目模式成熟，受众广泛

《外族人的入侵》整体定位为一档时事访谈类脱口秀节目，当期时事要闻是节目的

立足点，也是主持人选择嘉宾及设计访谈的基础。经过十余年的探索发展，节目已经形成了一套成熟的制作模式，将具有时效性的新闻评论和具有原创性的人物访谈结合起来，以主持人、嘉宾循环访谈的形式，调配出一道丰富可口、老少皆宜的“信息大餐”，最大化地提高节目的内容产值和收视效益。

2.嘉宾和主持人底蕴深厚，互动深入

《外族人的入侵》十分注重节目人员设计，主持人经验丰富、风格犀利，访谈嘉宾涉及领域广泛、社会关注度高。访谈者与受访者或舞台经验丰富，或思想底蕴深厚，在节目中自然能够形成深入的探讨和互动，用观点擦出精彩的火花，使观众在获得兴味盎然的观感体验的同时还能够有所收获。

3.节目内容丰富，制作精良

作为一档优秀的时事访谈节目，《外族人的入侵》除了内容上丰富有料，在制作方面更是精益求精。从美观与实用并存的舞台空间设计到绚丽大气的灯光音响，从热情奔放的片头主题动画到和谐一致的整体背景色彩，无一不体现出策划团队精雕细琢的工匠精神。

六、可借鉴性与反思

1.访谈犀利真实，观点多元开放

记者出身的主持人达利亚·比纳德深谙西方民主政治环境下的访谈节目之道，以辛辣直接的提问方式、诙谐犀利的语言风格著称。在节目中，无论是颇具争议的社会问题，还是较为敏感的政治问题、个人问题，总之在各种各样的“敏感话题”面前，达利亚·比纳德总能保持独立清醒的思考，放下所谓的“顾忌”，淡定自如地向嘉宾抛出最一针见血的问题，有时候甚至“步步紧逼”，只为向观众展现嘉宾最真实的一面和最多元的观点。主持人面对嘉宾的坦诚态度和节目对于多元观点的开放包容，都值得国内的访谈节目借鉴和学习。

2.节目内容善于创新，通过多种渠道提升影响力

不满足于嘉宾访谈的单一形式，节目一直在尝试利用多种创新途径丰富内容、扩大影响。2010年10月至12月，节目邀请歌手摩根·菲诺（Morgan Fino）作为每期节目的常驻嘉宾；同年，节目开设杂志专栏*Barbaricamente*，先后由曾获坎皮耶罗文学奖的女作家米

凯拉·穆尔嘉（Michela Murgia）和女记者阿黛尔·坎布里亚（Adele Cambria）执笔。在2011年的节目中，导演组邀请了记者贝佩·塞万里尼，在每期节目的开头与主持人共同评论当周时事要闻。

3.反思

（1）把控各期嘉宾总数量与节目总时长

作为一档人物访谈节目，嘉宾无疑是节目的中心。为了最大化地追求节目内容丰富性，每期节目中主持人都会邀请4—6位各界嘉宾，纯谈话时长通常会超过150分钟。如此高强度和高密度的节目内容，容易给观众带来一定的审美疲劳，如果适当缩减嘉宾数量或整合访谈段落，将节目时长控制在易于传播的长度，可能传播效果会更好。

（2）增加嘉宾与观众互动环节

每期节目中，通常只有主持人与嘉宾或第三方连线者在演播室进行访谈，现场观众更多只是起到陪衬作用，与舞台互动较少，造成节目整体互动模式较为单一。建议增加嘉宾与观众互动环节，拓宽访谈受众面，使节目观点、内容更加多元丰富。

（牛慧清　汤信雅）

荷兰

诗意地栖居

——《转动世界》

一、节目概况

节目名称：De Wereld Draait Door

中文名称：《转动世界》

发行地区：荷兰

播出频道：NPO3（2005—2013年），NPO1（2014年至今）

首播时间：2005年10月10日

播出时间：周一至周五19：00

单集时长：45—60分钟

节目类型：脱口秀

荣　　誉：2006年被Nipkow集团授予荣誉奖；2007年获得"电视金戒奖"（Gouden Televizierr-Ring——荷兰电视最重要的奖项）；2010年与2011年成为BVN最受欢迎电视节目；2011年获得"银盘奖"（Zilveren Nipkowschijf）

图1　《转动世界》海报（图片来自IMDb）

VARA广播集团出品的《转动世界》是一档日播的电视谈话节目，也可以说是荷兰最著名、最受欢迎的谈话节目，从2006年起就吸引了超过50万观众在每晚黄金档定期收看，第三季后《转动世界》的收视人数稳定到100万。时至今日，《转动世界》已经播出了15季，总集数超过2400集，是荷兰谈话节目中的标杆。

《转动世界》的成功并非一帆风顺，相反它的历史非常曲折。它的前身是荷兰三台（NPO3）在1988年创办的节目*TV3*，由于收视不佳，*TV3*进行了一系列的尝试。这些尝试被《转动世界》采纳，并帮助这个节目成为非常成功的荷兰本土访谈节目。这档节目的制作团队也发生了多次变化。开播仅两个月后，《转动世界》的创始人之一弗朗西斯科·范·约尔（Francisco van Jole）就退出了节目，后来替代他的德·布雷尔（De Breij）也在工作两年后离开。另外，该节目的录制地点也由于空间不足而搬迁，节目的播放频道也从NPO3换到了竞争更激烈的NPO1。但这些波折都没有阻碍《转动世界》成为高口碑高收视率的优质节目。

《转动世界》的内容丰富多样，涵盖时事新闻、最新资讯以及娱乐新闻。为了向观众展示世间万象和它们背后的故事，这档节目每晚都会邀请不同的嘉宾，包括政客、音乐家、作家、电影导演、记者以及社会各界的有趣人士。主持人马戴斯·范·纽格克（Matthijs van Nieuwkerk）会邀请嘉宾坐到圆桌旁，与大家分享新闻，也向嘉宾提问一些相关问题。

虽说《转动世界》是一档谈话节目，但它的节目形式并不止于谈话。范·纽格克在每次节目中都会采访三位嘉宾，和他们沟通当天或者当周的新闻。这一对话持续大约10分钟，中间还会穿插音乐、报告和视频等。在“转动电视”板块后，节目会邀请音乐家或者乐队进行现场表演，有时候也会邀请诗人或者喜剧演员表演。在不同的季度，《转动世界》会确定不同的主题，进行话题讨论。在固定话题板块，《转动世界》会邀请多位专业领域的从业者参与聊天互动。

二、板块设计

《转动世界》为工作日黄金档节目，在周一到周五的19点播出。它的总时长为45—60分钟，这其中，有30—45分钟会平均留给三位（或三组）嘉宾进行访谈，剩余时间会穿插娱乐节目，例如歌曲演唱、戏剧表演，或者诗歌诵读/演唱等。

图2　主持人与嘉宾谈话（图片来自Nu.nl）

《转动世界》的主要内容为谈话，但也有其他板块。它的固定板块有“谈话”（gesprekken）、“转动电视”（TV Draait Door）、“转动网络”（Web Draait Door）、“演出”（optredens）和“幸运电视”（Lucky TV’s）。

“谈话”指的是《转动世界》中的访谈部分，整个节目中一般有三个谈话板块，且主题各不相同，访谈人数和组数会根据节目时长和内容进行适度调整，也会出现一个板块中先后采访几位嘉宾的情况。如果遇到重大节日或者重要事件，《转动世界》会统一主题，但整个节目仍可分为三个板块，由不同的子话题或者不同的受访者来区分。另外，《转动世界》会在每月月底设置推荐书目环节，在这个特别环节中，受访者会各抒己见，最终推荐一本优秀图书。

“转动电视”与“转动网络”为穿插板块，这一板块并无嘉宾参与，只有主持人范·纽格克协助穿插工作。这两个板块为视频展示部分，会分享3—5个近期电视上或网络上的趣味视频。节目对这些视频并不会做过多的剪辑或者二次创作，只会在必要时用特效标出视频的某部分，方便观众找到笑点。这两个板块并不会每次都出现在节目中，而且出现时间一般为节目的后半段，用来让观众从密集的信息与激烈的讨论中放松下来，以便更好地享受后30分钟的内容。

《转动世界》的“演出”板块的内容并不固定。每周三《转动世界》会请一位诗人朗读自己的诗歌，有时也会请人将这首诗歌谱成曲演唱出来。节目组拥有自己的乐队，也会邀请各大合唱团助阵。除了乐队表演以外，《转动世界》也会邀请节目嘉宾演唱歌曲，这些嘉宾不一定是专业歌手，可能只是音乐爱好者，或者是与某一段音乐有关联。比如说，在《转动世界》第13季最后一期，为了纪念荷兰诗人威廉·威尔明克（Willem Wilmink），节目组制作了一期充分运用音乐的节目。他们先邀请了歌手赫尔曼·范·维恩

（Herman van Veen）携合唱团演唱了威尔明克写的歌曲《希尔弗瑟姆三世》（*Hilversum* Ⅲ），然后让威尔明克的女儿女婿弹唱自编曲目《玩耍少女》（*Spelende Meisje*）。在用芝麻街木偶表演了一曲关于死亡的诗歌作品《死亡需要这么久》（*Dood Zijn Duurt Zo Lang*）后，主持人邀请作家克劳迪娅·德布赖伊（Claudia de Breij）讲述诗歌《害怕幸福》（*Angst voor geluk*）对自己青春期的影响，并进行演唱。最后所有人合着威尔明克写过的最短的歌曲《拳头叠拳头》（*Deze Vuist op Deze Vuist*）做游戏和合唱。所有的歌曲都来源于威尔明克的诗歌，但它们讲述的故事各有不同，表演方式也多种多样，并没有给观众带来审美疲劳，也没有把谈话节目变成一个音乐节目。除了歌曲，《转动世界》也尝试了喜剧表演。在有的节目中，节目组邀请了一些喜剧演员，给观众带来了别样的体验。

“幸运电视”是一个特别的板块，它被放在《转动世界》的片尾，但又与节目主题关联不大。这个板块的主要内容是恶搞视频，节目组会选取一些视频，通过片段剪辑、重新配音、增加解说等方式为原本严肃的视频增加喜剧感。由于荷兰人热爱王室，“幸运电视”最受欢迎的是恶搞国王威廉-亚历山大（Willem-Alexander）的视频。在第13季的五大最受欢迎“幸运电视”榜中，第二到第五名均为皇室出行的视频。节目组通过假想皇室成员的心理活动，制作了画面十分严肃，配音却异常滑稽的恶搞视频。虽然“幸运电视”板块不会每日播出，但它却是最受欢迎的板块之一。

下面以2018年3月29日这期节目为例[①]，分析《转动世界》的板块设计，见表1。

表1　节目板块内容详解

总时长	板块时长	具体内容	形式
00分21秒	00分21秒	感谢所有嘉宾及观众并播放片头	现场+视频
圆桌先生（Tafelheer）环节“啊，小妈妈”（Ach, moedertje）			
02分20秒	01分59秒	雨果·博斯特（Hugo Borst）介绍近况以及他的比利时纪录片	主持人现场
02分59秒	00分39秒	提问场下两位嘉宾	主持人现场
05分18秒	02分19秒	雨果讲述拍摄细节以及大家感兴趣的内容	主持人现场
06分13秒	00分55秒	播放纪录片片段	视频
07分55秒	01分42秒	讲述片中将头靠上老人肩膀的细节背后的故事	主持人现场
第一环节“美国台风”（Typhoon in Amerika）			
08分28秒	00分33秒	嘉宾：Gleen de Randamie 播出马丁·路德·金的《我有一个梦想》（*I Have a Dream*）片段	视频

① 节目视频网址：https://dewerelddraaitdoor。bnnvara。nl/media/382208。

续表

总时长	板块时长	具体内容	形式
10分28秒	02分00秒	马丁·路德·金去世50年后美国种族歧视问题的现状以及马丁·路德·金对当下美国的影响	主持人现场
12分04秒	01分36秒	播放马丁·路德·金的孙女借《我有一个梦想》号召禁枪的视频	视频
12分44秒	00分40秒	Gleen讨论青少年的梦想	主持人现场
13分21秒	00分37秒	播放美国一位女教师教导孩子未来要让美国变得更好的视频	视频
16分14秒	02分53秒	Gleen谈论美国的政治活动、关于禁枪社会思潮的变革以及美国的未来	主持人现场
16分35秒	00分21秒	播放抗议活动演讲视频	视频
18分28秒	01分53秒	谈论普通民众的痛苦，Gleen讲述自己拍摄纪录片*Typhoon*的初衷	主持人现场
第二环节《格拉贝寻访高更》（*Krabbé zoekt Gauguin*）			
18分50秒	00分22秒	介绍纪录片《格拉贝寻访高更》的内容，讲述法国画家高更的生平故事	主持人现场
19分49秒	00分59秒	播放纪录片片段	视频
26分08秒	06分19秒	嘉宾Jeroen Krabbe 讲述纪录片的创作初衷，共同讨论家人和民众对高更完全不同的评价、《纽约时报》对此纪录片的评价、*Telegraph*对高更的评价、画家所处年代的风俗习惯	主持人现场
27分00秒	00分52秒	播放《格拉贝寻访高更》的视频片段	视频
33分39秒	06分39秒	讲述视频背后的故事、画家家人的故事，讨论正确的术语用词，讲述第一季的内容和幕后故事，以及高更与梵高的交往故事	主持人现场
"转动电视"板块			
37分15秒	03分36秒	播放5则搞笑视频：脱口秀表演，音乐会采访口误，现场唱歌忘词，2则复活节恶搞视频	视频
第三环节"克耶尔德·努伊斯"（Kjeld Nuis）			
41分00秒	03分45秒	克耶尔德·努伊斯讲述比赛故事、遇到的困难、滑冰过程中的细节	主持人现场
41分56秒	00分56秒	播放滑冰视频	视频
45分01秒	03分05秒	克耶尔德·努伊斯讲述训练方法和经历，以及在国外比赛、度假时的见闻	主持人现场

续表

总时长	板块时长	具体内容	形式
演出板块			
45分56秒	00分55秒	Amsterdam Funk Orchestra演唱*We Gotta Get Funky*	乐队表演
结束板块“幸运电视”			
46分58秒	01分02秒	奇怪的报警电话	视频

这一集的时间分配不太均匀，第三板块相对简单而开场时间比较长，因此我们将开场主持人与“圆桌先生”(Tafelheer)的对话部分列为特别环节。“圆桌先生”雨果·博斯特并不属于嘉宾，他可以参与全程录制，主要承担副主持人的工作。由于博斯特有自己的新作，因此主持人范·纽格克留了开头的时间听他讲述自己作品背后的故事。由于“圆桌先生”或“圆桌女士”(Tafeldame)并非固定嘉宾，范·纽格克会花一些时间介绍新人，但如果他们已经来过多次或者没有特别内容值得采访，范·纽格克会直接进入第一板块。

在结束了开场对话后，节目进入了正题。在这期节目中，《转动世界》共设置了三个话题，主持人范·纽格克和博斯特会通过视频了解事件背景或者相关作品片段，然后由范·纽格克主导提问，与三位嘉宾一起探讨并了解事件或者作品的内容和背后的故事。尽管视频在《转动世界》中多次出现，但观众获取信息的渠道仍然是对话。通过对话与沟通，事件的时间、地点、经过、原因、结果等细节被嘉宾披露，观众得以获知从画面中无法得到的更多信息。

另外我们也可以看出，大多数娱乐内容被安排在节目的最后。事实上，《转动世界》倾向于把重要内容或者需要深度思考的内容安排在节目的前半段，以保证观众的注意力集中在节目上，后半场的时候由于在场观众和嘉宾都已经坐了很久，状态可能并不如前，娱乐内容可以活跃气氛并增加娱乐性，观众也可以从忙碌的工作日中解放出来，得到放松。

三、舞美设计

1.舞台形状和设置

《转动世界》的拍摄地点在阿姆斯特丹，2005—2010年节目的拍摄地点是Studio Plantage，后因为场地不够大，于2010年迁至韦斯特煤气厂。新演播厅在坐满观众和嘉宾后依然看起来满满当当的，但这恰好营造出《转动世界》轻松的家庭聚会式氛围。

《转动世界》的舞台完全开放，位于演播厅的正中位置。这个奇怪形状的桌子对于《转动世界》来说至关重要（见图3），所有的多人谈话都围绕在它旁边。虽然在上文我们把“Tafelheer”和“Tafeldame”称为“圆桌男士”和“圆桌女士”，但这张奇特的桌子其实并非圆形。它的形状类似梯形或者字母A，两侧的桌边呈圆弧状，最长边呈现为一个小梯形，突出了LED显示屏。主持人范·纽格克坐在桌子的最短边，也就是正对摄像机处，其余嘉宾坐在桌子两侧。

图3　《转动世界》的桌子（图片来自Dionnestax）

以摄像机所在的位置为参照点，主持人为中心，观众以包围状坐在主持人后面。其中，右侧的前几排会留给嘉宾，作为他们的候场区，后排优先安排给嘉宾亲友，如果没有特殊观众则属于一般观众席。

舞台后方区域只坐观众，他们位于主持人的盲区，但也是最容易被拍到观众反应的区域。另外，后方有时也会支起一个小桌子，供范·纽格克单独采访某位嘉宾时使用（见图4）。这张小桌子仅供临时使用，使用完毕后会由相关工作人员挪走。另外，图4后方的马赛克区域其实是LED显示屏，用于放映影像资料。除了后方和桌子前的LED显示屏，演播室的左右区域也各有一个相对较小的LED显示屏。

图4 《转动世界》的小桌子(图片来自Dionnestax)

舞台左侧不设观众席,一般留给演出嘉宾、乐队和合唱团。由于这块区域需要更换布景和用于演员上下场,访谈环节的镜头一般不会切到左侧,只会在正中和右侧切换。当有演出时会有镜头专门拍摄表演的近景,因此演出时不会拍摄主持人、嘉宾和观众的镜头。

图5 《转动世界》左侧演出区域(图片来自节目截图)

演播厅的控制台并不在演播厅范围内,而是在韦斯特煤气厂的五楼。幕后工作者会在那里根据屏幕监控进行镜头调度。

图6 《转动世界》演播室（图片来自节目截图）

2.舞美灯光

《转动世界》的色调以红与黑为主，光以黄色暖光为主。灯光主要来自顶部的吊灯和前方打光。另外，后方和左右的LED显示屏也具有打光的功能。

整个舞美灯光设计存在着亮度对比。由于舞台在演播厅的正中心，因此主光源打在正中心的主持人身上，以此突出主持人和嘉宾。偏黄的灯光增加了室内的温馨感，以便增强彼此之间的信赖，使嘉宾放松下来大胆沟通。相对来说，周边的观众身上并没有很多的光源，因此显得比较昏暗。

左侧舞台的灯光变化相对更多。虽然也略显昏暗，但节目组会根据节目的需求来调整光的明暗色调，使其与表演内容相符。另外，左侧的灯光并不服务于现场观众。由于最终成品中，表演板块的镜头仅聚焦于左侧舞台，鲜有观众或主持席的互动，因此左侧舞台的灯光只需要考虑镜头效果。昏暗的背景有助于消减道具影响，让观众把注意力放到主要的表演者身上，而且也会有一定的人物美化效果。

四、人员分析

1.节目主持人

主持人马戴斯·范·纽格克曾是荷兰知名报纸《格言》（*Het Parool*）的记者和艺术编辑，他在1996年成为主编，并将当时销量萎靡的《格言》再次带回巅峰，使其重新成为荷兰一流的报纸品牌。范·纽格克从幕后走到台前后，由于早期从事体育板块采访工作，所以他最先创办了荷兰电视节目《荷兰体育》（*Holland Sport*），这个节目也同样获得了银盘奖。但之后因为要全身心投入到《转动世界》中，范·纽格克结束了这档节目。

《转动世界》最早叫作*TV3*，节目内容涉及文化、媒体和生活方式，于2004年开始在黄金档播出。2005年10月，范·纽格克开始使用《转动世界》这个新的节目名称。仅仅两年之后，这个节目就获得了荷兰电视的最高奖项——电视金环奖，后来又在2011年获得银盘奖。

《转动世界》是荷兰当代最受欢迎的节目之一，由于太过出色，曾有传言说范·纽格克会跳槽到RTL工作，但范·纽格克否认了这一点，他表示，他的目标是让《转动世界》成为荷兰电视节目的标杆，让后人永远铭记。

2.圆桌先生/女士

Tafelheer和Tafeldame由单词tafel（桌子）和heer（先生）/dame（女士）组成，意为桌子的主人。本文为了区分男女将它们译为“圆桌先生”和“圆桌女士”。

每一期节目中都会有一位圆桌先生或者圆桌女士，他们不同于嘉宾。确切来说，圆桌先生/女士会担任副主持人的工作，全程坐在主座上，参与各个环节的讨论。主持人范·纽格克承担大部分的问题引导和时间控制工作，圆桌先生/女士需要做的就是参与讨论，询问自己感兴趣或者没有理解的地方，从观众的角度向嘉宾提问，获取观众想要的信息与细节。

圆桌先生/女士大多是著名的荷兰人或者弗拉芒人（比利时西北部以荷兰语为母语的族群）。为了避免重复感，让每天的节目都有所不同，《转动世界》不会在连续两天选用同一位圆桌先生/女士，但会选取一些观众喜欢的嘉宾作为常驻圆桌先生/女士。

3.客座嘉宾

《转动世界》的内容涉及时政、娱乐等，因此邀请的嘉宾来自各行各业。范·纽格克会邀请各界精英、明星政客，也喜欢邀请那些有着自己故事的普通人。在“MeToo运动”兴起的时候，范·纽格克做了4期相关的节目。他询问了荷兰影视圈的明星和出品制作人，也与女权人士共同探讨，还找到了一位男士。这位男士向荷兰报纸*Trouw*投了一篇稿，叫作《MeToo，但是我不能说出那个故事》。他原来只想保守自己的秘密，但最后还是答应了范·纽格克的采访请求，在电视中倾诉了自己的一段经历，期待在未来，所有人都能在一个安全健康的环境中成长，没有人会受到伤害。

尽管《转动世界》有意识地想要增加节目中女性参与程度，但根据调查，《转动世界》在最初的十年中，女性嘉宾只占21%，而且并不是受访者的主体。最常出现的两位女嘉宾是克劳迪娅·德布雷吉（Claudia de Breij）和哈丽娜·赖恩（Halina Reijn），她们在嘉宾出席频率榜中名次分别为第七与第九。

《转动世界》的嘉宾的另一特征是：电视电影从业者以及作家诗人是该节目的常客。《转动世界》本身的知名度和范·纽格克的丰富经历使得该节目与电视从业者关系亲密，而这些领域的从业者又往往有自己想推广的作品，乐于上电视增加曝光度，因此成为常见嘉宾。偏好作家诗人则是因为《转动世界》每周三都有一个读诗环节，因此诗人和作家成为这档节目的亲密伙伴。

另外，《转动世界》也非常喜爱采访同行。除了电影电视制作人、记者这种相关同行，《转动世界》也敢于挑战自己的竞争者，如其他荷兰脱口秀/访谈节目主持人。在2017—2018年（第13季），范·纽格克采访了*Zondag Met Lubach*的主持人以及*Jinek*的主持人，还讨论了*RTL Late Night*收视率低的原因。不惧新人、不怕比较、不露好恶，是范·纽格克在采访同仁时的原则，也是他保持客观公正的基本态度。

五、节目分析

1.内容分析

《转动世界》是一档日播的访谈节目，更新频率快，制作周期极短，因此它在内容和风格上与周播的访谈节目有很大不同。

第一，讨论话题不限。虽然在有大事件或者新闻发生的时候，《转动世界》会争取在一到二日之内制作出相关内容，但由于是日播节目，可供讨论的话题有限，因此需要尽量拓宽思路和话题类型。《转动世界》的访谈内容并不需要多么深刻与复杂，简单的介绍、对事物的评价、生活琐事都可以成为《转动世界》的内容。

第二，语言风格温和。《转动世界》在采访时总是把舞台留给嘉宾。范·纽格克在访谈过程中主要负责引导话题和控制时间，协助嘉宾讲述他们的故事和想法。《转动世界》节目中没有“罐头笑声”，观众反应也比较平和，但这个节目能够切切实实带领观众走到幕后，通过生活中的琐事了解故事背后的故事。

第三，纪录片以及独立电影得以宣传。《转动世界》并不执着于大牌明星，对于人文工作者非常友好，愿意给这些主流之外的文艺作品一个宣传自己的机会。纵观《转动世界》第13季1月的各板块选题，我们可以发现其中不仅有热门的新电影和电视剧，也有纪录片以及独立电影的身影，这些选题往往是其他脱口秀节目所排斥的，而《转动世界》却愿意接触这些话题并将这些独特的美传达给观众，这主要是因为纪录片及独立电影恰好符合节目一贯的人文气质。

事实上，《转动世界》特别注重对人文艺术的宣传。从表2可以看到，在1月末的时候，《转动世界》特别设置了一个荐书板块。其实这是每月固定的板块，从2015年开始，《转动世界》就设置了“每月之书”的固定话题，为观众和阅读爱好者提供参考。这种人文情怀还体现在每周三的诗歌朗读/演唱环节上。诗歌和阅读经常被人们认为是过时的爱好，而《转动世界》的尝试，让它们以一种最美的方式呈现在观众面前，以文字为媒，传递思想。

表2　第13季1月节目选题

时间	主题	备注
2017-12-31	2017 TV Draait door最佳影片回顾	DWDD自制作品回顾
2018-1-7	Abdelhak Nouri的专栏文章讨论 2018女权发声 荷兰国家身份认同	少数群体与身份认同
2018-1-9	荷兰国家级警察（警察局长与祖国派诗人） Gerald Vanenburg退役后的生活 五位必须知道的荷兰喜剧演员	
2018-1-10	Anne Faber谋杀案 众议院主席工作调查 喜剧明星Dolf Jansen访谈 电视节目*Rambam*的制作人访谈 Het Groot Nederlands Songbook新作品视频	周三新诗作表演
2018-1-11	新电影《抵抗的银行家》（*Bankier van het verzet*）制作人访谈 《沿着长江两岸》（*Langs de oevers van de Yangtze*）纪录片制作人访谈	讲述二战期间反抗德国占领的银行家沃尔拉文·范·霍尔通过基金债券等来筹集资金，帮助荷兰人抵抗德国侵略的故事 关于中国长江沿岸风土人情的纪录片
2018-1-12	医生访谈 艺术家Ralph Wolfe Cowan访谈 Karinten Bohmer创建迷你高尔夫球场的失败经历	艺术作品被认为与特朗普有关
2018-1-15	Auke Kok谈论新写传记的进度 *De Luizenmoeder*播出反响 导演Frans Weisz谈论经典作品《生活多美好》（*Het Leven Is Vurrukkulluk*）	

续表

时间	主题	备注
2018-1-16	艺术家John Fentener van Vlissingen与艺术史家Teio Meedendorp谈论梵高与《蒙特马山石采石场》 年度AIVD圣诞节谜题 两位已故音乐家的作品	据最新历史发现，《蒙特马山石采石场》作者为梵高
2018-1-17	关于荷兰奴隶制的辩论 自传体育电影*I, Tonya*的讨论	关于体育以及背后支配它的金钱与权力的电影，涉及体育丑闻
2018-1-18	年度AIVD圣诞节谜题的第二次尝试 Frank Boeijen谈论新CD	
2018-1-19	采访《火与怒：特朗普的白宫内部》的翻译 《电视食堂》（*De TV Kantine*）预演 导演Adil和Bilall谈论影片《黑帮》（*Paster*）	喜剧演员：De Partizanen
2018-1-22	电视节目《富人和穷人》（*Steenrijk en Straatarm*）访谈 医学测试访谈 Nynke en Mattijs访谈	
2018-1-23	荷兰奥运会访谈 喜剧演员William Boeva介绍节目 电影制片人Matthijs van Heijngingen谈论奥斯卡	
2018-1-24	法国女权主义者Simone de Beauvoir讲述信件背后的故事 音乐环节：致敬爵士乐歌手Ella Fitzgerald	诗人：Nico Dijkshoorn
2018-1-25	福布斯上榜者Don Cederfangtan 访谈 Jan Terlouw谈论作为科学家、政治家、作家的生活	
2018-1-26	“转动电视”本月最佳片段汇编 Ruben Terlou谈论新作品*Door het hart van China* 讨论Samantha de Jong滥用药物入院事件 荷兰人发现俄国人入侵美国白宫的电脑，渗透外交部和民主党	Door het hart van China意为“穿越中国的心脏”
2018-1-29	讨论荷兰新捐助法 Alex Boogers讨论新传记*Ali, een leven* 讨论小学教育的重要性	
2018-1-30	Boyan Slat谈论自己的海洋清理行动 每月之书推荐 讨论欧洲电视网	

2.主持风格分析

记者出身的范·纽格克具有极强的主持和控场能力，他会在嘉宾洒泪的时候放缓步调，会在嘉宾紧张时谈论自己的经验，通过共鸣打开话题，会在嘉宾答完后适时补上其他信息或者引出新内容，会在嘉宾离题太远的时候及时带他回到原先的议题。范·纽格克有很强的应对能力，但他并不喜欢抖机灵和开玩笑。他认真对待每一位嘉宾，珍惜他们之间的思想碰撞。相对来说，《转动世界》比较适合关心身边生活、年龄较大、善于倾听的观众。对于那些熟知美式脱口秀、喜欢恶搞与刺激的观众，《转动世界》也许并不适合他们。

但温和并不代表谈话没有营养与深度，相反，《转动世界》重视行业从业人员的经验与专家的意见，从表象中发现事件真正的核心与背后的力量。例如在2017年9月29日这期节目中，范·纽格克邀请电视制作者胡姆波尔多·谭（Humberto Tan）分析荷兰脱口秀*RTL Late Night*收视率低的原因。他们谈论了节目定位以及内容设定上的一些表层问题，但并没有止步于此，还深度剖析了问题的根源：社交媒体的入侵，网络视频对电视观众的截流以及美国脱口秀模式对荷兰本土市场的冲击等，这些深层原因使得电视从业者忧心忡忡。《转动世界》了解观众的真正需求，在内容上进行深挖，这保证了节目的高品质。

六、可借鉴性与反思

1.诗意的人文气质

在娱乐至上的年代，人们对于电视节目的评价标准大多是收视率，因此，为了收视率或“流量”，电视节目需要容纳更多内容来让它有笑料，值得看。相对来说，真实的新闻事实似乎不再重要。

而《转动世界》似乎与之背道而驰。

在信息爆炸的时代，《转动世界》执着地邀请人们回归书籍，不迷恋小屏的碎片式阅读，鼓励人们完整地了解思想与信息。它关心人文艺术，展现纪录片中的世界之大与琐事之小；它关心回忆与过程，试图通过一件件小事来还原真实的故事，结果固然激励人心，过程中的每一个成就更值得纪念。

这些价值观能够帮助人们保持积极的心态，得到情感和精神上的抚慰。虽然从某种程度上来说，这是一种比较老式的思维，或许这种温馨的人文情怀最终会被娱乐时代所抛弃。但这又有什么关系呢？《转动世界》始终抱有初心，向观众传递温柔与力量。

它所蕴涵的人文精神终究会扎根在观众的心里。这群人会热爱诗歌、享受知识，会关心别人、珍惜自己，会努力让自己成为一个富有人文情怀而且热爱生活的人，并将人文之美传递下去。

2.让更多人有机会发声

《转动世界》对于受访者的选择条件相对宽松，可以接纳的受访者数量较多，因此它逐渐成长为民众发声的一个重要平台。

在这个平台上，人们可以讨论政治法律、平等与歧视、文化认同，也可以讨论运动、美术、写作文化、创业经历。范·纽格克对嘉宾的要求是“有趣”，这并不是对嘉宾幽默感的要求，而是对他们独立思考能力的要求。我们可以看到，《转动世界》节目中经常有思想的碰撞，不同的人借着讨论抒发自己的看法，也一起产生新的见解。范·纽格克想要的，就是这些见解的火花。《转动世界》是荷兰的节目，荷兰一直以来都以开放著称，但在看不见的角落，荷兰也仍然存在歧视和不平等。在《转动世界》中，这些问题被多次讨论。范·纽格克会邀请社会各界的人来参与讨论，这其中有专业的学者也有普通的亲历者。不同的视角有助于补全事件的细节，避免观念有失偏颇，而更多人的发声也有助于问题被重视，尽快得到解决。

同时，《转动世界》也让更多的独立制作者将自己的作品推荐给观众。高投资、大制作的作品往往不缺少平台宣传，而小成本作品却处于尴尬的缺少资源、缺少宣传、缺少观众的状态。在这种情况下，即使有好作品也容易被埋没。《转动世界》是发掘优秀小成本作品的伯乐，也是它们唯一可以发声的宣传基站。当《转动世界》利用自身的宣传能力和粉丝基础帮助这些独立制作者，而且这些作品也都具有较高质量的时候，这种机制可以成为一种良性的互助，使双方在口碑与知名度上都有所提高。

（牛慧清　尹彦聪）

我们不是记者，而是讽刺者

——《鲁巴赫周日秀》

一、节目概况

节目名称：Zondag Met Lubach

中文名称：《鲁巴赫周日秀》

发行地区：荷兰

播出频道：NPO 3

播出时间：周日21：55

首播时间：2014年11月9日

单集时长：30分钟

节目类型：脱口秀

图1　《鲁巴赫周日秀》海报（图片来自IMDb）

荣　誉：2015年及2016年提名“银盘奖”（Zilveren Nipkowschijf）；2016年获得“怀疑主义金字塔奖”（Skeptische Piramidependel van Stichting Skepsis）；2017年获得“罗威奖”最佳网络视频奖（Lovie Award：Golden Winner voor Beste Internet Video）；同年获得“电视金环奖”最佳节目奖（Gouden Televizier-Ring 2017：Beste Programma），这是荷兰电视最高奖项；2018年提名“威比奖”（Webby Award）

《鲁巴赫周日秀》是一档荷兰本土脱口秀节目。这档由自由新教无线电广播公司（VPRO）开发的节目从2014年开播，到目前为止已经播出了12季，共110集。

刚开始，《鲁巴赫周日秀》只有34万观众（占市场份额的4%），随着时间的推移，《鲁巴赫周日秀》不仅没有陷入疲态，反而越发出色，成为最受荷兰年轻人喜爱的脱口秀之一。到2017年，《鲁巴赫周日秀》年平均收视人数达到120万（占市场份额的16%），2018年第8季的平均收视人数则超过了100万。同时，《鲁巴赫周日秀》在2017年获得了“电视金环奖”的最佳节目奖，这是荷兰电视业界最重要的奖项，《鲁巴赫周日秀》也成为VPRO公司旗下自1973年以来第一个获得该奖项的节目。

《鲁巴赫周日秀》属于电视新闻评论类节目。主持人亚伦·鲁巴赫（Arjen Lubach）每周日都会在节目中分享一周的新闻，包括采访的图片或视频，并就该新闻从各方面进行讲解和评论。与传统新闻节目不同的是，《鲁巴赫周日秀》是用幽默、娱乐的方式来进行新闻讽刺，并引导观众进行思考。该节目的主旨，可以用其主编亚奈·阿布林（Janine Abbring）的一句话来概括：“我们不是记者，而是讽刺者。”（We zijn geen journalisten, maar maken satire.）

尽管《鲁巴赫周日秀》是一档荷兰本土节目，但是该节目制作组一直在试图提升自己的影响力和知名度。《鲁巴赫周日秀》是荷兰唯一一档拥有自己的YouTube频道并官方提供英语字幕的脱口秀节目。2017年1月，《鲁巴赫周日秀》针对特朗普成为美国新一届总统专门制作了一个全英语的片段《荷兰第二》（*The Netherlands Second*），在介绍自己国家的风土人情的同时也讽刺了特朗普的语言风格。这段视频引发了强烈反响，德国、瑞士、葡萄牙等国家纷纷效仿，制作了相应的《×国第二》的视频。这段视频在同年获得了“罗威奖”最佳网络视频奖，由于传播范围广、影响大，它甚至被官方标上了“病毒视频”的标签。

二、板块设计

尽管《鲁巴赫周日秀》从2014年年底才开始播出，但该节目的流程设计却已经发生了多次改变。最初的《鲁巴赫周日秀》是以谈话节目为核心的，因此在2014—2015年，《鲁巴赫周日秀》每期都会邀请一位嘉宾。第一季的嘉宾主要是电视行业的代表，例如演员、制片人、记者等。从第二季开始，《鲁巴赫周日秀》逐渐改变了自己的定位，增加了政界的嘉宾。从2016年（第四季）开始，《鲁巴赫周日秀》不再邀请嘉宾，转型为新闻讽刺节目。《鲁巴赫周日秀》让一些演员成为该节目的“特约记者”，与主持人鲁巴赫一起进行“恶搞”采访，以达到讽刺的效果。这种改变让《鲁巴赫周日秀》吸引了更多不太了解政治的观众，增加了收视率（平均30万到57万观众），但同时，固化的风格也容易造成视觉疲劳。从第六季（2017年）开始，《鲁巴赫周日秀》再次做出改变，减少特约记者的出场率，整个现场逐渐由鲁巴赫个人掌控。

图2 《鲁巴赫周日秀》画面（图片来自www.vance.nl）

《鲁巴赫周日秀》每一集的播出时间大概是30分钟，在周日夜间播出。每期节目涵盖三到五个单元，每个单元以一个新闻或一个话题为核心，每个新闻会使用多个视频或图片来帮助理解和分析。这些新闻视频、采访与报道通常来源于正式的新闻节目与报纸，内容覆盖国内外新闻动态。另外，在完成新闻事件讲述后，该节目有时也会播放一些自制的相关视频或音频来辅助评论或讽刺。

下面以2018年4月8日这期节目为例，分析《鲁巴赫周日秀》第8季最后一集①的板块设计，见表1。

表1 节目板块内容详解

总时长	板块时长	具体内容	形式
0分4秒	0分4秒	开场动画	视频
第一环节			
0分33秒	0分29秒	新闻截图，简单介绍新闻内容	主持人现场
0分38秒	0分5秒	荷兰广播公司NOS新闻播报视频：10天内共有1.1万份签名反对海军基地迁址	视频
3分26秒	2分48秒	主持人调侃可能导致海军不愿意迁往新基地的3个原因；回放视频，发现听到要迁址时露出惊恐表情的海军士兵	主持人现场

① 节目视频网址：https: //www. vpro. nl/zondag-met-lubach/kijk/afleveringen/seizoen-8/aflevering-10. html#。

续表

总时长	板块时长	具体内容	形式
		第二环节	
3分39秒	0分13秒	RTL（Radio Television Luxembourg，卢森堡广播电视公司）新闻播报：科学教延伸出新教派，Avartar对荷兰的影响持续增强	视频
9分33秒	5分54秒	评论 1.学校受影响，青少年接受宗教教育 2.历史存疑，Avartar的虚假宣传 3.创立者名字的相关笑话 4.录像说能治愈癌症 5.Avartar的传销消费结构 6.Avartar开始影响政治 主持人设置简短游戏（抽牌），解释概率事件对于"神迹"的影响	主持人现场+视频
		第三环节	
9分53秒	0分20秒	Telegraaf新闻报道和NOS新闻播报视频：小学经费增加但不会给教师涨工资	视频
11分10秒	1分17秒	评论 1.什么叫作lumpsum 2.小学经费去向不明	主持人现场
13分17秒	2分07秒	自制讽刺视频《学校教学计划（当我们收了更多钱又不想拿出来的时候）》	视频
		第四环节	
13分49秒	0分32秒	Facebook隐私丑闻介绍	主持人现场
14分00秒	0分11秒	NOS新闻播报视频	视频
29分00秒	15分00秒	评论 1.Facebook（以下简称FB）的日常应用 2.扎克伯格旧视频中对于FB目标的设定 3.网友分享以及FB的盈利模式 4.FB获取的权限和信息 5.Cookies条款和FB如何在看不见的位置记录你的信息 6.信息泄露 7.人们在FB的分类有2.9万种 8.怎么离开FB，教大家如何消除遗留在FB上的个人信息 9.人们所有的活动都离不开FB，安卓都不能卸载FB，无人能够离开，包括老年人，FB用"××会想念你的"来挽留客户 10.以自己为榜样，号召离开FB，发起"FB Event: Bye Bye Facebook"签名活动	主持人现场+视频
		结束	
30分00秒	1分00秒	季末特殊结尾：DJ播放音乐，观众互动跳舞	

由于《鲁巴赫周日秀》是一个单人脱口秀节目，鲁巴赫需要承担所有的评论任务，所以有时候鲁巴赫需要为某一个新闻准备约15分钟的分析或讽刺脱口秀。而且，虽然《鲁巴赫周日秀》的形式是新闻讽刺，但它却是一档严肃的新闻节目。为了更全面地还原事件，鲁巴赫通常会寻找不同性质、不同角度的新闻源来帮助观众了解事件，这让鲁巴赫可以从不同角度进行评论，丰富了节目内容，同时也增加了新闻的可信度与评论深度。

三、舞美设计

1.舞台形状和设置

《鲁巴赫周日秀》的舞台设计非常简洁。中间为主持人专属桌子，左边有一块较大的LED屏幕，背后和右边则是简单的背景。

这档节目拍摄于荷兰阿姆斯特丹的贝尔维尤剧院。它的舞台属于半开放式舞台，演播厅可以对观众开放。《鲁巴赫周日秀》的舞台离观众席不远，但由于这档节目的重点并不在于互动，因此一般不会播放观众的影像，只会记录掌声和笑声。

图3 《鲁巴赫周日秀》演播厅全景（图片来自www.vpro.nl）

《鲁巴赫周日秀》的镜头在大多数时间都会对准位于舞台中央的桌子，聚焦在主持人鲁巴赫身上。镜头会捕捉鲁巴赫的近景并将其置于画面的右半部分，这样画面的左边就可以用来播放新闻的相关画面或视频。大多数时候，鲁巴赫的位置是不变的。

舞台左侧有一块LED屏幕，这块屏幕主要用于播放新闻视频，供现场观众了解新闻的具体内容。当该新闻需要用图表或流程图来讲解时，鲁巴赫也会使用左侧屏幕和教鞭进行分析，以方便观众理解。

图 4　主持人与观众观看视频（图片来自 www.vpro.nl）

另外，舞台左侧的三角区域虽然不会太大，但足以供嘉宾活动或摆放道具。由于LED屏幕可以作为背景使用，左侧舞台在《鲁巴赫周日秀》中发挥了第二重要的作用。该节目的自制小品、讽刺实验、虚拟采访等内容都会在左侧舞台进行。在第8季最后一集收尾时，这档节目也选用了左侧舞台来做这一季的季终结尾。

图 5　《鲁巴赫周日秀》演播厅左侧（图片来自 www.vpro.nl）

总的来说，《鲁巴赫周日秀》的镜头相对固定，舞台设置基本不变，这主要取决于节目类型和节目定位。最近一季的《鲁巴赫周日秀》将焦点全部放在了主持人鲁巴赫身上，将节目变成了一档个人秀，因此该节目在舞台设计上把鲁巴赫框定在了他的专座上。虽然这种设计让节目形式不够丰富，但实际上节目画面会在主持人及新闻视频间切换，因此并不会影响观感。

图6 《鲁巴赫周日秀》舞台中心（图片来自YouTube）

2.舞美灯光

《鲁巴赫周日秀》的整个舞美灯光设计存在着亮度对比。舞台处比较明亮，主光源聚集在主持人身上，整体保持明亮的色调；两侧相对较暗，但都可看清。这样的设置可以保证LED屏幕效果不受影响，而且现场观众可以把注意力放在主持人鲁巴赫身上。而观众席则没有光源，这主要是因为节目没有互动环节，观众无须出现在节目画面中，没有必要打强光，这也是传统剧院的灯光设置方式。

3.舞台道具

《鲁巴赫周日秀》最擅长的是制作精良的恶搞视频和音频，这些影射新闻事件的恶搞视频是《鲁巴赫周日秀》给观众带去欢乐最常见的手段。有时鲁巴赫也会在现场展示一些道具来增加喜感，深化观众对新闻的了解。

第一种道具是玩具，这类道具主要用于增加喜感和讽刺效果。例如第8季第10集中，鲁巴赫讲述了荷兰人民对新兴教派Avatar的狂热。鲁巴赫在该板块结束的时候让观众随机想一个卡牌数字，随即他从桌下掏出了一张巨型卡牌，并称现在他已经预言对了至少1/52观众所想到的数字，因此也就能成为1/52观众心中的“神使”。制作这个道具一方面是为了增加喜剧效果，方便主持人进行讽刺；另一方面也是为了突出道具，方便在场观众和电视观众看清自己的道具。

图7 《鲁巴赫周日秀》第8季第10集节目截图

第二种道具是与新闻内容相关的道具。这种道具主要用于帮助观众具象化地了解新闻内容。鲁巴赫在和观众一起看完新闻后会从他的桌子里抽出一些道具，这些道具一般是我们日常可见而又在新闻中提及的物品。这样的设置既能给观众带来惊喜，又能增强新闻的亲切感，拉近与观众的距离。

第三种道具是讽刺实验或小品道具。《鲁巴赫周日秀》会设置一些或荒诞或真实的场景来讽刺新闻事件，因此道具也是增加真实性的重要一环。图8的道具标识了平昌冬奥会各种比赛应该在的位置以及整个冬奥村的设计。图9则是用玩具编造了一个给狗做绝育手术的故事。鲁巴赫化身兽医，与会说话的小狗进行沟通并最终成功地趁其不备，完成了阉割手术。

图8 《鲁巴赫周日秀》第8季第4集节目截图

图9 《鲁巴赫周日秀》第8季第9集节目截图

四、人员分析

1.节目主持人

说鲁巴赫是一个新闻人其实是不准确的，这个被称为荷兰的约翰·奥利弗（《每日秀》主持人）的男人的一生并不忙于追求真相，他真正想做的，是改变这个世界。

亚伦·鲁巴赫出生于荷兰北部的格罗宁根。他做过很多工作，写过歌，出过书，为广播和电视节目写过稿，在人生最灰暗的时候，他还曾经当过出租车司机。这个言辞犀利的男人对于人际关系很不擅长，却善于用文字把万事万物的关系展现出来。他的第三部小说*Magnus*获得过青年文学奖，他为电影《仲夏夜之梦》写过场景，剧团公司OP STERK WATER与他合作过，荷兰谈话节目《转动世界》中也有他的身影。

鲁巴赫的文字和作品并不是无病呻吟，相反它们异常有力量。事实上，鲁巴赫本人是一位非常出色的意见领袖，他在2015年利用节目宣称自己是“荷兰法老”，以此来嘲讽荷兰君主制，发起公民倡议，呼吁公民反对荷兰的君主制，并最终收获8.2万个支持签名。同年，共和党人宣布鲁巴赫为“2015年年度共和党人”。2016年，他又因为与隐私侵害以及软毒品进行合法化斗争，荣获“2015年度自由人”的称号。2017年鲁巴赫制作了《荷兰第二》，狠狠嘲笑了美国的新总统。而他同年关于荷兰众议院选举的另一个作品《吉尔特·维尔德的具体计划》（*Geert Wilders Concreet*）也在荷兰引起了巨大的反响。

对语言的熟练运用、对事物及理论的怀疑态度，以及对政治的热情和敏感，让鲁巴赫成为天生的新闻讽刺者和能够影响荷兰的媒体人。

2.节目嘉宾

《鲁巴赫周日秀》早期的节目形态延续传统的谈话节目模式，邀请的嘉宾包括政界官员、歌手演员、新闻工作者、节目制片人等。第四、五季开始向脱口秀转变，有了“记者”这一个设定，邀请了编剧、演员来表演“前线记者直播”，以达到搞笑讽刺的效果。第六季后“记者”出现的频率降低了很多，至第八季，“记者”这一角色被取消。

转型后的《鲁巴赫周日秀》不再注重访谈。以第八季为例，第八季一共请了两位嘉宾——公务员米歇尔·罗吉尔（Michel Rogier）和歌手法米克·路易丝（Famke Louise）。在荷兰公务员近况调查的这期节目中，鲁巴赫发现数据显示公务员的工作越发繁重，甚至占据了家庭时间，于是邀请了米歇尔参加节目。但他并没有采访米歇尔，而是在简单聊天之后带给他一份惊喜：节目组邀请了他的妻子，为他们定了晚餐，让这位繁忙的公务员能够和家人度过一个难忘的夜晚。另外一位嘉宾法米克携单曲而来，在这一期复活节特别节目中，鲁巴赫与她没有太多交集，只是给她提供了一个宣传单曲的机会。

五、节目分析

1.内容分析

《鲁巴赫周日秀》的设定为新闻类讽刺评论节目，内容选题设定为一周时事。鲁巴赫虽然采用了诙谐幽默的方式来讲述这些新闻，但他并不以搞笑为目的，因此这些新闻内容也并非奇闻逸事，而是关乎社会发展的严肃新闻。

纵观《鲁巴赫周日秀》的新闻选题，我们可以发现鲁巴赫讨论的大多数内容为社会调研结果、政界变化、荷兰议会与法律以及国际重大事件。这些选题在传统观念中都属于严肃新闻，高高在上，需要谨慎对待，而鲁巴赫却反其道而行之，他热衷于挑出社会生活中的问题，寻找政客的黑历史，发掘法律与选举中的矛盾与漏洞，并嘲笑其他国家在事件处理上的失败。严肃话题在鲁巴赫口中会被具象到人物的特征、事件对普通民众的影响、对该事件的公共意见等。利用幽默的方式，让更多人有兴趣去了解正在发生的事实，这才是《鲁巴赫周日秀》所追求的目标。

《鲁巴赫周日秀》最著名的几个作品都属于政治话题。荷兰是一个君主立宪制国家，国家大事需要经由参议院和众议院决定，仅国家政党就有13个，还有各种区域政党及各类不参与竞选的政党。因此对于荷兰人来说，政党与政府是一个不可避免而又内容丰富的话题。鲁巴赫本人也非常热衷于参加社会及政治活动，因此政治话题是他作品中最重要的内容。《鲁巴赫周日秀》针对荷兰君主制度、众议院法案调整制作的视频对荷兰本国政治产生了不小的影响，甚至推动了议会讨论。而且，这些内容也不仅限于荷兰本国，美国大选与枪杀案、英国毒气事件、俄罗斯天气等话题都曾经被鲁巴赫调侃过，其中一些还获得了极大的反响。但政治话题并不是《鲁巴赫周日秀》涉及最多的话题。

事实上，《鲁巴赫周日秀》讨论最多的是社会现象和社会问题，节目经常选取社会调查的信息图表和媒体的深度报道作为新闻依据和补充信息。这些社会新闻在帮助观众了解社会现状的同时也有助于帮助少数群体。虽然鲁巴赫在节目中对某些现象或者某些人总是表现出牙尖嘴利的刻薄状，但他在面对需要帮助的群体时所呈现出的温暖和善良也是毫不含糊的。鲁巴赫不会故作同情地揭他人疮疤，或者饱含热泪地告诉别人他们如何凄惨。他会在提及社会上半数企业存在种族歧视时告诉受歧视者如何寻找工作及打官司，他会在发现公务员工作繁忙无法与家人团聚的时候提前约好家人，定好晚餐，让他们享受难得的清闲。在那些犀利的讽刺背后，《鲁巴赫周日秀》也呈现出对人性和现实社会的观照。

当然，在该犀利的时候，鲁巴赫也毫不留情。除了嘲讽政客，鲁巴赫也喜欢嘲讽一切不专业的行为。他的同行伊娃·伊内特（Eva Jinet）就曾被赤裸裸地嘲笑过。伊内特是荷兰脱口秀*Jinet*的主持人，她邀请了希拉里参加她的节目。但这位希拉里粉丝由于太过兴奋，从谈话开始就叙述了自己从小是如何仰慕希拉里和克林顿的，导致嘉宾非常尴尬。鲁巴赫对伊内特的开场白给出了较低的评价，同时他也质疑了粉丝采访偶像的客观性。

另外，鲁巴赫也一直致力于内容创新。《鲁巴赫周日秀》自开播以来一直在不停地革新，力求给观众带来新的观感。这也是这档节目不断积累新人气的原因之一。而且，《鲁巴赫周日秀》虽然是针对一周新闻制作的节目，但却会提前更久做准备。鲁巴赫在采访中曾表示自己需要提前一年制订节目计划，挖掘未来可能使用的信息点，并罗列自己已经完成的工作，这样才能保证每期节目都能找到新的观点和合适的笑话，并让它们之间的关联更紧密。

2.营销分析

《鲁巴赫周日秀》是荷兰脱口秀中最重视网络营销的电视节目之一。观众不只能在其所属公司VPRO和所属频道NPO 3上看到节目，还可以在YouTube上观看节目视频。荷兰本土节目由于是由荷兰语制作的，因此大多都不提供给YouTube。《鲁巴赫周日秀》则例外，它不仅拥有自己的频道，而且还是唯一提供英语字幕的荷兰脱口秀节目，方便非荷兰语母语者以及国际观众观看，提升自己的国际影响力。

YouTube上的《鲁巴赫周日秀》与原版节目有几点不同，以适应观众观看习惯。第一，新闻事件被切割开来，以确保网络用户可以根据新闻关键词来搜索或选择自己感兴趣的话题；第二，《鲁巴赫周日秀》会为网络频道提供特别节目，在节日时会准备假日特辑，节目结束后会提供观众问答录像，让观众能够更了解主持人的个人生活；第三，在每一季结束后，鲁巴赫都会制作一期《×季最佳视频导引》（*Het Beste Van Seizeon* ×），提供反响最好的节目名称，方便观众搜索。

《鲁巴赫周日秀》也拥有自己的社交账号，而且会利用它们完成一些社会活动。比如第八季结束后，鲁巴赫号召观众开展“告别Facebook”活动。他在节目结尾时宣布了这个活动，并当场在网站上创建了这个活动。在接下去的三天中，超过三万名Facebook用户参与了此次活动，约八万人表示“感兴趣”。

六、可借鉴性与反思

1.个人风格

鲁巴赫的个人形象其实与喜剧或笑话相差甚远，《鲁巴赫周日秀》海报上的人物形象甚至显得有些凶神恶煞，但鲁巴赫独特的个人风格与节目形成了某种统一。

《鲁巴赫周日秀》从形式上来说是非常接近美国深夜脱口秀的。这类节目针砭时弊，以犀利又幽默的语言讨论政治。鲁巴赫也用幽默的方式为人们讲述浅显易懂的时事内容，但他的角色并不是和善的幽默主持人，而是言辞犀利的毒舌评论家。

这种犀利不是一蹴而就的。鲁巴赫自2001年开始为剧院演出，2003年开始制作夜间广播节目，2005年开始制作视频节目。他的脱口秀经验也很丰富，2011年他开始参加电视节目，2013年他为荷兰另一档脱口秀*De Wereld Draait Door*开设了新板块，2014年他开始独立制作脱口秀，并最终在2014年11月开启了《鲁巴赫周日秀》。鲁巴赫从这些经历中不断学习和改进主持风格，逐渐形成了现在相对成熟的个人风格。

这种风格和主流的乐观向上并不相同，但这并不影响观众喜欢他的犀利与毒舌，而独特的个人风格也成为这个节目与众不同并吸引观众的原因之一。

2.严肃话题轻松化

《鲁巴赫周日秀》从不涉及明星八卦、奇闻逸事、流行时尚等，但它对每一个新闻的解读都是轻松有趣的。鲁巴赫用幽默的方式将严肃话题变得浅显易懂又充满魅力，这是《鲁巴赫周日秀》长盛不衰的主要原因。

《鲁巴赫周日秀》播出时间很晚，适合上班族观看，这些观众有一定的知识基础，又愿意去了解事实、发表意见。事实上，并不是每位观众都能详细了解政治法律社会生活，因此就需要节目充分了解观众对这些信息的熟知度和对笑话的感知度，并选取正确的表达方式，让每个人都能轻松获取信息。《鲁巴赫周日秀》为此会提供多份影像资料，让专家或工作人员浅显易懂地说明术语或其他信息。如果数据太多，节目组也会制作道具或者图表来帮助观众理解。

3.让"事实"说话

在《鲁巴赫周日秀》获得的众多奖项中，有一个奖项非常特别，就是"怀疑主义金字塔奖"。它其实并不是针对电视节目而颁发的奖项，而是针对思想传播者设立的荣誉。这个奖项旨在鼓励人们进行自我思考，对任何定论保持怀疑的态度并自行找寻真相。《鲁巴赫周日秀》之所以能够获得这个奖项正是因为它能从荒诞的表象中寻找真实。这种真实让人信服也给人以启迪，提醒人们在笑声中也不要忘记对这个世界的变化保持敏锐的观察和思考。

《鲁巴赫周日秀》的新闻叙述形式是在播放正式新闻片段或报道截图后就一个点进行讨论。通常来说，鲁巴赫会在讨论一个新闻的时候使用至少三条相关视频，包括事件概述、记者采访和专家访谈等。鲁巴赫会嘲笑和讽刺新闻事件中可笑的细节，但他的每一条新闻都是真实存在的。正是因为这些新闻本身的意义，人们才没有将其当作笑话一笑置之，而是认真对待，或接受或反对，最终使它们成为社会舆论的重要议题。

（牛慧清　尹彦聪）

葡萄牙

素颜出镜的心灵对话

——《深度访谈》

一、节目概况

节目名称：Alta Definição

中文名称：《深度访谈》

发行地区：葡萄牙

播出频道：里斯本新闻频道（SIC）

首播时间：2009年

播出时间：每周六

单集时长：45分钟左右

节目类型：访谈型谈话节目

荣　　誉：2009年、2010年连续两年获得“7日电视节目大赏盛典”最佳社会类节目奖；2012年，该节目主持人丹尼尔·奥利维拉（Daniel Oliveira）获最佳娱乐类节目主持人奖

图1　栏目LOGO（图片来自http://sic.sapo.pt/Programas/altadefinicao）

《深度访谈》是一档由里斯本新闻频道播出的人物访谈类节目，主持人为丹尼尔·奥利维拉。该节目每周都会邀请一位国内外的知名人士担任嘉宾，主持人将与嘉宾进行面对面的交流访谈。这档节目具有浓厚的人物自传色彩，观众从中可以了解到人物的成名过程，走进人物的内心世界。值得一提的是，为了达到节目效果，节目嘉宾会素颜出镜，留给观众最为真实的一面。

二、板块设计

总的来说，这档访谈节目只有两个板块：第一板块即开场白，主持人会向观众说明选择本期嘉宾的理由，紧接着镜头会切换至嘉宾，所有嘉宾会以固定的形式介绍自己："大家好，我是×××，××岁，今天我素颜来到了《深度访谈》的现场。"第二板块是主持人与嘉宾的访谈，中间会多次穿插有关嘉宾的影音和图片资料，以及嘉宾的独白。在独白过程中，嘉宾会向观众介绍一系列自己喜好或讨厌的事物，从而让观众多角度地认识并了解自己。

2011年11月末，联合国教科文组织保护非物质文化遗产政府委员会决定将葡萄牙民歌法多列入"人类非物质文化遗产代表名录"，所以当期节目邀请了葡萄牙著名的法多歌手玛丽莎（Mariza）。这位法多歌后曾以独特的方式演绎法多，使得法多走出葡萄牙，被越来越多的人所了解。

下面就以2011年11月28日这期节目[①]为例，为大家作详细介绍。本期节目的板块设置如表1。

表1 节目板块内容详解

总时长	板块时长	具体内容	形式
00:18	18秒	主持人介绍本期嘉宾，以及背景	VCR
00:28	10秒	嘉宾自我介绍	VCR
00:39	11秒	嘉宾独白，介绍自己不喜欢的事物和人：不喜欢爬树、不喜欢撒谎的人……	VCR
01:18	39秒	嘉宾谈论她如何看待法多	主持人现场
01:49	7秒	嘉宾独白，介绍自己喜欢做的事情：看杜罗河……	VCR
02:24	35秒	嘉宾谈论唱法多的感受	主持人现场
02:52	28秒	播放嘉宾表演的影音资料	视频播放
03:23	31秒	嘉宾谈论唱法多的感受	主持人现场

① 节目视频网址：https://youtube/nsE5Dix7EyQ。

续表

总时长	板块时长	具体内容	形式
03: 37	9秒	嘉宾独白，介绍自己喜欢积极的人，不喜欢总是把“不”挂在嘴边的人	VCR
03: 53	16秒	嘉宾谈论葡萄牙人的特点	主持人现场
04: 05	12秒	播放嘉宾表演的影音资料	视频播放
04: 16	11秒	嘉宾独白，介绍自己喜好的事物	VCR
05: 09	53秒	嘉宾谈论幼时第一次接触音乐的经历	主持人现场
05: 20	11秒	嘉宾独白，介绍自己喜好的事物	VCR
05: 45	25秒	嘉宾介绍，有时候需要一个人整理思绪	主持人现场
06: 03	10秒	嘉宾独白，介绍自己喜好的事物	VCR
07: 58	1分55秒	嘉宾谈及童年难忘回忆，以及父亲赠送的礼物	主持人现场
08: 08	10秒	嘉宾介绍自己喜好的事物	VCR
09: 33	1分25秒	嘉宾谈论如何面对未来路上可能出现的挫折	主持人现场
09: 42	9秒	嘉宾独白，介绍自己喜好的事物	VCR
16: 23	6分41秒	主持人问嘉宾如何看待父亲的玩笑——“你出生的时候，是我见过最丑的孩子”，嘉宾回应并谈及自己的家庭和自己的儿子	主持人现场
16: 42	10秒	嘉宾独白，介绍自己喜好的事物	VCR
21: 42	5分	嘉宾谈论音乐和儿子对其的重要性	主持人现场
21: 51	9秒	嘉宾独白，介绍自己喜好的事物	VCR
22: 19	28秒	嘉宾谈期待回到舞台	主持人现场
22: 33	14秒	嘉宾独白，介绍自己喜好的事物	VCR
23: 25	42秒	嘉宾谈对美的定义及其丈夫	主持人现场
23: 40	15秒	嘉宾独白，介绍自己喜好的事物	VCR
24: 32	52秒	嘉宾谈自己的信仰	主持人现场
24: 40	8秒	嘉宾独白，介绍自己喜好的事物	VCR
25: 13	33秒	嘉宾谈自己的音乐	主持人现场
25: 19	6秒	播放嘉宾表演的影音资料	视频播放
25: 31	12秒	嘉宾独白，介绍自己喜好的事物	VCR
26: 17	46秒	嘉宾谈论自己在美国的经历	主持人现场
26: 22	5秒	播放嘉宾表演的影音资料	视频播放
26: 33	11秒	嘉宾独白，介绍自己喜好的事物	VCR
29: 33	3分	嘉宾介绍自己成名后父母的态度以及唱法多时的心境	主持人现场
29: 43	10秒	嘉宾独白，介绍自己喜好的事物	VCR
30: 31	48秒	嘉宾介绍莫桑比克对她具有特殊意义	主持人现场

续表

总时长	板块时长	具体内容	形式
30：37	6秒	嘉宾独白，介绍自己喜好的事物	VCR
31：12	35秒	嘉宾介绍自己非常喜欢烹饪，并介绍了自己的拿手菜	主持人现场
31：23	11秒	嘉宾独白，介绍自己喜好的事物	VCR
32：21	58秒	嘉宾介绍自己在泰国的经历	主持人现场
32：30	9秒	嘉宾独白，介绍自己喜好的事物	VCR
36：35	4分5秒	嘉宾介绍自己提名格莱美奖的经历，表示在这一路上需要感谢很多人	主持人现场
36：45	10秒	嘉宾独白，介绍自己喜好的事物	VCR
39：31	2分46秒	嘉宾向主持人赠送礼物	主持人现场

三、舞美设计

《深度访谈》这档节目的舞台设计非常简洁，舞台道具也非常简单，往往只需要一面背景墙、两把椅子、温柔的灯光就能营造出合适的访谈氛围。值得一提的是，每期节目的录制现场都会结合被采访者的身份与职业，确定不同的采访环境。

如嘉宾马里尼奥·平托（Marinhoe Pinto），现任欧洲议会议员。在本期节目中，舞台背景墙上摆放着名人肖像，欧式的装修风格以及暖调的灯光，营造出欧式优雅古典感，符合被采访者的身份。

图2　马里尼奥·平托在节目中接受访谈（图片来自https://www.youtube.com/watch?v=EevpumxvCKM）

塞萨尔·莫拉(César Mourão),葡萄牙演员。在本期节目中,录制现场为绿茵场,主持人与嘉宾席地而坐,进行访谈,营造出轻松的访谈氛围。

图3 塞萨尔·莫拉在节目中接受访谈

(图片来自https://www.youtube.com/watch?v=BZ4Jmg5kyYs)

玛丽莎,葡萄牙著名歌手。在本期节目中,录制现场选择在室内,一张红毯、两把椅子、两幅壁画、一扇窗以及暖色调的灯光营造出古典、温馨的访谈氛围,符合女性嘉宾歌者、艺术家的身份。

图4 玛丽莎在节目中接受访谈

(图片来自https://www.youtube.com/watch?v=nsE5Dix7EyQ)

若昂·里卡多(João Ricardo),葡萄牙演员。在该期节目中,访谈场地的布置依旧非常简洁,两盏灯、两个盆栽、两把椅子、白色窗帘、蓝色地毯,墙面上镶嵌着具有葡萄牙特色的瓷砖,这都体现出葡萄牙人家的居家风格。在这种温馨的访谈环境下,想必嘉宾一定会敞开心扉与各位观众分享自己的心路历程。

图5　若昂·里卡多在节目中接受访谈

（图片来自http://sic.sapo.pt/Programas/altadefinicao/videos/2016-11-10-Joao-Ricardo-em-Alta-Definicao）

四、人员设计

1.主持人

主持人丹尼尔·奥利维拉是葡萄牙著名记者和节目主持人。他在13岁的时候就自己创立了名叫*Penalty*的报纸。这一举动吸引了葡萄牙SIC电视台负责人的关注，因此他16岁时受邀参与了节目*OsDonos da Bola*的录制。在1997年至1998年期间，他先后担任了制片人助理、制片人、编辑和记者，之后还参与了电视杂志节目《七日电视》（*TV 7 Dias*）的编辑工作，这为他之后的访谈之路奠定了基础。

丹尼尔·奥利维拉主持过多场大型活动和多档电视节目，例如《深度访谈》、《名人秀》（*Fama Show*）、《我的喜好》（*Gosto Disto*）。

2.嘉宾选择

节目组会邀请国内外的知名人士接受采访，例如葡萄牙著名足球运动员克里斯蒂亚诺·罗纳尔多、葡萄牙著名流行乐乐队D.A.M.A、葡萄牙足球俱乐部教练乔治·杰西（Jorge Jesus）等。

五、节目分析

1.视听元素符号的运用

(1)背景音乐

在整个过程中,节目组都会根据访谈内容配上相应的背景音乐以及影音资料,并在屏幕的右下角标注歌曲名称以及歌手姓名。笔者认为背景音乐在一定程度上能使观众全身心投入到访谈节目中,有时甚至能引起观众的情感变化。

(2)资料介绍

除了会在屏幕右下角显示背景音乐之外,节目还会在屏幕下方显示嘉宾的一些基本资料,让观众循序渐进地了解访谈嘉宾。

图6　屏幕底部为嘉宾资料,介绍了玛丽莎父母的国籍
(图片来自https://www.youtube.com/watch?v=nsE5Dix7EyQ)

2.主持人的主持风格

首先,这档节目的主持人有很强的个人魅力,给人以平易近人的感觉。其次,这位主持人深耕嘉宾资料,所提出的问题或许较小,但大多都是能够触及嘉宾和观众心灵的问题。节目采用一问一答的方式,中间穿插着影音资料、图片资料,使得这档节目节奏比较快,观众更容易接受。

六、可借鉴性与反思

1.素颜出镜的嘉宾

首先，该档访谈节目结合社会热点话题选择嘉宾进行深度访谈，使得节目具有时效性，易于吸引观众的注意；其次，嘉宾选择的范围较广，涉及音乐界、政坛、体育界多领域。在这一点上，反观我国访谈类节目，嘉宾的选择偏单一，往往以明星为主，政坛人物很少涉及。

嘉宾素颜出镜是这档节目的一大亮点，为了向观众展示镁光灯后的一面，接受访谈的嘉宾都褪去厚厚的妆容，直面主持人与观众，将自己最真实的状态和最真实的内心世界呈现给观众。

2.从细微处入手的主持人

这档节目的主持人所提问题往往以小见大。在进行人物访谈之前，主持人需要做好充分的准备工作，对采访对象有足够的了解。以2011年11月28日对玛丽莎进行访谈的一期节目为例。玛丽莎一直以来都十分重视孩子的成长，但由于工作原因，她不能长时间陪伴在孩子身边，为此她还专门演唱了一首歌曲《时光易逝》(*O Tempo Não Para*)，表达了她对不能陪伴孩子成长的遗憾之情。在本期节目中，主持人便从这一点入手，问了一些关于孩子的问题，玛丽莎讲述了她对家庭的情感以及在怀孕生产期间的一些故事，如此一来更能触及观众的心灵。在访谈节目中，观众想要看到的是一个有血有肉、实实在在的人，而不是一个处在神坛、可望而不可即的偶像。想必观众对于一些公众人物已经有了大致了解，所以访谈节目要传达一些更具体、更细小、更能够打动观众的信息。

3.拒绝冗长的节目效果

《深度访谈》对视听元素符号的运用值得称道。节目的背景音乐会依据节目内容而改变，流行音乐的使用使节目更具有现代气息，更加轻快。在当今快节奏的时代，访谈节目也应该改变一下节奏，撕下某些访谈节目“冗长”的标签，从而扩大受众群体的范围。

另外，观众对一些公众人物已经有大致的了解，不需要花费太多时间介绍嘉宾，所以本节目巧妙地简化了嘉宾的个人介绍，嘉宾介绍只作为滚动信息出现在屏幕下方。

4.因人而异的访谈地点

《深度访谈》的舞台设计十分简洁却又不失大气，访谈地点会根据嘉宾的身份与职业来选择，符合嘉宾身份的调性，所摆放的家具、使用的道具能够很好地营造出访谈氛围，且不显得花哨。

5.独白板块的原创设计

这档访谈节目中增加了一个板块，即明星独白，嘉宾在这个板块中多方面介绍自己的喜好，不仅让观众对嘉宾有了进一步的了解，而且还会增加节目的趣味性。我国的访谈节目不妨借鉴一下，通过多维度设计实现节目效果。

（牛慧清　王小溪）

媒体从业者的智库

——《最后一个人关灯》

一、节目概况

节目名称：O ÚltimoApaga a Luz
中文名称：《最后一个人关灯》
发行地区：葡萄牙
播出频道：葡萄牙广播电视公司3台（RTP3）
首播时间：2015年10月9日
播出时间：每周五23：00
单集时长：50分钟
节目类型：主题讨论型谈话节目
荣　　誉：*Vice* 杂志2017年度全球电视辩论节目评选第三名

图1　节目LOGO（图片来自节目官网）

《最后一个人关灯》是一档由葡萄牙广播电视公司播出的电视访谈节目，主持人为佩德罗·维埃拉（Pedro Vieira），嘉宾阵容是固定的，分别为拉格尔·瓦雷拉（Raquel Varela，历史学家）、若阿金·维埃拉（Joaquim Vieira，记者）、罗德里戈·莫伊塔·德·宙斯（Rodrigo Moita de Deus，编年史学家）、伊内斯·佩德罗丝（InêsPedrosa，作家）。该节目每周都会播出一件最近发生的新闻，随后主持人提出问题，嘉宾们轮流发言。我们从嘉宾阵容中可以看出，这档节目主打深度，从一件事情中以小窥大，挖掘新闻的历史意义，探究媒体人如何播报这件新闻才会对社会有更大的意义，堪称媒体从业者的智库。

在葡语中，“O Último”意为最后一个，有坚持到最后，成为胜利者的寓意，而节目播出时间也正好是每周最后一个工作日的最后一小时。“最后关灯的人”代表责任感，节目名字“最后一个人关灯”饱含社会责任感，传达出“坚持到最后，我们就会胜利”的美好愿望。

二、板块设计

这档谈话节目的板块设计非常简洁，只有两个板块：第一板块即开场白，首先主持人会做简短的介绍，紧接着播放一则短片，随后镜头切换至嘉宾；此时第二板块开始，嘉宾们轮流发言，时不时会有人打断上一个人的发言，说出自己的看法，主持人则承担控场的职责。

我们以2017年11月4日“城市中的家庭暴力”这期节目①为例进行分析。2017年10月末，里斯本地方法院开庭审理著名的玛利亚案。葡萄牙前检察官曼努埃尔·玛利亚·卡里略（Manuel Maria Carrilho）被控对他前妻芭芭拉·吉马良斯（BarbaraGuimarães）实施家庭暴力，对芭芭拉的一位女性朋友实施严重的人身威胁和侮辱诽谤。法院判决他有期徒刑四年零六个月，缓刑，并要求他向芭芭拉·吉马良斯支付5万欧元，卡里略对此判决结果表示不满，并表示将对该判决提出上诉。本期节目以这个案件为背景，对家庭暴力、女性权利、城市暴力等方面的问题进行深入探讨。

表1　节目板块内容详解

总时长	板块时长	具体内容	形式
0分20秒	0分20秒	主持人维埃拉开场致辞，并依次介绍嘉宾	片头短片+主持人开场
1分05秒	0分45秒	播放短片：葡前检察官卷入家庭暴力纠纷	视频短片+事件介绍

① 节目视频网址：https://www.rtp.pt/play/p3046/e314145/o-ultimo-apaga-a-luz。

续表

总时长	板块时长	具体内容	形式
1分17秒	0分12秒	主持人维埃拉引出本期讨论主题：据统计，葡萄牙90%的家庭中存在家庭暴力，邀请嘉宾发表观点	现场画面
14分24秒	13分7秒	嘉宾轮流发言，探讨目前城市暴力的现状	现场画面+主持人与嘉宾交流
15分52秒	28秒	主持人引出下一个话题：从媒体人的角度，我们应如何对待这个选题	插入片头视频+现场画面+主持人发言
46分20秒	30分28秒	嘉宾就选题自由发言，开始辩论	现场画面+嘉宾发言
48分10秒	1分50秒	本期话题结束，主持人和嘉宾向观众简短介绍了葡萄牙军事部门研发的新武器	插入短片+现场画面+VCR+嘉宾、主持人发言
49分02秒	52秒	小彩蛋：某领导人在飞机上想调空调，结果把整个阀门给拉下来了	音乐+VCR
49分26秒	24秒	结尾	现场画面+字幕+背景音乐

三、舞美设计

1.舞台设计风格硬朗

这档节目的受众人群定位为传媒工作者，节目风格偏严肃，因此大量运用银色、蓝色和黑色等冷色，营造出冷静肃穆的氛围。值得一提的是讲台的设计，讲台为不规则的凹梯形，没有圆弧曲线，棱角分明，体现出节目的鲜明态度，而嘉宾们的发言风格也非常犀利鲜明。

2.背景色彩明亮肃穆

舞台背景、灯光的设计风格偏硬朗，舞台有两块背景LED屏幕，正后方屏幕图案为大写的数字23，呼应节目播出时间（播出时间为每周五23：00），右后方的屏幕上是主色为蓝色与黄色的抽象画，可以隐约看出一条路由讲台延伸至远方。灯光明亮，偏冷色调，显得更有质感也更加庄重。

图2　嘉宾席位和演播室背景（图片来自谷歌）

3.嘉宾衣着正式大方

主持人服饰每期变动不大，男嘉宾们通常着西装，女嘉宾们每期身着不同正装，服装颜色以黑灰蓝为主，以配合严肃庄重的场合，整体来看很正式，符合节目定位和每期谈论的主题。

4.桌面布置简洁

嘉宾席位上都放置了红色玻璃杯和嘉宾的笔记本或发言草稿，座椅采用黑色靠背商务椅，干净整洁。整个演播室布置得像一个正式会议场所，嘉宾在这一环境中能充分发表自己的观点。

四、人员设计

1.主持人

主持人佩德罗·维埃拉拥有丰富的主持经验和较高的社会声望，符合节目定位和受众心理需求。

维埃拉1975年出生于里斯本，毕业后进入电视台Q频道（Canal Q）担任创意设计师，同时在电视节目《啊！文学》（*Ah, a Literatura!*）中担任负责人。他经验丰富并且很有才华，是*Ler*杂志的常驻插画师，还在图书裁缝（Booktailors）等知名机构担任总编辑和图形设计师。2012年他的第一部小说获得了葡萄牙铅笔俱乐部文学奖（O Prémio

P.E.N.Clube Português)，目前他已出版两部小说和一部编年史著作。与此同时，维埃拉还是一个喜剧演员。

由这样一位有节目主持经验，又有其他跨界工作经验，兴趣爱好广泛，相对年轻的男性来主持一档严肃的时事类电视谈话节目，不仅为这个节目带来了些许青春气息，而且也吸引了更多人的关注。

图3　主持人佩德罗·维埃拉正在做开场白，口齿清晰，反应敏捷（图片来自节目视频截图）

2.常驻嘉宾

《最后一个人关灯》有四位固定的嘉宾，分别是拉格尔·瓦雷拉、伊内斯·佩德罗丝、若阿金·维埃拉、罗德里戈·莫伊塔·德·宙斯，这四位嘉宾个性鲜明，研究领域不同，性格也非常不一样，他们在一起常常会引发激烈讨论，碰撞出新的观点。

（1）拉格尔·瓦雷拉出生于1978年，是新里斯本大学现当代历史学院（IHC）的研究员，拥有政治和制度史博士学位，主要负责协调劳动和社会冲突研究小组。她是社会冲突与罢工国际协会的主席，葡萄牙劳工、工党运动和社会运动研究网络的副协调员，国际社会历史研究所的荣誉研究员。她撰写了很多具有影响力的历史论文，在节目中是一位思维敏捷、口才出众的嘉宾，经常在辩论时发表犀利的观点，为节目贡献了不少金句。

图4　嘉宾拉格尔·瓦雷拉对发言要点进行记录，体现出严谨性（图片来自节目视频截图）

（2）伊内斯·佩德罗丝，1962年出生，从事广播电视业多年，多次获得传媒界奖项，于2008年至2014年期间担任费尔南多·佩索阿之家（Casa Fernando Pessoa）的主任，曾是杂志《表达》（*Expresso*）的编辑。她多年来致力于女性平权运动，并于2007年获得公民身份和性别平等委员会的特等奖。她作为节目的常驻嘉宾，为节目贡献了不少关于性别平等的内容。

图5　嘉宾伊内斯·佩德罗丝正在和其他嘉宾进行辩论，气氛很热烈（图片来自节目视频截图）

（3）若阿金·维埃拉，1951年出生，是一名优秀的记者、评论员和电影制片人，是RTP频道《伟大的报道》节目的董事会成员。他的作品曾获得多项大奖。在节目中，他一般面带笑容，在其他嘉宾发言后发表短小精悍又十分幽默的观点，是个很有趣的人物。

图6　嘉宾若阿金·维埃拉正在表达自己的观点，角度独特、有新意（图片来自节目视频截图）

（4）罗德里戈·莫伊塔·德·宙斯，1977年出生，记者、编年史学家、葡萄牙读者人数最多的政治博客之一——blogue 31 da Armada的创始人之一。在节目中他主要负责讲解和为其他嘉宾发言作补充，是个沉稳认真的人。

图7　嘉宾罗德里戈正在倾听其他嘉宾发言，十分认真（图片来自节目视频截图）

上述四位常驻嘉宾分别是两位男性和两位女性，其中若阿金和伊内斯分别出生于20世纪50年代和60年代，而拉格尔与罗德里戈均出生于70年代，他们相对而坐，代表不同年代人的观点的碰撞，可见节目组挑选嘉宾十分用心。虽然研究和关注的领域不同，但他们都学识渊博，对于每期节目所讨论的不同话题，他们都能从自己的专业领域出发，发表见解。他们具有强烈的社会责任感，能够有针对性地提出有价值的观点和建议，使受众信服。

五、节目分析

1.选题观照现实、深刻严肃

节目以媒体从业者为主要受众，本着负责任的态度对社会问题和公众事件进行探讨和对话。节目不媚俗，不花哨，以思想见长，从各个角度对问题进行深入讨论，不迎合泛娱乐化倾向，风格独树一帜。在泛娱乐化的今天，在移动媒体和碎片化信息充斥的时代，有这样一档反思社会问题并切实提出解决方案的节目是非常有价值的。

针对每期节目的话题，嘉宾们都会做大量工作，以自己擅长的领域为出发点，有针对性地提出看法和观点，可见其诚意和强烈的社会责任感。嘉宾们的观点交锋和思想碰撞能够引起观众的思考和重视，对观众和社会都有积极正面的影响。

2.嘉宾观点十分精彩

节目常驻嘉宾都是具有丰富学识和一定社会影响的人物，而且会对每期节目所探讨的问题做充分准备，节目现场也会有新的交流碰撞。在讨论交流时，他们的发言都很有逻辑，见解很深刻，能够充分联系历史和现实，碰撞出新的思想火花。对观众来说，即使不认同嘉宾的观点也可以提升自己的辩证思维能力和逻辑性。

因为每期节目选取的都是社会热点话题，所以嘉宾的观点极具借鉴意义，引人思考，在思想碰撞的同时，还能提出社会问题的解决方案，这就是这档节目的价值所在。

3.有强烈的社会责任感

从节目的定位、主持人和嘉宾的选择，以及每期话题的选取上，都能看出这是一档严肃的、针对公众关注的社会现实问题的谈话节目，主持人和嘉宾就一个话题，能够从不同方面引发思想火花，把一个事件研究透彻，充分发挥大众传媒的监督作用，为社会问题的解决提供更专业的思路，为社会的良好运行提供帮助。

这种强烈的社会责任感会有感召作用，作为媒体人，更应当关注社会、了解社会，这档节目以媒体人为主要受众，起到了非常好的引领作用。

六、可借鉴性

1.主持人介入适度

主持人佩德罗·维埃拉经验丰富，在节目中的主要作用是引导嘉宾发言、把控节目节奏，他的介入非常少，但恰到好处，能够挖掘嘉宾发言的亮点，适时控制节奏，突出谈话主题，起到穿针引线的作用，而不是过分凸显主持人特色。

主持人在这档节目里不会过多发表自己的观点，更多的是作为一位认真的倾听者，听四位嘉宾发表观点，并适时地在嘉宾发言时简单补充几句，这样能充分发挥嘉宾的作用，让嘉宾为节目贡献更多的独特观点和看点。

2.嘉宾选择多元而有深度

这档节目的常驻嘉宾没有邀请哗众取宠的“小鲜肉”，而是选择不同领域的媒体人，嘉宾有不同的风格和优势。例如拉格尔和伊内斯能说会道，拉格尔常从社会和历史角度对话题进行深度剖析，伊内斯主要侧重女性角度，代表女性群体的利益；罗德里戈则擅长补充发言，覆盖面较广；而若阿金喜欢总结并添加一些幽默笑料。

四位嘉宾性格不同，也发挥着不同的作用，这样不至于让节目太过枯燥，时常还有一些笑料和争论的矛盾点。真实地还原谈话过程中的唇枪舌剑和思想碰撞，让节目不仅具有思辨性和专业性，还有足够的看点，引人思考，甚至有时还能跟着会心一笑。

3.节目风格统一稳定

不同于现在大部分的综艺节目，这档节目没有华丽的音效和灯光变化，没有后期的各种字幕和特效，就是四位学识渊博的嘉宾坐在桌前对同一主题展开讨论，碰撞出很多有价值的观点和金句。

节目充分还原讨论原貌，主持人介入很少，主要就是引导嘉宾发言和把控话题节奏，将话题往深处引导。画面切换也是在各位嘉宾的近景镜头间切换，嘉宾时而发言，时而认真倾听，时而又执笔记录，这样既不会让观众产生审美疲劳，也能够体现出嘉宾认真慎重的态度，且该节目观众定位为媒体从业者，节目话题紧扣受众，能够从媒体从业者的角度出发，为其提供切实可行的方案和思路，节目对观众负责的价值观也会影响媒体从业者，让其树立更坚定的信念。

（牛慧清　魏钰曦）

俄罗斯

每个人都有说话的权利

——《说话的权利》

一、节目概况

节目名称：Право голоса
中文名称：《说话的权利》
发行地区：俄罗斯
播出频道：俄罗斯中心电视台（ТВ Центр）
首播时间：2010年
播出时间：周一、周二、周三、周四20：20；周六 23：55
单集时长：80分钟左右
节目类型：辩论型谈话节目

图1　节目LOGO（图片来自YouTube截图）

《说话的权利》（Право голоса）于2010年在俄罗斯中心电视台播出，是俄罗斯中心电视台最受欢迎的节目之一，收视率居高不下。主持人为著名的政治评论员、军事通讯员罗曼·巴巴扬。该节目周一至周四晚上8点20分播出，周六晚上11点55分播出。《说话的权利》是一档以辩论为主的政治类谈话节目，每期会选取当前世界政治热点话题，并邀请12位嘉宾（分为三组：辩题正方、反方与专家组）参与讨论，观众可以在官方网站上通过评论或者投票的方式发表自己的看法。

《说话的权利》节目分为四个板块。首先，主持人开场介绍政治背景及辩题，并告知观众可登录官方网站投票或评论，发表自己的看法。其次，自然过渡到嘉宾发言，主持人会针对嘉宾的发言进行提问或解释，双方嘉宾简要表明立场后开始辩论。辩论分为四个环节，主持人会从中斡旋调停，保证节目顺利进行，每一环节结束时主持人会对这一环节的辩论内容进行总结，同时再次提到节目的主旨——“每个人都有说话的权利”，并提醒观众登录官网投票。再次，专家进行总结发言，其间嘉宾因与专家的观点不一致而再次引发争论。最后，主持人对正反观点进行陈述总结，留给观众去思考和判断。

该节目的主持人罗曼·巴巴扬曾说道：“《说话的权利》是发表政治意见和进行观点辩论的舞台。我们提出热点话题，但我们不限于简单的答案。我们希望听到所有人的观点和意见，从而了解这个国家的国情以及公民的政治需求。对我们来说，节目中没有禁忌的话题和无趣的意见。我们的节目为那些富有激情、不想沉默的人提供畅所欲言的平台。”

二、板块设计

以2017年11月1日这期节目[①]为例，本期主题为“俄罗斯、伊朗和土耳其是否就叙利亚问题达成一致”，选题背景为俄罗斯代表团团长亚历山大·拉夫伦季耶夫在阿斯塔纳的会谈中认为，叙利亚的缓和地带为其政治问题的解决创造了有利条件，叙利亚也将成为阿塞拜疆、伊朗、俄罗斯三国首脑在德黑兰进行会谈的主题之一。

表1 节目板块内容详解

总时长	板块时长	具体内容	形式
0分15秒	15秒	片头	

① 节目视频网址：https://www.youtube.com/watch?v=X20s8uf3hzY。

续表

总时长	板块时长	具体内容	形式
0分50秒	35秒	主持人介绍本期话题及相关背景“俄罗斯、伊朗和土耳其是否就叙利亚问题达成一致”	现场画面+同期声+音效+字幕
1分25秒	35秒	主持人走向舞台中央，向双方嘉宾提出问题	现场画面+同期声+镜头切换
4分50秒	3分25秒	正方代表俄联邦委员会国防与安全委员会第一副主席弗朗茨·克林采维奇，就俄美关系及恐怖分子问题发言	现场画面+同期声+字幕
7分30秒	2分40秒	正方代表国际记者阿巴斯·尤马（父亲叙利亚人，母亲俄罗斯人），就俄罗斯与叙利亚关系发言，并与主持人罗曼·巴巴扬互动	现场画面+同期声+字幕
13分45秒	6分15秒	反方代表叙利亚政治科学家哈桑·基尔与俄罗斯记者贾迈勒（Orkhan Dzhemal）相继发言，阐述叙利亚、俄罗斯与美国的关系，其间与正方代表进行争论，主持人协调串场	现场画面+同期声+字幕
15分35秒	1分50秒	弗朗茨·克林采维奇与哈桑·基尔辩论	现场画面+同期声
15分50秒	15秒	主持人罗曼·巴巴扬宣布第一环节辩论结束，提醒民众可以登录网站参与投票	现场画面+同期声+音乐+灯光
16分5秒	15秒	插播节目片头，主持人再次交代辩题	短片+同期声+灯光
18分10秒	2分05秒	阿巴斯·尤马与哈桑·基尔就俄罗斯与叙利亚关系继续辩论	现场画面+同期声
20分05秒	1分50秒	贾迈勒分析叙利亚国内现状	现场画面+同期声+字幕
26分35秒	6分20秒	中东冲突问题专家伊克巴尔·迪尔雷阐述叙利亚库尔德人与阿萨德、俄罗斯的关系及土耳其国内现状，并回答主持人抛出的两个问题	现场画面+同期声+观众掌声
28分30秒	1分55秒	双方嘉宾就库尔德人及俄美关系问题进行激烈争论	现场画面+同期声
28分45秒	15秒	主持人试图控场，宣布第二阶段辩论结束	现场画面+同期声+音效+灯光
29分	15秒	插播节目片头，主持人再次交代辩题	短片+同期声+灯光

续表

总时长	板块时长	具体内容	形式
33分25秒	4分25秒	政治学家阿里克·斯捷潘扬就叙利亚与美俄关系展开论述	现场画面+同期声+字幕
44分20秒	10分55秒	双方嘉宾就俄罗斯、伊朗和土耳其对叙利亚的态度进行激烈争辩，主持人调停发问，最后宣布第三阶段辩论结束	现场画面+同期声+观众掌声+字幕
44分35秒	15秒	插播片头，主持人总结第三阶段辩题，并就上一阶段辩题发问	现场画面+同期声+灯光
50分30秒	5分55秒	双方嘉宾就叙利亚和周边国家与俄罗斯的关系举出事实论据和理论论据进行辩论	现场画面+同期声+观众掌声
55分50秒	5分20秒	主持人就辩题咨询专家，叙利亚反对派代表、叙利亚问题专家阿里·萨利姆·阿萨德发言，双方嘉宾继续激烈辩论，主持人总结并宣布第四阶段辩论结束	现场画面+同期声+灯光
56分5秒	15秒	插播片头，回到演播室，主持人自我介绍，重复辩题	同期声+音乐+灯光
60分30秒	3分25秒	专家阿里·萨利姆·阿萨德继续发言，双方嘉宾提出不同意见	现场画面+同期声
65分20秒	4分50秒	俄罗斯科学院世界经济与国际关系研究所国际安全中心高级研究员弗拉基米尔作为专家发言，论点的提出再次引发舞台上双方的激烈辩论	现场画面+同期声
73分50秒	8分30秒	*Sputnik*专栏作家德米特里·奥列戈维奇发言，再次引发双方嘉宾激烈辩论	现场画面+同期声+观众掌声
77分50秒	4分	专家分析俄罗斯、伊朗、土耳其三国对叙利亚的态度，并判断是否能就叙利亚问题达成一致	现场画面+同期声
79分27秒	1分37秒	主持人对今天的论题进行总结，对到场嘉宾表示感谢	现场画面+同期声+音效+灯光

三、舞美设计

节目一开始，主持人站在舞台侧面陈述背景和辩题，整个舞台以蓝光为主，主持人身后三块大屏幕呈现的是虚拟场景，来回滚动。整个舞台设计类似封闭的会议室，八位嘉宾分成两组站在舞台两侧，嘉宾身后皆是现场观众，四位专家与主持人相对而坐。整个节目以蓝色、白色和红色光为主，表现节目主题的严肃性。演播室两边的墙壁上镶嵌着节目名称“Право голоса”（《说话的权利》）。

接着，主持人走到舞台中央，白光、红光与蓝色的舞台背景交相辉映。主持人罗曼·巴巴扬做总结时，背后屏幕上以滚动拼接的方式呈现俄罗斯版图。

一方嘉宾发言时，主持人身后的两块大屏幕上会显示发言者；双方嘉宾辩论时，会在对方的屏幕上显示另一方的发言者。主持人无台本，嘉宾桌上放着几页发言稿和水杯。舞台中央光源充足明亮，嘉宾席使用明亮白光，观众席灯光较暗。

图2　《说话的权利》主持人罗曼·巴巴扬开场（图片来自YouTube网站）

图3　《说话的权利》演播室全景（图片来自YouTube网站）

图4 《说话的权利》发言嘉宾出现在大屏幕上（图片来自YouTube网站）

图5 《说话的权利》嘉宾在辩论（图片来自YouTube网站）

辩论分为四个环节，图6左图为每一环节结束时灯光由白色变为红色，右图为每一辩论环节开始时灯光由红色变为白色。

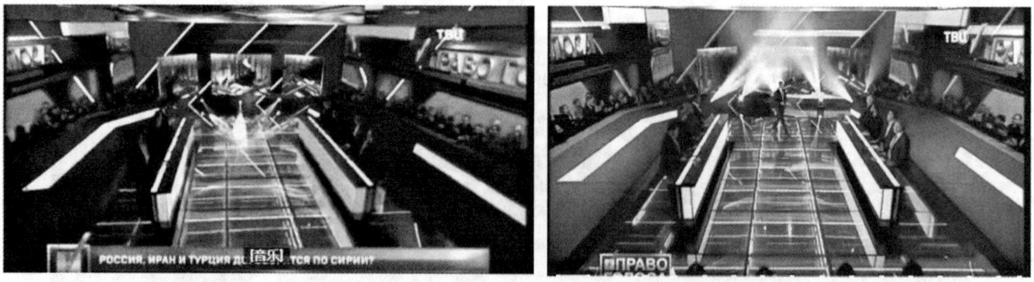

图6 《说话的权利》每一板块开始和结束时的灯光变化（图片来自YouTube网站）

四、人员设计

1.主持人

《说话的权利》的主持人罗曼·巴巴扬，是知名的电视节目主持人和政治评论员。他1969年出生在阿塞拜疆首都巴库，父亲是亚美尼亚人，母亲是俄罗斯人，1991年大学毕业后为俄罗斯国家广播公司工作，成为无线电广播工程师，1993年成为记者，1994年开始转战军事新闻报道，报道科索沃军事冲突，并获得北约组织奖章。作为一名军事通讯员，他到过全球54个国家，包括格鲁吉亚、阿富汗、巴勒斯坦、南斯拉夫、科索沃、波斯尼亚、伊拉克等地，多次报道爆炸和军事冲突事件，并被授予“个人勇气奖”勋章。2003年他拍摄的伊拉克纪录片《没有萨达姆的一百天》被授予“新闻精华奖”。

常年的军事报道让罗曼·巴巴扬能够敏锐捕捉新闻热点，应对突发事件。2000年他转战俄罗斯第一频道，担任政治专栏作家，后担任脱口秀节目主持人，成功地发展了电视转播的新概念。2010年，他主持的电视辩论节目《说话的权利》开播，其新颖的节目形式与政治主题在俄罗斯国内引起巨大反响，收视率居高不下，被称为俄罗斯中心电视台最受欢迎的节目。巴巴扬利用做军事评论员时培养的新闻敏感与政治使命感，每天提出热门政治话题，并邀请相关专家来分析问题、判断趋势，让非专业人士更加清楚直观地了解政治新闻。

在《说话的权利》播出过程中，巴巴扬丰富的政治知识、高深的政治见解及坚定的政治立场，让他能够游刃有余地周旋于观点对立的两派嘉宾中，把控全场，随时就嘉宾的回答提出质疑，或帮忙圆场。巴巴扬在节目中发挥了调解员的作用，政治观点的不一致导致双方嘉宾情绪高涨，巴巴扬能够在双方剑拔弩张之际缓和气氛，将现场嘉宾和观众的注意力集中到辩题上来。因此，罗曼·巴巴扬深厚的知识修养、良好的主持素质及人格魅力是该电视辩论节目成功的关键因素。

他曾说过，“每次有人赞美我，赞美我的作品，我都感到非常失落。事实上，我所做的一切，并不是为了表彰，而是为了荣耀。我不想从赞美中获得最大的乐趣，而是希望通过我的工作帮助人们更好地了解政治事务。他们在街上认出我并上来感谢我的工作，这就是我职业生涯中最好的事情”。

2.嘉宾

每期节目会邀请12位嘉宾，四人一组，分为三组，分别是辩题的正方、反方及专家组，嘉宾皆是知名、权威的科学家、政治学家、社会学家、作家和记者，他们对时政热点的看法可以影响大众。节目中，辩题的正反方嘉宾分别站在演播室舞台的两侧，主持人介绍完话题背景和本期辩题后，嘉宾开始发言，每位嘉宾都有四至五分钟的独立发言时间，简明地表白所持观点和立场后，双方可就辩题展开激烈讨论。发言嘉宾声情并茂、气势昂扬，意见不一致的嘉宾总是会针锋相对、剑拔弩张，主持人要在双方嘉宾情绪激昂时进行调停斡旋，以保证节目顺利进行。

《说话的权利》比较知名的是2017年1月24日播出的那期，在那期节目中，两位嘉宾大打出手。挨打嘉宾是波兰记者托马什·马茨捷祖克，第一个冲上去打他的，是现场嘉宾乌克兰前议员伊戈尔·马尔科夫。其他嘉宾都在忙着拉架，有的也被卷进了这场乱战。在辩论中，托马什·马茨捷祖克说："乌克兰人也想像正常人一样，他们不想住在狗屎堆里，不想像你们俄罗斯人一样，生活在狗屎堆里。"主持人罗曼·巴巴扬一时蒙住了，他说："等一下，我没听错吧？你说我们生活在狗屎堆里？"然后迅速把桌面文件扔到马茨捷祖克脸上，愤怒地说"滚出去"，随即现场一片混乱。辩论型电视节目嘉宾之间的争执与冲突是观众感兴趣的"爆点"，在镁光灯和镜头的作用下，嘉宾间的冲突与争执被放大，满足了观众的窥视欲。

值得反思的是，虽然观点的交锋有助于话题的深入、提高观众兴趣，但是为了提高收视率而在电视节目中大打出手，制造噱头，无异于一场"电视暴力"，对观众的身心及价值观造成伤害，不值得借鉴。如何在满足受众期待与实现节目诉求之间寻求平衡，是这档节目亟须思考的关键问题。

五、可借鉴性与反思

1.选取热点话题，展现观点交锋

选题是辩论型电视谈话节目的根基和灵魂，它体现着节目的定位，决定着节目的成败。选题引导节目走向，影响节目的精彩度，并直接作用于受众，影响受众的观看意愿。所以，辩论型电视谈话节目的选题至关重要。

《说话的权利》每期的主题都是最新的时政、经济热点，如10月26日节目的主题为"俄罗斯属于欧洲还是亚洲"，时政背景为俄罗斯总统普京会见德国总理安格拉·默克尔，默克尔提醒普京要注意国与国间的亲疏；10月28日节目的主题为"乌克兰：革命结束了吗"；11月1日节目主题为"俄罗斯、伊朗和土耳其是否就叙利亚问题达成一致"，均是结合当下的时政热点所策划的主题，并邀请各领域研究相关问题的专家、科学家、国际记者、研究员等担任嘉宾，同时也注意选择对同一问题持有不同看法的人，展开观点交锋，对受众形成巨大的吸引力和思想上的冲击力。

节目中双方嘉宾都试图说服对方接受自己的观点，情绪激昂高亢，观点针锋相对。在镜头和镁光灯的作用下，嘉宾个人形象立体饱满，斗志昂扬的求胜欲望让观众仿佛身临其境，现场感和代入感强烈。四位专家点评期间，双方辩手还会对专家意见提出质疑或者直接反驳，展开新一轮的辩论。

选题是辩论型电视谈话节目的灵魂，电视节目时长一般在40分钟以上，为避免观众产生收视疲劳，每一期的选题至关重要。首先，选题应具有公共性，关注大民生话题，不能过于琐碎。上至国家大事、国际热点、国家政策的解读，下至民众感兴趣的话题，都可以作为选题策划的参考。其次，选题应具有争议性。辩论型电视谈话节目最忌辩题平淡无奇、不温不火，没有劲爆点或者观点一边倒，不利于调节受众情绪和引导社会舆论。观众在双方的激烈争辩中形成自己的观点和意见，达到媒介接触的“使用与满足”。

2.主持人斡旋调停，掌控节奏

辩论型谈话节目以广开言路为节目宗旨，节目参与者众多，嘉宾们在节目中各抒己见，随着话题讨论的深入，为受众提供有效的信息。但由于讨论的话题极具争议性，嘉宾观点的不一致容易引起摩擦和冲突，甚至导致节目无法顺利进行。电视辩论具有真实和即兴的特点，在节目中随时可能出现意料之外的情况，因此，此类节目对主持人的要求极高，主持人既要保证节目热烈有序地进行，又要斡旋调停，把握节奏，保证话题的深入与现场气氛的和谐。

《说话的权利》的主持人罗曼·巴巴扬丰富的人生阅历、敏锐的政治判断力及稳重的主持风格是节目成功的关键。当嘉宾情绪激动时，巴巴扬会适当介入，或语言劝服，或转移话题；当双方嘉宾剑拔弩张，话题逐渐偏离辩题时，主持人会随机应变，将话题自然地转到主题上；当辩论焦点不够劲爆时，主持人会主动“挑事儿”，激起双方辩论的欲望；当嘉宾滔滔不绝时，主持人会巧妙、礼貌地打断，以保证节目不超时。如10月28日播出的“乌克兰：革命结束了吗”这一期中，部分嘉宾言辞激烈，力证自己所持观点的正确性，言语中夹杂着不雅词汇甚至人身攻击，巴巴扬用轻松幽默的笑话及时转移注意力，缓和现场气氛。

罗曼·巴巴扬曾说过：“电视辩论节目中主持人更像是一个调解员，我向我们的专家团队学习了很多，我了解他们的政治观点及反对立场。因此，当我拿到一份与会嘉宾名单时，我可以预见他们会说些什么，我也知道如何就他们的回答设计我的问题。”

电视辩论节目中，如何平衡嘉宾之间的话语权，营造良好的谈话氛围，制造爆点，缓解矛盾等，都是主持人必须具备的基本功力。因此，国内谈话节目应加大力度培养优秀的节目主持人，严格遵守语言规范，提高控场能力，把“主持”缩小，把“人”放大，全方面提高自己的综合能力，将谈话节目做得争而不怒、谑而不俗。

（牛慧清　宋豆豆）

带着好心情入眠

——《晚间乌尔甘特》

一、节目概况

节目名称：Вече́рний У́ргант
中文名称：《晚间乌尔甘特》
发行地区：俄罗斯
播出频道：俄罗斯第一频道（Channel One）
首播时间：2012年4月16日
播出时间：周一至周五23：30（寒暑假及个别国家法定节假日除外）
单集时长：50分钟
节目类型：脱口秀

图1　节目LOGO（图片来自YouTube）

《晚间乌尔甘特》是俄罗斯第一频道的一档娱乐性脱口秀节目，从2012年4月16日开始每周一至周五23：30（寒暑假与个别国家法定节日除外）播出，主持人是伊万·乌尔甘特，因此节目被命名为《晚间乌尔甘特》。

《晚间乌尔甘特》一般分为四个部分，最开始是主持人的开场独白"Monologue"，以独白方式讲述俄罗斯和国际热点新闻，并针对娱乐新闻讲一些笑话。第二部分是"Guests"，邀请嘉宾（多半是演员、歌星）座谈，节目每期都会邀请两至三位嘉宾，有时为了配合节目主题甚至会邀请八至十位嘉宾，值得一提的是访谈嘉宾不仅仅局限于俄罗斯本国明星，节目还邀请过美国政治讽刺家、电视节目主持人斯蒂芬·科拜尔，西班牙著名演员佩内洛普·科鲁兹等人。第三部分叫"Bottom View"，主要采访孩子，询问孩子对一些事情的看法（比如如何看待总统金正恩、为什么今年夏天列宁墓没开放等），因为童言无忌，一般孩子说出来的比较有意思。前十季都设置了这个环节，但十一季有所改变，节目的第三板块仍然是邀请不同领域的嘉宾与主持人交流，互动调侃。第四部分是明星的才艺表演，多是歌手演唱，节目随着歌声的结束而落幕，主持人不再出镜提示节目结束。

每期节目有具体的主题，如"60秒""喂，网络！""与陌生人自拍"等。主题的设置贯穿整个节目，在第一部分介绍新闻时会选取与本期主题相关的新闻，在第二、三部分与嘉宾的互动提问中也会穿插主题。2014—2016年，该节目连续三年获俄罗斯国家电视奖、"娱乐节目最佳主持人"提名奖。

《晚间乌尔甘特》目前是俄罗斯国内收视率最高的深夜脱口秀节目，之所以如此火爆，是因为之前在俄罗斯没有这种形式的深夜秀。当然该节目火爆的另外一个主要原因是该节目播出的频道是俄罗斯第一频道，它是俄罗斯规模最大的电视台，拥有国内最多的受众，收视率相对较高。

二、板块设计

以2017年10月13日第11季第872集为例。[①]本期节目总时长为46分23秒。

表1　节目板块内容详解

总时长	板块时长	具体内容	形式
0分30秒	0分30秒	演播室外，主持人和嘉宾登场进行角色扮演，以灵异小场景开篇	暗色调画面+同期声+音效
1分25秒	0分55秒	展现莫斯科地标性建筑及生活、艺术、娱乐等方方面面	片头短片+背景音乐+画外音

① 节目视频网址：https://www.youtube.com/watch?v=NtdJzPY6akg。

续表

总时长	板块时长	具体内容	形式
1分55秒	0分30秒	主持人从侧面登上舞台；现场常驻乐队演奏打击乐渲染气氛；观众的全景镜头	现场画面+现场音乐+同期声
4分55秒	3分钟	主持人站着介绍国内外重大新闻并进行调侃	现场画面+新闻图片+现场音效+同期声
5分15秒	0分20秒	现场乐队演奏，主持人走到舞台中央的圆桌旁坐下	现场画面+主持人手势+现场音乐
7分35秒	2分20秒	主持人坐在桌前，对最新颁布的俄罗斯禁烟条例进行解读、调侃	现场画面+Flash动画+同期声
8分10秒	0分35秒	主持人通过调侃电影节引入嘉宾的介绍	两位主持人间的镜头切换+同期声
8分45秒	0分35秒	嘉宾登场，与主持人拥抱握手，与现场观众互动	现场音乐+同期声+个别观众的举牌特写镜头
12分35秒	3分50秒	嘉宾落座，主持人与嘉宾互相问候、调侃	现场画面+图片+同期声
17分25秒	4分50秒	嘉宾讲述电影拍摄期间的趣事，主持人进行调侃，并谈论该片主题，探讨俄罗斯诗歌 插入字幕，播放嘉宾朗诵的诗歌	现场画面+同期声
18分0秒	0分35秒	插入两位嘉宾主演的电影预告片，之后镜头切换到演播室	电影短片
21分05秒	3分05秒	嘉宾回忆趣事	现场画面+同期声
21分15秒	0分10秒	镜头由近景切换成远景；现场乐队演奏 插入字幕，对第三板块进行预告	现场音乐+现场画面+Flash动画+画外音
21分35秒	0分20秒	插播演播室外的一些场景后又回到节目，类似中国访谈节目插播完广告后的“现在继续”	现场画面+Flash动画+音乐+音效+画外音
22分20秒	0分45秒	镜头切回演播室，由远景到中景；主持人和嘉宾宣传新电影，告诉观众影片上映时间	现场画面+同期声+音乐
27分05秒	1分45秒	两位嘉宾按照节目组要求分别进行表演，主持人负责串场 节目组对嘉宾的要求以字幕形式出现在屏幕下方，方便观众了解嘉宾表演的是什么	现场画面+同期声+音效
27分20秒	0分15秒	第二板块结束，镜头切换给现场乐队，振奋人心的打击乐带动全场一片沸腾	音乐+画外音
28分15秒	55秒	主持人介绍新的嘉宾，嘉宾潇洒登场，并与主持人进行肢体互动；现场乐队奏乐，观众欢呼	现场画面+音乐+音效+现场乐队虚焦镜头

续表

总时长	板块时长	具体内容	形式
31分15秒	3分	主持人与嘉宾交流近况，就嘉宾在美国筹备专辑一事进行提问；回忆嘉宾小时候的趣事	现场画面+同期声
31分25秒	10秒	播放嘉宾小时候参加舞蹈比赛的视频	VCR
36分30秒	5分05秒	主持人就嘉宾的生活、新专辑、演唱会等进行提问，聊到兴奋处，嘉宾和主持人分别表演了一段说唱	现场画面+同期声+音乐+音效
41分10秒	4分40秒	游戏环节："你画我猜"，两位主持人先进行游戏，方便嘉宾熟悉游戏规则，然后嘉宾参与到游戏中	现场画面+同期声+音效
41分45秒	0分35秒	一句话解说本周发生的娱乐新闻	画外音+图片
42分15秒	0分30秒	播放节目宣传片，减缓观众疲劳感	音乐+画面
46分23秒	4分08秒	嘉宾演唱最新作品，在歌曲即将结束时播出节目片尾短片	音乐+画面+灯光+同期声

三、舞美设计

整个舞台类似酒瓶状，每一季都有不同的舞台布景和设置，以2017年的第11季为例。

图2　演播室全景，主持人、嘉宾、乐队及观众位置（图片来自YouTube）

主持人从幕布后走出来，与观众相对，从主持人所站位置看，舞台右侧是主持人和嘉宾座位，舞台左侧是现场乐队。整个舞台灯光以蓝色为基调，给人营造出静谧放松之感。深绿色幕布（每一季幕布的颜色不同，第11季为深绿色，第10季为红色）四周装有小灯泡，呈白光，一直持续到节目结束。舞台右侧以黄色灯光为主，台阶、柱子及主持人座位后方皆是黄色光，而舞台左侧乐队所在位置以白色光为主，乐队身后墙上均匀铺陈小灯泡，并组成节目名称的缩写“B&Y”。舞台中央以黄色灯光照射出节目名，待主持人走到中央位置，节目名消失。舞台左中右三面均以LED屏呈现蓝白色的节目名。

从观众角度看，主持人坐在最右边——咖啡色的圆木桌边，桌上摆放着刻有节目名的水杯和朝向嘉宾的话筒；中间是嘉宾的位置——一大一小两个深蓝色沙发；左侧是助理主持人的位置——高脚凳搭配小型方木桌。

图3　主持人及助理主持人、嘉宾位置（图片来自YouTube）

舞台道具方面有所创新，值得借鉴。如主持人对俄罗斯颁布的禁烟条例进行调侃时，向观众展示了一张图片：清洁工拿着扫把倚靠着车门，呼出长长的一口烟，引人发笑。其展示方式与国内节目不同，国内节目组会把相应的图片投射到主持人身后的大屏幕上，而该节目将图片打印出来，或主持人手持，或粘贴在电脑屏幕上，拉近与观众的距离。另外，主持人身后的背景板——莫斯科的繁华夜景是一成不变的。

图4　主持人身后背景板及桌面上的道具设计（图片来自YouTube）

每次节目开篇，均是主持人与嘉宾在演播室外互动。此次节目邀请了两位电影演员，为迎合他们的作品宣传，开篇互动采用灵异小故事，主持人与嘉宾脸上呈现亮光，而身体处在黑暗之中，给观众很好的代入感，但主持人与嘉宾身后的暖色调又给人安心舒服的感觉。

图5　演播室外主持人和嘉宾表演灵异故事（图片来自YouTube）

嘉宾上场时的背景是蓝白色，和整个舞台的蓝色基调相映衬。

需要指出的是，虽然一季节目的舞台布局和设置是一成不变的，但有时会为了配合特定的主题而对舞台设计做出改变，让视觉效果得到更好的呈现。如2016年俄罗斯世界杯会徽公布后，伊万·乌尔甘特将节目改造成特殊的会徽发布仪式。演播室被装饰成足球场，现场乐队身穿8支世界杯冠军队队服，并以Flash动画重现宇航员揭幕会徽的场景。

图6　2016年俄罗斯世界杯会徽公布，节目舞台被设计为会徽发布仪式现场（图片来自YouTube）

四、人员设计

1.主持人

该节目有两位固定主持人：伊万·乌尔甘特和伯纳特（助理主持人）。伊万·乌尔甘特曾是电影演员和歌手，后转型做电视节目主持人。他涉猎广泛，侃侃而谈，对社会和娱乐新闻的调侃总是恰到好处，引人发笑，其机智的应变力、非凡的口才和统筹布局能力为该节目增色不少。节目中伊万·乌尔甘特镜头居多，而助理主持人镜头偏少，存在感较低，但两人配合默契，话语的衔接、眼神的交流、即时的互动都让节目更加完美。

2.嘉宾

节目每次都会邀请两到三位嘉宾，有时也会邀请八到十位，以娱乐圈的名人为主，不拘泥于国内名人，曾邀请过美国政治讽刺家、电视节目主持人斯蒂芬·科拜尔，西班牙著名演员佩内洛普·科鲁兹等人。通过对嘉宾的访谈，观众得以了解嘉宾近况及一些趣事，节目还设有即兴表演和才艺展示环节让嘉宾更好地展示自己，并通过游戏环节或者情景再现让嘉宾表现出生活化的一面。不可否认，请名人来做客是节目提高收视率的捷径。

3.现场乐队

现场乐队适时地在每个板块转换间隙演奏适当的音乐，调动现场气氛，也会在嘉宾和主持人即兴表演时配上相应的背景音乐，调动主持人、嘉宾及观众的情绪。

五、节目分析

通过对比俄罗斯与美国脱口秀节目，可以发现俄罗斯的《晚间乌尔甘特》引进了美国深夜脱口秀的制播模式，其舞台设计、舞台道具、主持人与助理主持人的搭配、现场乐队、背景板等皆借鉴了美国成功的脱口秀的节目形态。

1.节目定位

《晚间乌尔甘特》整体风格温馨、轻松、活泼，与美国访谈节目涉及严肃话题不同，该节目很少谈论严肃话题，以娱乐为主，多邀请嘉宾，尤其是演员、歌手上台宣传或表演新作品，节目风格类似国内的《快乐大本营》。

该节目主持人伊万·乌尔甘特说过这样一段话，明确地表达了节目的宗旨：“所有深夜秀的外在形式都非常相似，就是摆上传统的椅子、桌子，放上麦克风，请来音乐家，等等。在美国有多少个节目主持人，就有多少种秀。比方说25个主持人，那么就有25种深夜秀模式。总的来说，我的节目的宗旨很简单：你回到家，吃过晚饭，哄孩子上床睡觉，给母亲洗漱，尽管有一大堆不开心的事情，但你还是要带着好心情入眠。我想通过这档节目来回答一个问题：我们的电视节目能不能既贴近事实又营造很好的气氛？对我来说，录制这档节目一定要达到这种感觉。我认为，这档节目对一些事实的反应应该和普通观众的反应是一样的。我并不想把它打造成'真理的喉舌'，也不准备像传教士那样传道。"

2.节目形式

俄罗斯脱口秀借鉴美国脱口秀的模式，以主持人为绝对核心，由主持人引导嘉宾围绕节目话题进行讨论。节目的内容、节奏都由主持人掌控，节目板块的划分不似国内节目那么明显。

每期节目以主持人进场与观众打招呼并感谢观众开始，随后自然地进入单口脱口秀环节，就国内国际娱乐性较强的新闻进行调侃及恶搞，如其中一期节目就"女子赴韩整容后面目改变滞留机场"这一新闻进行了调侃。随后进入采访环节，嘉宾多为演员、歌手、时尚大腕等名人，节目中嘉宾不仅回答问题，而且还会和主持人聊天、即兴表演和做游戏。采访环节中，主持人和嘉宾都采取相对静态的坐姿，坐在休闲舒服的沙发上，在温馨舒适的环境中进行平等交流。

节目更多地融入喜剧因素，深夜脱口秀节目追求令人捧腹大笑的节目效果，主持人幽默风趣，嘉宾有时也会主动讲一些笑话或趣事，并提供相应的图片或视频。有时也会设计一些效果强烈的动作，如愤然离场、破口大骂等，如第11季865集中，主持人不停地吐槽嘉宾，嘉宾一开始还保持着表演性的微笑，后来怒目圆睁、愤然离席，此时节目组出来澄清"这是提前商议好的表演环节"，现场观众大笑。

现场乐队也是节目的一大亮点。乐队适时地提供相应的背景音乐，并在各环节衔接处配上适合的打击乐，调动现场气氛，丰富节目形态。此外，节目还运用多种手段，结合每期具体话题，适当穿插音乐、视频、现场表演等环节，环环相扣，呈现出更加丰富立体的节目效果。

六、可借鉴性与反思

《晚间乌尔甘特》是俄罗斯国内收视率最高的深夜访谈节目之一，依托拥有国内最多受众的俄罗斯第一频道，其火爆程度显而易见。但是俄罗斯业内对其褒贬不一，业界人士称赞其轻松活泼，也对其有不少的批评，最典型的批评就是幽默讽刺不足、思想深度不够，以及表达不够自由。但俄罗斯将其东西方兼具的文化特征及深厚的文化底蕴融合在访谈节目中，值得我国借鉴。

英国学者约翰·哈特利曾说过，电视新闻能够强化社会的主导观点和信仰，新闻播报总是试图把观众置于和新闻内容相关的立场上，向观众展示一种意识形态立场，让他们从这个角度进行预设。在这种模式中，观众被引导，并将这种意识形态立场看成是自然的、符合他们自身利益的。通过这种方式，新闻报道的意识形态内容被电视新闻的形式成功地掩盖了。人们仅仅简单地假定新闻就是以这种方式呈现和表述的，所以没有人要求，也没有理由去质疑它的新闻构建。因而当观众在笑声中看完热闹的节目后，如果没有意识到传者的真实目的和意图，那么往往就在潜移默化中接受了节目的影响。

“最好的宣传应当是让被宣传对象沿着你所希望的方向行进，而他们却认为是在自己选择方向，应当使之成为看不见的宣传。”①我国的各种节目，尤其是电视娱乐节目，怎样做到既好看，又具有正确的舆论导向和满满的正能量，确实需要从中吸收精华。

1.拓宽与深化节目视角

国内现有脱口秀节目以主持人与嘉宾访谈型居多，多提前设计好问题与台本，单口脱口秀则多是由主持人以调侃或搞笑的方式向观众讲述一些或真实或虚构的笑话。无论是嘉宾访谈还是“单口相声”，节目视角都存在单一化、同质化倾向。为了吸引受众，节目总是专注于单一的搞笑、讽刺或是过分热衷于明星的生活琐事，长此以往会让观众失去兴趣。因此节目组需要拓宽与深化选题视角，选择个性化、开放化的话题，如《奥普拉脱口秀》关注强奸、吸毒、枪杀等敏感话题，并大胆地请当事人到演播室去，运用巧妙手法使其吐露心声。挖掘隐私并非目的，而是通过这种方式引导观众思考问题并推动问题合理解决。节目主题可以从娱乐人物、社会琐碎小事上升到与受众有关的议题，如对实际生活的指导、对国家政策的利民性解读等，同时邀请专业人士提供解析和指导，增加节目黏性和受众吸引力。

2.节目模式的本土化重构

引进国外电视节目在一定程度上能节省研发成本，规避市场风险，但并不是每个引进的节目都会赢得较高收视率和超高口碑。《晚间乌尔甘特》借鉴了美国深夜脱口秀模式，同时融入了俄罗斯自身的文化底蕴与内涵。如有一期节目中，嘉宾宣传了他的新电影，主持人由此部电影谈到俄罗斯的文学、诗歌与美学，将博大精深的俄罗斯文化融入节目中，强化文化认同感，增强民族凝聚力。中国文化源远流长，其丰厚的文化底蕴与巨

① 陈力丹，潘彩霞.看不见的宣传：美国脱口秀节目走红的传播学分析[J].新闻爱好者，2014（5）：27-30.

大的精神宝藏，皆可融入国内脱口秀节目中，实现巧妙对接与融合，弘扬传统文化，并赋予其新时代的意义，实现文化传承与民族复兴。

3.多元化的表达手段

节目录制过程中可适当增加多元化的表达手段，丰富节目形态，增强节目效果。我国脱口秀节目多是以谈话或者主持人口头表达为主，偶尔增加一些音乐、音效、嘉宾表演或者图片，如出一辙的表现方式及固定的编排模式会使观众产生审美疲劳。我国的脱口秀节目可以借鉴《晚间乌尔甘特》的形式，结合每期的特定主题，运用多种传播手段，打破僵化模式，让每期节目都有创新点，以保持节目对观众的吸引力。

4.加强与观众的互动，强化主持人队伍建设

迪纳特·托马斯曾经说过，“脱口秀的成功取决于观众与主持人的关系”。新媒体环境下，观众不满足于仅充当话题的旁观者，而是想进一步参与到话题的交流与讨论中。节目既要注重与现场观众的互动，也可以通过评论、留言等加强与场外观众的互动。2015年6月，国家新闻出版广电总局颁布了《关于进一步加强广播电视主持人和嘉宾使用管理规定的通知》，对我国脱口秀节目主持人提出了新要求。主持人是“节目和观众之间的媒介”，风格鲜明的主持人是塑造节目品牌个性的有效途径，主持人通过自身性格特点可以提高节目的知名度和辨识度，培养一批忠实观众。因此，应加强主持人队伍的培养和规范管理，从提高主持人的整体水平入手，增强脱口秀节目的辨识度和用户黏性。

（牛慧清　宋豆豆）

西班牙

西班牙国家文化的窗口

——《蚂蚁窝》

一、节目概况

节目名称：El Hormiguero
中文名称：《蚂蚁窝》
发行地区：西班牙
播出频道：天线3台（Antena 3）
首播时间：2006年9月24日
播出时间：每周一到周四21：45
单集时长：50分钟
节目类型：脱口秀
荣　　誉：获得2009年、2012年“金玫瑰奖”（Rose d’Or），2011年“艾美奖”提名，2016年西班牙“国家文化奖”

图1　节目LOGO（图片来自《蚂蚁窝》官方网站）

《蚂蚁窝》是2006年西班牙天线3台播出的一档娱乐性谈话节目，至今已经连续播出了14年，是西班牙最受欢迎的脱口秀节目之一。收视份额等数据显示，该节目在西班牙的电视节目中始终处于领先地位，并且每一季的观众人数还在不断上升。《蚂蚁窝》在2006年开播时，每周日播出一期，自2007年9月开始，该节目改为在周一到周四播出。节目组每期会邀请不同的嘉宾进行访谈，受邀嘉宾主要是演艺明星、政治家、节目主持人、作家、运动员和其他新闻人物等。巴布罗·摩多斯（Pablo Motos）是该节目主持人，特兰卡（Trance）、巴兰卡（Barranca）是两个负责讲搞笑段子、调侃当日新闻并与嘉宾互动的蚂蚁玩偶，是整个节目的亮点，也是节目名字的由来。

图2　蚂蚁玩偶特兰卡与巴兰卡（图片来自《蚂蚁窝》官方网站）

每期节目分为名人访谈、魔术表演、科学实验、极限游戏等不同环节，形成了自己的结构、模式，是一个十分有特色的访谈节目。每期访谈后，嘉宾会与主持人一起参与之后的游戏环节。《蚂蚁窝》以其访谈与娱乐兼顾的特色、丰富多样的内容而闻名整个西班牙，同时还有很多海外粉丝。该节目分别于2009年和2012年两度获得电视界的重要国际奖项——“金玫瑰奖”，成为西班牙唯一两度获得该奖的电视节目，并且在2011年获得了“艾美奖”的提名。“金玫瑰奖”是欧洲一个用于表彰广播电视杰出娱乐节目的奖项，于1961年在瑞士蒙特勒创立，至今已有60年历史。该奖项注重节目的原创性、质量和创意，为娱乐类广播电视节目确立了黄金标准。

2017年9月13日，西班牙国王和王后授予《蚂蚁窝》“2016年西班牙国家文化奖”，表彰该节目以其原创和独特的节目内容和形式为推动西班牙文化在世界的传播所作出的贡献，这也是谈话节目第一次荣获该奖。

图3　西班牙国王与王后向巴布罗·摩多斯颁奖（图片来自《蚂蚁窝》官方网站）

巴布罗·摩多斯曾是西班牙广播节目主持人和制作人，2002年到2009年播出的由其制作和主持的《我们只是小人物》（*No Somos Nadie*）大获成功。2006年9月，《蚂蚁窝》开始在西班牙天线3台播出，摩多斯从此走向荧屏，作为制作人和主持人的他自此专注于该节目的工作，退出了之前的广播节目。

《蚂蚁窝》节目团队事先会对采访和录制做好充分准备，根据大众关注和好奇的内容提问，并结合嘉宾最新作品和工作领域设计之后的游戏环节，娱乐性与知识性兼顾。

《蚂蚁窝》可以说是西班牙最成功的访谈节目之一，不仅在收视率上长期遥遥领先于其他电视节目，而且吸引了文化、娱乐、文学、政治等各个领域最著名的人物前来做客，从西班牙首相马利亚诺·拉霍伊到国际著名影星佩内洛佩·科鲁兹，从加拿大歌星贾斯汀·比伯到西班牙球星伊科尔·卡西利亚斯等。该节目不仅打开了让世界了解西班牙的大门，更为西班牙观众提供了了解全世界的窗口。

二、板块设计

下面以2016年采访西班牙首相马利亚诺·拉霍伊[①]和2017年采访美国影星范·迪塞尔[②]的两期节目为例，分析《蚂蚁窝》的板块设计。

① 节目视频网址：http://www.atresplayer.com/television/programas/hormiguero/temporada-5/capitulo-150-mariano-rajoy_2016062200753.html。

② 节目视频网址：http://www.atresplayer.com/television/programas/hormiguero/temporada-6/capitulo-110-vin-diesel_2017040600563.html。

图4　主持人与西班牙首相拉霍伊访谈（图片来自《蚂蚁窝》官方网站）

表1　采访西班牙首相马利亚诺·拉霍伊的节目板块内容详解

总时长	板块时长	具体内容	形式
10秒	10秒	节目片头	小片
55秒	45秒	主持人入场	现场画面+画外音+同期声
1分25秒	30秒	介绍嘉宾	现场画面+同期声
1分42秒	17秒	嘉宾入场	现场画面
30分20秒	28分38秒	主持人采访	现场画面+同期声
36分15秒	5分55秒	蚂蚁玩偶采访	现场画面+同期声
39分钟35秒	3分20秒	街头采访	现场画面+画中画
44分钟	4分25秒	游戏环节：在跑步机上提问	现场画面+同期声

图5　主持人采访美国影星范·迪塞尔（图片来源于《蚂蚁窝》官方网站）

表2 采访美国影星范·迪塞尔的节目板块内容详解

总时长	时长	具体内容	形式
10秒	10秒	节目片头	小片
55秒	45秒	主持人入场	现场画面+画外音+同期声
3分25秒	2分30秒	介绍本期和本周嘉宾	现场画面+同期声
4分25秒	1分00秒	嘉宾入场	现场画面
24分30秒	20分05秒	主持人采访	现场画面+同期声
29分35秒	5分05秒	蚂蚁玩偶采访	现场画面+同期声
35分35秒	6分00秒	魔术表演	现场画面+同期声
50分钟00秒	14分25秒	科学实验	现场画面+画中画
53分30秒	3分30秒	电影宣传：现场通过道具模拟电影中汽车从楼上飞下的情节	现场画面+同期声

《蚂蚁窝》的板块设计十分丰富，50分钟左右的节目中有30分钟左右为访谈环节，之后是游戏、魔术表演和科学实验等娱乐环节，并配合嘉宾最新的电影、专辑等设计宣传环节，既为嘉宾提供了宣传新作的机会，也让观众更好地了解了明星的另一面。

三、舞美设计

人类的基本感官有视觉、味觉、触觉、听觉和嗅觉，但对于一档电视节目来说，视觉表达是其最重要的元素之一。创造视觉美感，通过和谐美观的设计吸引人的注意力，是节目制作不得不重视的问题。电视节目的视觉设计需要有高辨识度，让观众一眼就能将其从众多的节目中区别出来，这就需要节目标志、舞台、主题曲等元素相互配合，在节目中重复出现，让观众在心中形成独特记忆。这不仅有利于节目在大众中的传播，也有利于节目作为一个品牌，建立品牌标识，树立品牌形象，更好地在西班牙乃至其他国家推广。

独特的舞台设计也是电视节目成功的关键因素之一，鉴于《蚂蚁窝》的娱乐属性，独特、多变的舞台设计是不能忽视的重要因素。

1.色彩

《蚂蚁窝》的舞台色彩以蓝色为主，并点缀黄色与其搭配，颜色欢快活泼，营造了现代摩登的感觉。不仅如此，节目的现场灯光、嘉宾身后的屏幕画面也是蓝色调的。节目通过变换蓝色和黄色的纯度和明度，使舞台色彩丰富而有层次感，整体颜色氛围和谐统一，现代感十足但又不喧宾夺主。

图6 节目布景（图片来自《蚂蚁窝》官方网站）

2.空间

舞台空间的设计最重要的原则是根据节目需求而设计，如果过分追求华丽、复杂，就会分散观众注意力，使观众注意力无法集中在嘉宾身上，这不仅无法良好地展现节目效果，推进节目进程，还会适得其反。

《蚂蚁窝》的舞台设计丰富多元，但每一个空间都有其作用。舞台由左至右依次为嘉宾入场口、大舞台、访谈区和小舞台。大舞台以LED屏幕作为背景，在访谈区嘉宾位置的背后也放有液晶屏幕，舞台整体面向观众，各空间功能分区明确，色彩搭配十分和谐。

图7 节目的舞台设计（图片来自《蚂蚁窝》官方网站）

每期节目开始后，主持人在小舞台上与节目的魔术师和科学家一起跟着节目主题曲舞蹈，之后主持人走到大舞台上，配合身后LED屏幕介绍本期嘉宾，介绍完毕，嘉宾从左侧入场与主持人汇合，简短寒暄后，共同走到访谈桌前开始访谈。访谈桌背后放置摩天大楼的模型，使画面除人物外，还有丰富的背景填充，既不单调，也非常具有现代感。

3.灯光

节目的灯光设计并不十分复杂，以蓝色和黄色光为主，呼应整个舞台的颜色。除了面光、氛围灯光等基本要素外，在大屏幕上方有六个光束灯，在访谈桌后面有四个光束灯，这些光束灯在嘉宾入场、播放视频等环节扫动，在主持人介绍嘉宾和访谈开始后停止扫动，为舞台营造了动感欢快的氛围。

图8　节目的灯光设计（图片来自《蚂蚁窝》官方网站）

4.材质

节目场景空间的设计应该按照节目的性质和定位采用不同的材料来表现不同的风格。《蚂蚁窝》的舞台地面、天花板、访谈桌均采用具有现代感的人工材料，并且访谈桌和其上方的天花板使用同样的材料，既有整体性，也将观众的视线集中在处于画面中间位置的主持人和嘉宾身上。

总的来说，该节目舞台设计精致，功能分区合理，现代感十足，没有过度运用现代科技手段，让观众眼花缭乱，而是恰到好处，既符合访谈节目的基本属性，将观众注意力集中在主持人和嘉宾身上，也体现了节目的娱乐属性。整体设计不单调，十分活泼，整体感强。

四、节目分析

1.不断创新，与众不同

在电视节目层出不穷的时代，在网络新媒体不断冲击的背景下，如何保持电视节目的竞争力，使其长盛不衰，是电视节目要考虑的首要问题。创新是一个节目成功的永恒的动力。在现如今的时代中，任何事物不变则死，只有不断地适应环境的变化，不断地注入新鲜的血液才能跟上时代的变化。

《蚂蚁窝》在节目形式上与其他访谈节目有很多不同之处。首先，除了节目主持人外，还有巴兰卡和特兰卡两个蚂蚁玩偶向嘉宾提问，参与节目各个环节。这两只蚂蚁是节目最重要的组成部分之一，节目也因这两只蚂蚁而得名。

图9　节目的两只蚂蚁玩偶（图片来自《蚂蚁窝》官方网站）

两只蚂蚁不光是节目的“吉祥物”，而且在节目中实际上担任了助理主持人（co-host）的角色，推进节目程序，调节节目气氛，让观众更加全面地了解嘉宾。两只玩偶可爱的造型和犀利提问形成反差，产生戏剧效果，让人忍俊不禁。

在西班牙首相马利亚诺·拉霍伊做客节目时，主持人就即将到来的竞选、政府腐败、西班牙经济危机、养老金即将耗尽、社会就业率低、加泰罗尼亚地区独立倾向等西班牙面临的社会、经济、政治危机，与嘉宾进行了深入探讨。随后，两只蚂蚁出现，对拉霍伊进行提问，所提问题充满了幽默感，比如“首相办公室的专用电话到底是红色还是黑色的”，“刚刚入驻首相府的时候，晚上醒来是否会不知道自己在哪儿”，“在你和你的夫人吵架时，有没有最后说我是国家首相，所以我说的是对的”等无厘头问题。这些问题不仅表现了嘉宾生活化的一面，而且调节了之前严肃紧张的气氛，让观众的情绪得到放松，嘉宾幽默、机智的一面也得到充分展现。

在采访演员明星时，主持人访谈环节后，两只蚂蚁出场，与嘉宾调侃时事、做游戏，游戏围绕嘉宾的工作领域或者最新作品而设计。如在采访《速度与激情》的主演范·迪塞尔一期中，游戏的内容是让嘉宾观看两个画面，一个是真实物体，另一个是3D立体画，画的主题是与汽车相关的物体，让嘉宾判断哪一个才是真实物体。两只蚂蚁在节目中分担了主持人的工作，为节目增添了娱乐性，同时丰富了访谈内容，调节了节目气氛。

2.访谈结合综艺，多种元素有机结合

《蚂蚁窝》在环节设计上也充满新意，每期节目主要包含主持人访谈、蚂蚁访谈、魔术表演、科学实验等环节，并且还会根据嘉宾擅长的领域增添其他内容。

图10　魔术表演和科学实验环节（图片来源于《蚂蚁窝》官网）

魔术表演和科学实验两个环节和访谈有机结合，通过节目主题贯穿起来。比如当汤姆·克鲁兹到节目宣传其即将上映的科幻电影时，节目设计了预测未来的魔术，魔术师提前猜测出嘉宾即将选取的纸牌；在采访美国作家丹·布朗一期中，魔术师用他的新作品作为道具变魔术，丹·布朗把书拿在手里，想象自己撕下一页，随后魔术师打开快递员送来的信封，里面正是作家想象撕下来的一页；在采访汤姆·赫兰德时，节目设计了蜘蛛网魔术，通过蜘蛛网抓住从魔术师手中快速飞出的纸牌，而这正是嘉宾之前随机选中的一张；在范·迪塞尔作为嘉宾的节目中，魔术环节以《速度与激情》为主题做了精巧的魔术道具，既做了魔术表演，又为嘉宾及其新作做了宣传。

节目中的科学实验也是如此，让嘉宾参与实验过程，同时向观众普及科学知识，介绍最新科学应用成果，寓教于乐，增强节目的互动性、趣味性、知识性。如在采访法国服装设计大师、爱马仕前设计总监让-保罗·高缇耶一期中，科学家向嘉宾展示了由日本和美国联合开发的可以不停变换颜色的新型材料，并制作成连衣裙，通过模特的现场展示，向嘉宾和观众介绍了该产品的研发人员以及科学原理。

图11　主持人采访让-保罗·高缇耶（图片来自《蚂蚁窝》官方网站）

在嘉宾及相关主题的引导和贯穿下，节目各个环节有机结合，不仅从观众的心理需求出发，满足观众的好奇心，通过娱乐释放压力，而且通过科学实验向观众介绍新发明、新科技，有一定的科普意义。单独的魔术或者科普节目可能很难吸引观众长时间的关注，但是当这些元素与明星访谈结合在一起的时候，却产生了很好的效果。

3.走出西班牙，拓展国际平台

《蚂蚁窝》十几年的播出历史、独特的节目形式、众多的国际明星、西班牙语的语言优势为节目吸引了大批的海外粉丝，而且该节目非常适合全家一起观看，不同年龄段的家庭成员都能从中找到自己的兴趣点，这些是《蚂蚁窝》能在全球推广的关键因素。

《蚂蚁窝》还有个特别节目叫作《蚂蚁窝“旅行者”》，每期特别节目录制之前，节目组会在预先选定的场地重现节目现场布置，魔术师、科学家、两只蚂蚁玩偶也都悉数登场，保持了节目一贯的风格、元素以及流程，强化了节目的品牌形象。

特别节目在伦敦、巴黎等地进行过拍摄，参加过特别节目的嘉宾有威尔·史密斯、汤姆·汉克斯、休·杰克曼、汤姆·克鲁兹、妮可·基德曼等国际巨星。在海外录制时，节目组还会邀请当地的电视公司员工到现场观看节目，向他们进行直观的介绍，寻找合作或授权机会。

五、可借鉴性与反思

近年来，我国真人秀、选秀节目层出不穷，占据了观众大量的休闲娱乐时间，视频网站、社交平台等网络媒介异军突起，传统电视访谈节目的生存空间不断受到挤压，许多国内曾经颇有口碑和人气的访谈节目陆续停播，电视访谈节目陷入困境。

《蚂蚁窝》的个性风格突出，节目氛围轻松自由，与国内许多访谈节目讲述嘉宾人生道路不同，该节目主要是片段式的访问——与嘉宾谈谈最近的工作情况、宣传最新的作品等，节奏轻快，不讲大道理，让在现实生活中充满压力的观众，通过节目得到精神上的放松。

另外，与许多访谈节目由主持人一人做主角，或者是另设一人作为副主持人适当辅助主持人把控现场不同，《蚂蚁窝》设计了两个蚂蚁玩偶来担任副主持人。一般的脱口秀中，副主持人往往是主持人调侃的对象，但在该节目中，这一关系正好相反，两只蚂蚁经常会提问、调侃主持人，让主持人与嘉宾处于对话中的相同地位，营造了有趣的交流氛围。二者的互动也形成良好的互补，对于推动节目进程、营造轻松氛围和打造幽默效果起到关键的作用。同时，由两只蚂蚁玩偶担任副主持人，既节约了人工成本，也轻松化解了向嘉宾提问一些软性问题的尴尬，充满了幽默感。

目前我们看到许多有教育意义的科普节目并不十分受观众的欢迎，而《蚂蚁窝》将单口喜剧、名人访谈、科学实验、魔术表演等往往能自成节目的不同内容结合起来，通过嘉宾的参与贯穿节目始终，不仅娱乐了嘉宾和观众，也让节目有了科普和探索前沿科技的教育意义。

《蚂蚁窝》还擅于充分运用不同的传播媒介来扩大自己的影响。节目不仅在固定时间、固定频道播出，而且还在节目官网发布每期节目的视频，实现了不同媒介之间的相互补充。另外，该节目在Twitter、Facebook、Tuenti（西班牙网络社交平台）等社交平台上也开通了官方账户，通过这些平台实现了节目与观众的直接互动。

该节目走出国门，登上国际舞台也是值得中国电视节目借鉴的地方。中国电视节目可以通过邀请国际明星、到海外录制节目、邀请国外电视公司观摩等方式提高节目的海外竞争力，拓展我国电视节目的海外市场，提升中国文化在世界范围内的影响力。

（牛慧清　王瀚生）

如挚友般畅谈

——《欢迎来我家》

一、节目概况

节目名称：Micasa es la tuya
中文名称：《欢迎来我家》
发行地区：西班牙
播出频道：TELECINCO
首播时间：2015年9月
播出时间：每周三晚 22：30
单集时长：70—120分钟
节目类型：访谈型谈话节目

图1　栏目LOGO（图片来自谷歌）

《欢迎来我家》是西班牙电视台TELECINCO的一档谈话真人秀节目，其前身为西班牙国家电视台TVE1于2015年9月开播的《我家或你家》。新颖的场景设置、轻松的访谈话题、备受观众喜爱的主持人及话题性极强的受邀嘉宾让节目广受好评，在播出后的短时间内便收获大量关注，成为当地社交网络上的现象级节目，之后更是一路收视长虹，单期收视人数最高超408万人次，占比24.5%，成为西班牙具有代表性的综艺节目之一。[①]2016年，主持人贝尔丁与TVE1在节目制作理念上意见相左，离开TVE1，其节目制作公司Proamagna在协商无果后决定随主持人一起转战TELECINCO，在基本保留原有形式的基础上将节目进行部分改版，节目拍摄场地从之前的主持人或嘉宾家中二选一改为全部到嘉宾家中取景，并由此更名为《欢迎来我家》。新节目自2016年4月25日起至今已播出十季。

与新闻时政类或专业话题类谈话节目不同，《欢迎来我家》播出时间为每周三晚。它将“让观众放下工作，在家中与名人如挚友般畅聊”作为节目定位，话题轻松随意，贴近生活，以挖掘采访对象的人生经历、情感生活及其背后不为人知的故事为主要内容。节目每期邀请一名主嘉宾及其一到两位亲友共同分享人生。嘉宾以西班牙音乐、影视等娱乐圈一线艺人为主，以及政治、体育、传媒等行业名人，如曾邀请到西班牙首相马里亚诺·拉霍伊及社会工人党领袖佩德罗·苏亚雷斯等政界名人。各行业名人在节目中离开镁光灯，如普通人一般与主持人在自家花园、客厅、餐厅甚至厨房谈天说地，分享家长里短，令观众备感亲切的同时又满足了他们探知名人个人生活的好奇心，迎合了西班牙人际关系亲密、热爱八卦、好奇心强的社会文化特点。

二、板块设计

节目每集时长为120分钟左右，各板块划分及时长根据具体受邀嘉宾而变化，但基本由以下几个部分组成：介绍嘉宾的片头短片及本期节目预告、嘉宾及主持人正式会面前各自的准备工作、主持人与主嘉宾一对一访谈、主嘉宾带领主持人参观房子、主持人与主嘉宾及其亲友一对多访谈、共同烹饪并共同用餐、餐前或餐后小游戏、片尾整期节目回顾及下期节目短片预告。节目结构完整，内容形式多样，并会根据嘉宾的不同情况自由排列组合或进行创新，因此，尽管120分钟对于访谈节目来说略长，但并不会让观众因无聊而失去兴趣。

下面以2017年9月7日对西班牙冒险家赫苏斯·卡也哈的访谈这期节目[②]为例进行具体的板块设计分析。这一期节目几乎涵盖所有上文提到的板块，同时节目内容安排规

① 来自维基百科：https: //es. wikipedia. org/wiki/Mi_casa_es_la_tuya。

② 节目视频网址：https: //www. youtube. com/results?search_query=Mi+casa+es+la+tuya。

整，十分有代表性。

表1 节目板块内容详解

总时长	板块时长	具体内容	形式
3分03秒	3分03秒	嘉宾简介，结合本期节目预告	短片+背景音乐
3分56秒	0分53秒	节目片头短片，以一个明亮整洁的房子中的各个区域为画面 【字幕】主持人、节目组及出品公司等信息	短片
16分20秒	12分24秒	主持人及嘉宾各自进行会面前的准备工作 主持人驱车前往嘉宾家中，其间与其弟弟谈论本期嘉宾 嘉宾和他的团队商讨将在节目中带主持人体验的极限运动，其间穿插嘉宾之前参与极限运动的影像资料 【字幕】谈话主题+出场人员介绍+嘉宾家的位置介绍	双方现场画面（近景）+短片
18分17秒	1分57秒	主持人经过迷路、连线、重新上路的过程后最终到达嘉宾家中，双方相遇。之后用嘉宾照片、本期节目片段、嘉宾家中部分区域展示组成的短片与正式采访衔接 【无字幕】	现场画面+短片+主持人与嘉宾交流（远景、中景切换）+背景音乐
23分14秒	4分57秒	进入一对一采访板块，主持人从嘉宾的童年切入提问，嘉宾讲述家庭、童年趣闻及童年时便热爱冒险的经历，引出与极限运动的不解之缘。以嘉宾童年照片及家中区域展示组成的短片衔接下一话题 【无字幕】	现场画面+主持人与嘉宾交流+短片+背景音乐
30分14秒	7分00秒	嘉宾继续讲述青年时期的人生趣闻及冒险初期经历。其间嘉宾着重讲述了其曾继承父母事业成为理发师的经历，表示自己对发型要求一直很严格，此时插入节目后段主持人为嘉宾理发的短片，形成对比，搞笑幽默，吸引观众注意力，为后段进行铺垫 以嘉宾青年时期的照片及家中区域展示组成的短片衔接下一话题 【插入视频】青年时期的影像资料，曾任职公司的上司及客户对其工作表现的回忆与评价 【字幕】视频中的人物介绍及嘉宾初期冒险经历的影像资料的辅助介绍	现场画面+主持人与嘉宾交流+短片
40分28秒	10分14秒	主持人引入下一个话题，即曾以该嘉宾为主要人物拍摄的极限运动真人秀节目，嘉宾讲述节目背后的趣闻及其从事极限运动项目的初衷 以嘉宾该阶段照片及家中区域展示组成的短片衔接下一话题 【插入视频】该真人秀节目制作人的回忆及评价，真人秀片段 【字幕】视频中的人物介绍及真人秀文字介绍	现场画面+主持人与嘉宾交流+短片+背景音乐

续表

总时长	板块时长	具体内容	形式
47分03秒	6分35秒	主持人提起嘉宾在极限运动中的摄影师同伴，嘉宾讲述二人合作经历。之后主持人将话题转到嘉宾主持的第二档极限运动真人秀节目上 以真人秀片段短片衔接下一话题 【插入视频】摄影师同伴讲述其同行经历及其对嘉宾的评价，嘉宾的其他好友对其真人秀节目及个人的评价，真人秀片段 【字幕】视频中的人物介绍，真人秀文字介绍	现场画面+主持人与嘉宾交流+短片+背景音乐
58分12秒	11分09秒	主持人由嘉宾时常四处冒险、居无定所引入其亚裔养子的话题。嘉宾讲述领养背后的故事，及其与养子从陌生到共同成长，亦父亦友的心路历程，同时还讲述了他为了遵循养子出生地传统，为其上门提亲，而在当地“假结婚”的轶事 一对一谈话板块结束，再次以照片与家中区域展示相结合的方式衔接下一板块 【插入视频】嘉宾养子讲述与其的相处模式及对其的评价 【字幕】视频中的人物介绍	现场画面+主持人与嘉宾交流+照片回忆+短片+背景音乐
62分43秒	4分31秒	节目进入下一板块，嘉宾带领主持人在家中部分区域参观，如冒险纪念品收藏室、登山用品储藏室等代表性区域 参观板块结束，以照片及下一板块中镜头组合的方式衔接下一板块	现场画面+手持镜头持续运动拍摄（中景、远景）+背景音乐
76分18秒	13分35秒	包含烹饪及用餐两项内容的美食板块开始，主持人及嘉宾一边筹备食材，一边聊美食及嘉宾的好友，还谈起此前在真人秀中身处险境的经历 【插入视频】嘉宾好友们讲述与其相处的趣闻及真人秀影像资料 【字幕】视频中的人物介绍，真人秀文字介绍	现场画面+主持人与嘉宾交流+短片+背景音乐
78分57秒	2分39秒	美食及与亲友的一对多访谈这两个板块在本期节目中被结合在一起：嘉宾弟弟出镜，到厨房给主持人及嘉宾帮忙	现场画面+背景音乐
99分53秒	20分56秒	继续两大板块结合的模式。嘉宾的父母及养子出镜，同主持人、嘉宾及其弟弟一同用餐，讲述其与父母、养子之间的家庭关系，还提及另外几次遇险经历 美食及一对多访谈板块结束，以照片及下一板块中镜头组合的方式衔接下一板块 【插入视频】另外几次遇险经历，其好友的讲述 【字幕】视频中的人物介绍	现场画面+主持人与各位嘉宾自由交流+短片+背景音乐

续表

总时长	板块时长	具体内容	形式
106分50秒	6分57秒	下一板块开启。主持人与嘉宾在花园里进行抽积木游戏。双方每抽一块向对方发问一次，包括嘉宾对其职业的思考、主持人是否善妒等，游戏以主持人胜结束 以嘉宾照片组成的短片衔接下一项活动	现场画面+主持人与嘉宾交流+背景音乐
109分18秒	2分28秒	主持人试图为嘉宾理发，然而在嘉宾的持续“嫌弃”下失败，双方以拥抱结束这一板块	现场画面+主持人与嘉宾交流+背景音乐
111分07秒	1分49秒	短片回顾总结板块。在短片中，主持人以第一人称总结评价整期节目各板块。随后节目组为嘉宾绘制画像，节目结束	短片+背景音乐
113分14秒	2分07秒	下期节目预告	短片+背景音乐

三、 舞美设计

1.舞台设计

该节目的最大特色便是没有固定的演播室，没有华丽的舞台，主持人与被访者的聊天场景可以是名人家中任何一个角落：客厅的沙发上、花园的阳伞下、厨房的餐桌前，甚至是卧室的床上。观众可以在节目中深入名人家中最私密的区域，如可以看到著名歌手、主持人洛丽塔在起居室挂了戈雅的画，可以看到斗牛士赫苏林·德·乌布里克超六百公顷的大庄园，等等，这充分利用了观众的偷窥心理，激发出其对节目的兴趣。

图2　采访歌手组合“黑糖”，拍摄场景在床上（图片来自节目官网）

图3 采访足球名将伊克尔·卡西利亚斯及其女友，拍摄场景为厨房（图片来自节目官网）

2.道具设计

相框是每个家庭日常生活及家庭成员成长历程的记录者，在节目中被用来配合谈话内容，展现嘉宾的成长历程。这一安排精巧又符合节目主旨。

图4 采访西班牙政界新星阿尔韦特·里维拉，相框作为道具（图片来自节目官网）

3.灯光运用

基于其“宾至如归”的理念，节目在画面色调及光线效果的选择上以室外的明亮清新和室内的暖黄柔和为主，营造出温暖舒适的聊天氛围，完美地配合了节目的温馨基调。

图5　创作歌手安东尼奥·奥罗兹科家中，室内灯光温暖柔和（图片来自节目官网）

图6　帕斯·帕蒂亚家中花园，室外场景光以自然光为主，色调明亮清新（图片来自节目官网）

4.着装风格

节目中，主持人及嘉宾的着装风格以休闲、家居风为主，力求舒适、接地气。名人们脱下了西装、礼服，以休闲服、睡衣甚至浴袍出镜，而在厨房拍摄时，名人们还会穿上围裙，生活气息十分浓厚。从着装上将名人平民化，使节目整体风格舒适随和，符合节目定位。

图7　老牌演员阿图罗·费尔南德斯在卧室床上着浴袍出镜（图片来自节目官网）

图8 采访西班牙前首相何塞·玛丽亚·阿斯纳尔，其衣着休闲舒适（图片来自节目官网）

四、人员设计

1.主持人选择

选用贝尔丁·奥斯博内作为主持人被认为是该档节目成功的要素之一。作为知名主持人、歌手、演员，贝尔丁·奥斯博内已在西班牙娱乐圈活跃了40余年，从少年到中年，事业转型、结婚生子，他的一生几乎都在公众的目光下度过，事业生涯"黑点"甚少的他，社会知名度及观众好感度俱佳。在节目中，贝尔丁不仅以主持人的身份引导节目，而且也作为主要人物之一，将他的家庭、他的故事呈现给观众。他还会毫不避讳地同嘉宾们谈论各类私密的话题，这本身就极具话题性。此外，贝尔丁人脉资源丰富，与各界名人私交甚广，许多嘉宾是其多年好友，因此更容易取得嘉宾的信任，也更容易抓住每个嘉宾身上独有的关键信息点，令节目内容更加精彩，吸引眼球。

贝尔丁聊天时的语言运用也十分巧妙。在整个聊天过程中，他真诚、温和、风趣，善于使用平实、简单易懂的语言贴近观众。来自西班牙南部安达卢西亚地区的贝尔丁自带南部口音，但在节目中他毫不避讳这种听起来略引人发笑的口音，反而将其当成幽默的武器，真实又率性，令其在众多严肃、不苟言笑的主持人中脱颖而出。他懂得用语言贴近受访者，如在同西班牙著名足球门将伊克尔·卡西利亚斯的访谈中，他坐定后的第一句便是："说真的，我期待和你聊天已经好久了，今天一来，你家果然不错。"一下子就拉近了同伊克尔的距离。接下来他从伊克尔的童年谈起，再谈到其加入皇马，而后三度征战世界杯的经历，循序渐进地把嘉宾带入谈话的状态。在谈话的过程中，他从不评判嘉宾的回答，而是不断向其传递肯定、赞同的信号，引导嘉宾卸下心理防备，毫无保留地对其吐露秘密，讲述一个个鲜为人知的故事，展现出从未在大众面前呈现过的一面，在引发起观众心理共鸣的同时也吸引了观众对节目的关注。

图9 主持人贝尔丁·奥斯博内（图片来自节目官网）

2.嘉宾选择

节目的嘉宾选择范畴十分广泛，在节目中可以看到包括意大利知名歌手劳拉·普西妮、斗牛士弗朗西斯科·里维拉、演员安东尼奥·班德拉斯在内的音乐、影视戏剧、时尚、体育、传媒界名流，甚至还有西班牙前首相拉霍伊、马德里前任市长埃斯佩兰萨·阿吉雷、堪塔布里亚大区区长雷维亚等各路精英政客。他们纷纷在节目中向贝尔丁敞开自家大门，并在节目中度过一段十分美妙的时光。当然嘉宾名单中也不乏一些并没有太多实际成就，只是依靠绯闻、出格言行而常年活跃在各类八卦杂志上的“名人”，但整体来说，嘉宾的知名度及话题度是选择的标准，这样才对观众有足够的吸引力。节目无论是因好评还是因争议，都在观众中长期保持较高的曝光度，这对于节目提高收视份额大有裨益。

图10 采访西班牙首相马里亚诺·拉霍伊（图片来自节目官网）

五、节目分析与可借鉴性

1.打破传统访谈的空间限制，革新谈话节目表现形态

《欢迎来我家》以到明星家中访谈的新颖形式革新了传统的名人访谈栏目，完成了传统访谈节目的转型。以往的访谈节目常常经过精心布局、反复修饰，广告硬照都是经过化妆师专业造型、后期PS多个步骤生产出的“完美作品”，以迎合名人在大众心中固有的“人设”形象。然而《欢迎来我家》拨开笼罩在明星身上的光环，以近乎真人秀的模式将其置于近乎透明的日常生活中，并充分利用这一条件，挖掘出名人浮华光彩的背后简单平实的一面，为观众还原了真实、丰满、立体的人物形象。

同时，节目还打破了传统访谈节目“僵坐演播室”的静态模式，将其变为即时、动态的互动模式。没有固定的舞台，没有专业的打光道具，摄像机的存在几乎令人察觉不到，在受访者熟悉的环境中进行访谈无意间提升了其主观能动性，使受访者能更加放松主动地以主人的姿态事无巨细地展示自己，表达自己的想法和态度。而在这样的模式下，受访者周围的环境也得以展现，且往往在不经意间传递、透露出在演播室中根本挖掘不到的真实信息。

2.受众分析准确，充分迎合目标观众需求

与许多欧洲国家不同，西班牙人十分健谈，同时社会人际关系又十分亲密，这种高强度、密集的人际交往带给西班牙人一种十分独特的社会风气——爱聊八卦。在西班牙有大量杂志、网站专以窥探、报道名人隐私为生，这类被称为“粉红新闻”的报刊从专业的角度来说内容低俗无聊，且有侵犯个人隐私的嫌疑，但却为热爱聊天的西班牙人提供了源源不断的话题，因而多年以来始终畅销不衰。《欢迎来我家》正是迎合了西班牙人这一特点，让镜头带领观众光明正大地深入明星家中，挖掘隐藏在其个人生活中的秘密。偶像歌手阿尔伯兰的初夜年龄、热门脱口秀主持人混乱不羁的青春期……这些从未被披露的名人私生活在节目中被毫无保留地揭露出来，充分满足了目标观众窥探名人隐私的好奇心，令其欲罢不能。

此外，每周三晚播出的《欢迎来我家》还敏锐地捕捉到与其同时段播出的其他节目的互补观众，即65岁及以上的老年人群。[①]与同期播出的相亲真人秀《亚当与夏娃》、喜剧综艺节目*B&b*、节奏紧张的《厨王争霸》相比，《欢迎来我家》没有过分的喧嚣与嘈杂感，脱离了千篇一律的狗血剧本套路，以安静温和的形式为老年人提供了一档轻松愉悦

① TERAN B.贝尔丁在TVE节目里大获成功的七条秘密[EB/OL]（2015-09-24）[2020-11-29].http: //blogs.lainformacion. com/telediaria/2015/09/24/las-7-razones-del-inesperado-exito-del-programa-de-bertin-osborne-en-tve/.

又真实动人的访谈节目，成功收获了这一年龄层观众的收视份额。

3.主持人本身即话题焦点，与嘉宾互动配合，效果加倍

传统访谈节目往往通过采访者的提问和被采访者的回答，尽量真实地还原被采访者的人生及性格特点，达到“知人”的目的，从而满足观众对明星的好奇心。所以在大多数情况下，被采访者是整个节目的焦点，是观众感兴趣的对象，而采访者往往被忽略。然而在这档节目中，主持人贝尔丁本人的话题度就足够吸引观众，在访谈过程中，他也并非只局限于“提问者”的角色，而是根据不同话题，分享自己的生活经历、个人观点，从而成为与被采访者同样重要的角色。采访者与被采访者之间形成了“你来我往”的沟通交流，在打破传统的“提问—应答”的刻板模式的同时，也给观众提供了同时探寻两位甚至三位名人的生活的机会，放大了节目效果。

4.节目注重细节，充分利用各种元素调动多种感官

除了节目形式、主持人、嘉宾配置这些条件之外，节目组还十分重视各种细节的处理，其中最令人称赞的是音乐在节目中的运用。根据上传在节目官方网站上的歌单，每期节目大约要使用25首左右的歌曲作为配乐。节目组十分巧妙地选择了许多当红单曲的轻柔翻唱或吉他弹唱版本，在配合节目温馨放松基调的同时，利用这些观众熟知的流行音乐拉近同观众的距离。优秀的配乐成为每期节目在社交网络上最受关注和好评的元素之一。

节目的另一大特色则是西班牙人最为热爱的“美食”。“民以食为天”，不仅适用于美食文化博大精深的中国，而且也适用于农产极其丰富的西班牙，“美食待客”从来都是热情的西班牙人的第一准则。节目正是利用了这一传统，将西班牙特色美食融入了访谈节目。演员安东尼奥·班德拉的西班牙海鲜饭、马德里前任女市长埃斯佩兰萨·阿吉雷的火腿饭、女歌手玛露的墨西哥烤肉卷……从食材准备到出锅摆盘，一道道令人垂涎欲滴的美食就在主持人与嘉宾的聊天中新鲜出炉。一般来说，传统访谈节目只能通过画面及对话、配乐调动观众的视觉及听觉，嗅觉、味觉及触觉由于传播媒介的限制而得不到满足。然而《欢迎来我家》却通过美食元素的加入尽可能地为观众营造出嗅觉、味觉的真实感，同时最大化地还原了西班牙人的待客之道，呼应了节目名字，模拟出真实的“与挚友在家中畅谈”的氛围。而看“出了名的厨艺差”的主持人贝尔丁如何在厨房插科打诨，试图为嘉宾打下手却又笨拙得令人发笑则为节目增加了幽默感，这一桥段甚至成为每期节目中观众最期待的部分，从而帮助节目提高了收视率。

图11　贝尔丁与西班牙公民党领袖阿尔贝特·里维拉在厨房烹饪
（图片来自节目官网）

《欢迎来我家》通过对配乐及美食元素的运用精巧地为观众构建起多元、丰满、动人的感官体验，为节目贴上独特亮眼的标签，对于引发观众的情感共鸣大有裨益。

诚然，电视节目为了实现大众化的传播而迎合观众的收视心理，本无可厚非，《欢迎来我家》有时为了吸引眼球选择话题嘉宾的做法，虽然可以获取一时的高收视率，最终却会有损节目传播正能量的价值诉求。因此，如何在满足观众的收视期待与实现节目诉求中寻求平衡，是这档节目未来不得不时刻警醒的问题。

（牛慧清　刘书润）

英国

英式幽默下的明星访谈

——《格拉汉姆·诺顿秀》

图1　节目LOGO(图片来自wikipidia)

一、节目概况

节目名称: The Graham Norton Show

中文名称:《格拉汉姆·诺顿秀》

发行地区: 英国

播出频道: BBC一台

首播时间: 2007年2月22日

播出时间: 周五晚10: 35

单集时长: 45分钟左右

节目类型: 脱口秀

荣　　誉: 2012年获英国国家电视奖(National Television Awards)最佳脱口秀奖, 2015年获英国电影和电视艺术学院电视类奖(BAFTA TV Award)最佳喜剧节目奖

《格拉汉姆·诺顿秀》(*The Graham Norton Show*, 以下简称《诺顿秀》)是由英国BBC播出的周播类人物访谈节目, 2007年2月开始在BBC二台首次播出, 2009年10月开始移至BBC一台播出, 至今已经播出27季。节目由格拉汉姆·诺顿主持, 每期节目的总时长为45分钟左右。

作为节目的核心人物, 主持人格拉汉姆·诺顿也是一名喜剧演员, 他擅长以闲谈(small talk)的方式迅速拉近与来宾的距离, 加之贯穿节目始终的英式冷幽默, 使这档访谈节目以独有的喜剧风格, 多年来始终受到英国乃至全世界观众的喜爱。英国《每日邮报》曾评价这档节目为“国家宝藏”。

《诺顿秀》每期通常会邀请2到4位嘉宾，嘉宾多为公众人物，例如影视明星和音乐人等。节目在访谈中，还会穿插音乐人表演环节，表演结束后，格拉汉姆也会对表演嘉宾进行简单轻松的访谈。

为增加与观众的互动，《诺顿秀》还有一个招牌的“红椅”（The Red Chair）环节，这一环节通常被安排在节目的最后。每期节目会从事先报名的观众中挑选两位，坐在节目特制的红椅上，分享自己生活中的笑料趣事，如果格拉汉姆或他的来宾觉得故事不够精彩，就可以拉下嘉宾席旁的拉杆，使红椅向后翻倒，坐在上面的人就会跌得四脚朝天；如果主持人和嘉宾都认为这是个有趣的故事，坐在椅子上的人就能安全通过。

图2　红椅环节（图片来自bilibili）

凭借《诺顿秀》，主持人格拉汉姆先后于2011年、2012年、2013年及2015年获得英国学术电视奖最佳娱乐表演奖（British Academy Television Awards Best Entertainment Performance）。

作为一档连续播出超过十年的节目，《诺顿秀》无疑在影视圈拥有举足轻重的地位，来《诺顿秀》的演播室成了各路明星宣发作品的最佳选择，当然前提是你得足够大牌。

二、板块设计

以《诺顿秀》第20季第12集这期节目为例①，该集请到著名演员威尔·史密斯（Will Smith）、海伦·米伦（Helen Mirren）、娜奥米·哈里斯（Naomie Harris）、马丁·弗里曼（Martin Freeman），以及歌手凯蒂·玛露（Katie Melua），他们来到节目现场宣传各自新作。同时，由于播出时间处于圣诞季，因此节目话题多围绕圣诞节展开。

① 节目视频网址：http: //www. bilibili. com/video/av11204409/?from=search&seid=5926701163949121795。

表1 节目板块内容详解

总时长	板块时长	具体内容	形式
22秒	22秒	嘉宾一句话开场白后，画面转至观众，全场欢呼接开场动画	现场画面+同期声+音效+开场动画
58秒	36秒	主持人出场，介绍本场嘉宾	现场画面+同期声
1分38秒	40秒	主持人讲2—3个段子、趣事，配图片，介绍本期节目流程	现场画面+同期声+图片
2分50秒	1分12秒	介绍第一轮出场的三位嘉宾，嘉宾从后台进场，入座	现场画面+同期声
3分55秒	1分5秒	主持人与嘉宾开场闲聊	现场画面+同期声
11分30秒	7分25秒	主持人与嘉宾聊应季话题、个人故事（圣诞节）	现场画面+同期声
25分15秒	13分45秒	讨论新电影，嘉宾介绍自己的角色，播放电影相关片段，就电影话题展开互动	现场画面+同期声+小片
25分50秒	35秒	介绍第四位嘉宾入场	现场画面+同期声+新剧的图片
35分55秒	10分05秒	介绍第四位嘉宾的新作，四位嘉宾共同参与讨论	现场画面+同期声+小片
36分05秒	10秒	音乐人出场	现场画面+同期声
38分	1分55秒	音乐人表演	现场画面+同期声
38分30秒	30秒	邀请音乐人入场	现场画面+同期声
42分45秒	4分15秒	介绍音乐人，介绍宣传活动，五位嘉宾共同参与话题讨论	现场画面+同期声+图片
45分45秒	3分钟	红椅环节，两位普通人讲述故事，嘉宾共同参与	现场画面+同期声
46分30秒	45秒	主持人说结束语，感谢每一位嘉宾，下期预告，片尾字幕滚动	现场画面+同期声+片尾动画/字幕

三、舞美设计

《诺顿秀》最具标志性的视觉元素，无疑就是以橘红色为主色调的舞台设计，包括现场的沙发、茶几、背景灯光颜色，都以大面积的橘红色为主，特点非常鲜明。

1. 舞台形状

《诺顿秀》共有两个录制现场，第一现场就是主持人、嘉宾、观众所在的主现场，节目90%的内容都在这里录制。第一现场的舞台可以分为三个部分：主持人、嘉宾对谈所在的主舞台，主持人开场的圆形小舞台以及音乐人表演环节的侧边小舞台。三个舞台均采用圆形设计，主舞台和小舞台是一大一小两个部分重合的圆形，而表演用的侧边小舞台则是一个独立的圆形舞台。三者都可以独立使用，中间的圆形小舞台也可作为音乐人结束表演后到主舞台就座的过渡地带，避免在主持人寒暄时舞台过分拥挤或遮挡其他已入座的嘉宾。

图3　主舞台（图片来自YouTube）

图4　用于表演环节的侧边小舞台（图片来自YouTube）

除第一现场外，节目颇具特色的红椅环节被安排在了第二现场，受邀观众坐在特制的红色沙发椅上，面对镜头，而第二现场的画面会出现在主持人身后的显示屏上。

图5　连通第二现场（图片来自bilibili）

2.舞台灯光

舞台采用可变灯光，整体呈暖色调。开场时会采用蓝紫色灯光，嘉宾入座后，慢慢变化到标志性的橘红色。在音乐人表演环节，现场灯光颜色会根据表演内容转换成不同的颜色。

3.舞台道具

在主持人与嘉宾对谈的主舞台，左侧是一把主持人专用的黑色旋转椅，右侧是红色环形沙发，圆弧中心是红色圆形茶几，茶几对着观众席的前半部分放了装饰性花束，靠近嘉宾的部分，是为每位嘉宾准备的水杯或咖啡杯。

主持人身后的显示屏在节目中也发挥着重要作用，在多数时间里，这里显示的是《诺顿秀》的Logo，作为主持人特写镜头的背景，而在红椅环节，这里就成了第一现场与第二现场的连接通道。此外，在主持人需要使用配图或小片与现场观众、嘉宾互动时，这个显示屏就成了现场的展示平台。

图6　主持人身后的屏幕（图片来自YouTube）

四、主持人设计

对于一档喜剧类脱口秀节目来说，主持人是至关重要的一环，格拉汉姆·诺顿本人就是一名喜剧演员，“幽默”“讽刺”成为他主持的节目的标签。这档出自BBC的谈话节目，由主持人诺顿奠定了节目的英国属性，以区别于像《艾伦秀》《柯南秀》这样的美式访谈节目。

同样属于英语圈，英式幽默与美式幽默的区别在于，英式幽默更为委婉，美式幽默更为直接。英国人表达幽默的重要方式是“自黑”和拐弯抹角的讽刺，面部表情比较克制，而美式幽默则常通过夸张的方法来获得直接的“笑果”。在《诺顿秀》中，虽然场面轻松幽默，但我们很少看到主持人通过非常夸张的肢体或表情来达到节目效果，而是通过语言上的或讽刺或自嘲或调侃来实现。

另一个带有明显英式特点的是主持人诺顿最为擅长的闲聊。所谓的“闲聊”，是指双方见面后互相寒暄，话题非常细小，但能够迅速拉近双方的距离。以《诺顿秀》第12季第20期为例，主持人在欢迎三位嘉宾入场并就座后，展开的第一个话题就是与三人的欢迎拥抱。先是嘉宾威尔·史密斯提到另一位女嘉宾海伦·米伦在后台提前练习欢迎拥抱，之后主持人就分享了和三人拥抱的体验，还一本正经地区分了“男式拥抱”和“女式拥抱”。这些看似细小甚至无聊的话题，恰恰是英式聊天的精华所在。同样，在节目后半段邀请音乐人入座后，诺顿选择的第一个话题是请嘉宾简单介绍自己的家乡，这也是一个常用的闲聊话题。

五、节目分析

1.英式风格的黑色幽默

欧美脱口秀节目多数以主持人为品牌效应，以轻松幽默为风格基调，而《诺顿秀》之所以成为其中数一数二的节目，一个非常重要的因素是它的英国标签，幽默且内敛，好笑但并不夸张是英式幽默区别于美式幽默的重要特点，很多习惯于好莱坞模式的美国嘉宾，身处《诺顿秀》的舞台时，也会克制自己惯常的夸张肢体动作和面部表情，做个幽默而优雅的“英国绅士”。

2.话题设置贴近生活

在嘉宾的选择上，作为一档全球热门的节目，《诺顿秀》请到的嘉宾基本都是处在宣传期的一线艺人，而出现在红椅环节的则都是普通观众，他们所讲述的故事也都是普通人的日常生活，是一些非常细节化的故事。

虽然嘉宾多是欧美一线的大牌明星，但《诺顿秀》在节目中并不会刻意凸显嘉宾的“明星”特质，反而更愿意聊一些家长里短的话题。例如在示例的这期节目中，主持人在节目前半段花了将近七分半的时间与嘉宾讨论大家过圣诞节的习惯，这一话题显然与电影宣传毫无关系，几位嘉宾分享的也都是自己作为普通人的生活细节，如其中一位女嘉宾说自己家和父母家住在同一条街上，每次她都会穿着睡衣从家里走到父母家过圣诞，类似这样的毫无“偶像包袱”的小故事的分享，更能引起观众的共鸣。即使是谈到电影宣传的相关问题，在简单介绍完电影和自己的角色后，主持人与嘉宾讨论的也都是电影拍摄幕后的一些非常细小的话题，比如海伦·米伦在走红毯时绊了一下差点摔倒，或是讨论在《神探夏洛克》热播后，为什么没有人愿意为主演马丁·弗里曼做蜡像。拿明星开涮，拿自己开涮，《诺顿秀》就是以这样的方式营造轻松愉快的谈话氛围。

3.多人访谈中的平衡术

《诺顿秀》通常每期会邀请三到四位嘉宾，如何保证在一对多的情况下，让每位嘉宾都有话说，不被冷落，是考验主持人控场能力的关键点。通常的做法是：诺顿在抛出一个话题后，健谈活跃的嘉宾会主动接过话题，之后诺顿会适时地访谈没有接话的嘉宾：“你有类似的经历吗？”“你当时是如何反应的？”以此来平衡三人的回答时间，不至于让来到演播室的嘉宾觉得受到冷落。

《诺顿秀》中的嘉宾常常不是一个团队的，而是几个独立的艺人。以示例节目来看，现场的五位嘉宾中有三位为同一部电影宣传，一位宣传电视剧，一位音乐人宣传自己的巡回演出。将五位不同领域的艺人放在一起，且对他们同时进行访问，也同样考验节目主持人的主持能力。《诺顿秀》对于宣发的话题可以说是非常克制的，通常在一个与宣发相关的话题后，会选择一个与其他嘉宾也有相关性的话题来共同讨论。例如音乐人在分享自己的巡回演出经历后，提到自己到伦敦的杜莎夫人蜡像馆参观，之后主持人就自然而然地将话题引到了几位明星的蜡像上，让大家都加入讨论中。

六、 可借鉴性

以《诺顿秀》为代表的多数欧美访谈节目，都带有主持人鲜明的个人风格。格拉汉姆·诺顿本身就是一位喜剧演员，加上他独有的英式冷幽默和讽刺风格，自然确立了节目喜剧性的风格定位。而成就一档以主持人为品牌的谈话节目，主持人的魅力与风格是决定性因素。

1.选择主持人

（1）主持人本身需要有一定的公众知名度和品牌号召力

国内传统的访谈节目会从已有的主持人队伍中挑选，主持人的可替代性非常强，我们常会看到一档节目播出数年，主持人换了好几轮，因为对于这些节目来说，主持人的品牌价值并不大，节目本身才是品牌价值所在。而对于像《诺顿秀》这样的节目来说，一旦主持人离开，这档节目的质量就会大打折扣，甚至停播。对于原先就具有一定知名度的主持人来说，他在观众印象中已经有了一个“标签”，如果节目能善用主持人原有的“标签”，将它移植到节目上，那就远比从头打造节目个性特点要容易得多，同时也简化了培育观众的过程。

（2）主持人需有鲜明的个人风格

在传统的访谈节目中，为了营造一团和气的谈话氛围，主持人经常隐藏个性，而在类似《诺顿秀》这样的谈话节目中，主持人的个性则表现得非常鲜明。如前文提到的，主持人的风格在某种意义上就是节目的风格，主持人需感染节目嘉宾，引导嘉宾进入节目情境中，一个隐藏个人风格的主持人很难提升个人品牌影响力。

2.精心设计话题

虽说访谈节目非常考验主持人的临场反应能力，但提前设计话题可以保证节目在可掌控的范围内进行。分析《诺顿秀》可以发现，在一期45分钟的节目中，主持人设置的话题其实并不多。在四至五位嘉宾的节目里，主持人抛出的问题基本控制在八个以内。主持人与嘉宾的谈话，不是直接的你问我答，而是引导嘉宾说故事、分享经历、共同讨论。比如在几位嘉宾分享自己宣传活动的趣事时，主持人说：“我每次走红毯都很小心，但是海伦，你到底是怎么回事，现在满世界都在传这张照片。”他身后的显示屏也放出海伦在走红毯时被绊倒的照片，之后海伦就很自然地接过话题说自己当时有多尴尬，其他嘉宾也会分享当天的故事。

3.给观众以存在感

在节目中，除了以现场观众的画面开场之外，在正式的访谈环节开始后，节目从不切入现场观众画面，但观众在节目中的存在感始终非常强，其中一个原因是欧美节目习惯将观众现场笑声适时加入节目中；另一个原因是，虽然观众不出现在镜头中，但嘉宾会有意识地和观众有眼神接触，用一些细微的眼神或动作和观众互动，保证了观众在节目中的参与感。

图7 主持人开场镜头反打观众(图片来自bilibili)

除了精彩的访谈环节外，安排在第二现场的红椅环节也是节目的一个亮点。为了破除嘉宾与观众面对面的尴尬，两位受邀观众坐在特制的红椅上，分享自己生活中的笑料趣事，这些镜头会即时切到第一现场主持人面前的电子屏上。如果主持人和嘉宾觉得故事不够精彩，嘉宾席旁的拉杆就会被拉下，红椅被掀翻，反之则可以顺利通关。

红椅环节不仅给节目带来了笑料，也增强了节目与观众的互动。同时，第二现场的引进，扩宽了演播室的空间，给电视机前的观众带来更多的期待。

（牛慧清　董思忆）

多元与本土碰撞下的文化名片

——《乔纳森·罗斯秀》

一、节目概况

节目名称：The Jonathan Ross Show
中文名称：《乔纳森·罗斯秀》
发行地区：英国
播出频道：英国独立电视台（Independent Television，ITV）
首播时间：2011年9月3日
播出时间：每周一晚12点
单集时长：约45分钟
节目类型：脱口秀

图1　节目LOGO（图片来自爱奇艺视频截图）

《乔纳森·罗斯秀》是英国的一个电视脱口秀节目，主持人是英国著名电视人乔纳森·罗斯（Jonathan Ross）。该节目于2011年9月3日在英国独立电视台首播，其前身是BBC One的《乔纳森·罗斯的周五夜》。

节目每期会邀请四至五名来自音乐、体育、影视等不同领域的嘉宾，节目主体为人物访谈，由主持人乔纳森·罗斯就嘉宾近况进行现场提问，双方在交流中积极互动，呈现出有趣的谈话效果。每组嘉宾的访谈时间约占整档节目总时长的三分之一，嘉宾之间也会有互动。节目一般以音乐表演的形式结束。

二、板块设计

以2016年5月31日一期节目①为例，本期节目共邀请五位嘉宾，分别是野外生存专家贝尔·格利尔斯、女歌手凯莉·米洛、播音员克莱尔·巴尔丁、电影演员伊桑·霍克和歌手詹姆斯·贝。主持人乔纳森·罗斯分别对前四位嘉宾在各自领域的经历进行采访，并宣传嘉宾们的新作品，最后以詹姆斯·贝的现场演唱结尾。

表1　节目板块内容详解

总时长	板块时长	具体内容	形式
0分10秒	0分10秒	节目片头	动画短片
1分36秒	1分26秒	主持人开场并介绍五位嘉宾	现场画面+音效（观众声）
3分50秒	2分14秒	乔纳森·罗斯个人脱口秀，谈论复活节相关话题	现场画面+音效（观众声）+播放图片（复活节兔子与儿童合影）
14分52秒	11分2秒	乔纳森·罗斯对野外生存专家贝尔·格利尔斯进行采访，询问贝尔在野外录制中如何应对风险，避免事故；同时宣传贝尔的新节目《贝尔的荒岛生存实验》	现场画面+音效（观众声）+播放图片（迈克·提多尔）
26分03秒	11分11秒	乔纳森·罗斯对女歌手凯莉·米洛进行采访，询问凯莉患癌痊愈的生活经历，宣传凯莉的新歌和凯莉名为“巴克莱卡英国之夏”的演出	现场画面+音效（观众声）+视频（凯莉和乔吉奥·莫罗德尔合作的歌曲《此时此地》的MV）+图片（凯莉演出的宣传海报、凯莉和麦克的情侣照）

① 节目视频网址：https://v.qq.com/x/cover/hbrr99us05gs36j/j0020ew7kbw.html。

续表

总时长	板块时长	具体内容	形式
37分52秒	11分49秒	乔纳森·罗斯对播音员克莱尔·巴尔丁进行采访，克莱尔分享节目《漫谈》的录制经历。三位嘉宾交流，并由克莱尔现场辨认宠物狗的品种。最后宣传克莱尔的新书	现场画面+音效（观众声）+图片（克莱尔情侣照、克莱尔工作照、克莱尔新书封面照片）
44分42秒	6分50秒	乔纳森·罗斯对电影演员伊桑·霍克进行采访，谈论其获奖电影《少年时代》的12年拍摄经历，宣传新电影《善意杀戮》	现场画面+音效（观众声）+图片（电影《冲向天外天》《少年时代》《死亡诗社》剧照、已故演员弗·菲尼克斯照片）+视频（电影《善意杀戮》片段）
48分5秒	3分23秒	音乐表演：由詹姆斯·贝现场演唱冠军专辑《混乱与平静》中的歌曲《挡住河流》	现场画面+音效（观众声）
48分35秒	30秒	片尾	字幕+音效（观众声）

总体而言，《乔纳森·罗斯秀》的节目板块设置比较清晰，整档节目由开场、个人秀、人物访谈和音乐表演四个部分构成，各个部分之间衔接紧凑，时间分配也比较均匀。

图2　詹姆斯·贝现场演唱歌曲《挡住河流》（图片来自腾讯视频截图）

以2016年5月31日这期节目为例，除去节目片头和片尾字幕部分，整期节目的开场部分控制在两分钟以内，主要是主持人乔纳森·罗斯出场并介绍当期节目所邀请的几位嘉宾；接着主持人会进行一段个人脱口秀，大多与当时的社会热点相关，比如这期节目播出时间临近复活节，所以乔纳森·罗斯就介绍了有关复活节兔子的趣闻趣照，时间也控制在两分钟左右；第三部分是每期节目的主要内容，即对到场嘉宾进行个人访谈，嘉宾们依次由嘉宾休息室进入访谈现场，接受主持人的专访，在专访过程中也会与未离场的其他嘉宾进行互动。

本期节目邀请了四位接受专访的嘉宾，在录制过程中，主持人乔纳森·罗斯会根据每位嘉宾的爱好或特长安排一些互动环节，比如主持人在现场向贝尔学习防身术，让克莱尔现场辨认宠物狗品种等。这些互动环节提升了节目的观赏性，增加了节目的乐趣，使节目不显得过于呆板。每位嘉宾的访谈时间控制在11分钟左右，这些受邀嘉宾也会在节目中宣传自己的新作品。节目的最后会安排一段3—4分钟的音乐表演，让观众在优美的旋律中结束观看。

三、舞美设计

《乔纳森·罗斯秀》的舞台设计简约大方、色调鲜明，以蓝色、黄色两种明亮颜色为主，背景墙呈带状。整个节目包含三个录制区域，即嘉宾访谈区、嘉宾登场区和嘉宾候场区。

图3　嘉宾访谈区全景（图片来自腾讯视频截图）

嘉宾访谈区舞台呈圆形，以蓝色、橙色两色为主，简洁大方。

图4　主持人乔纳森正在通过背景墙上的液晶显示屏向观众介绍嘉宾候场区的女歌手凯莉·米洛
（图片来自腾讯视频截图）

图5　主持人乔纳森通过访谈区的液晶显示屏与候场区的嘉宾伊桑·霍克交谈
（图片来自腾讯视频截图）

嘉宾访谈区位于圆形舞台的中央，主持人位置的正前方摆放深红色长木桌，旁边的黄色长沙发可供嘉宾入座。深红色木桌上摆放着两个形态各异的水瓶，主要起装饰作用。黄色长沙发可保证四、五位嘉宾舒适入座，既方便了嘉宾互动，也不会太过拥挤。沙发的黄色与节目现场的主色调相呼应，而且绒布沙发增加了访谈区的暖意，容易营造出温馨、亲切的访谈氛围，让身处其中的嘉宾愿意吐露心声，抒发真情实感。受访嘉宾则坐在距离主持人书桌最近的位置，便于交流。

圆形舞台的背景墙呈深蓝色带状，上下边为黄色。背景墙中央是伦敦夜景，伦敦夜景的两侧安放了两个液晶显示屏。这两个显示屏或是切换到嘉宾候场区进行互动，或是播放一些视频短片、图片来推进访谈进程。整个嘉宾访谈区的色彩对比鲜明，但不失大气简洁。嘉宾和主持人的主要活动都集中在访谈区，圆形的舞台设计不仅呈现出柔和的视觉美感，而且能拉近主持人和嘉宾之间的距离，营造幽默轻松的谈话氛围。

嘉宾登场区位于圆形的嘉宾访谈区旁边，是连接嘉宾访谈区与嘉宾候场区的一个出口，每位嘉宾都要通过此处进入访谈区。整个嘉宾登场区呈带状，出口下方为通向舞台的台阶，背景仍保持黄、蓝主色，没有其他装饰和道具，简洁质朴。

图6　嘉宾登场区全景，图为野外生存专家贝尔·格利尔斯登场并与主持人乔纳森握手（图片来自腾讯视频截图）

嘉宾候场区是一个小房间，可供候场嘉宾在里面休息，有时导播也会将镜头切换到候场区，通过访谈区的两个液晶显示屏向观众呈现候场嘉宾们的实时反应。嘉宾候场区由一张圆形木桌、三张沙发和台灯组成，木桌上放置了水杯、水果等可供嘉宾们在候场时食用，三张橙色沙发可容纳多位嘉宾，沙发之间由黑色台灯相隔，布局比较紧凑。候场区的背景墙使用了节目的主色调蓝色，背景墙上挂着许多往期受访嘉宾的现场照片。

图7　嘉宾候场区全景（图片来自腾讯视频截图）

在拍摄方面,《乔纳森·罗斯秀》的镜头一般采用近景和中景,全景的画面较少。全景画面通常用于节目开始时主持人和受访嘉宾登场,其余大部分是近景和中景。除了舞台设计和景别,整档节目对灯光的使用也十分考究。在舞台上,黄蓝相间的背景设计衬托得整个录制现场都十分明亮、色彩鲜明,因此只在舞台上方安装了几盏简单的灯。这几盏灯的灯光不会直接打在主持人和嘉宾身上,灯头摆动无规律,四处照射,形成氛围光,增强了节目的氛围感,渲染了气氛。人物光以面光、侧光为主,顶光、逆光为辅。灯光的布置把人与背景分开,打亮人脸的侧面部分,勾勒出人物的面部轮廓,增强主持人和受访嘉宾的立体感。而肩部的轮廓光,突出了主持人乔纳森·罗斯高大伟岸的身形。主持人所在区域的灯光主要是顶光、面光、侧光,比如节目组在主持人所坐位置的上方设置了蓝色的顶光,顶光自主持人头顶部向下洒落,能够清晰地区分出主客体人物,增强乔纳森本人的立体感;受访嘉宾的灯光以面光、侧光为主。

图8 嘉宾访谈区中景,右上方为背景墙上的液晶显示屏(图片来自腾讯视频截图)

四、人员设计

《乔纳森·罗斯秀》是由主持人乔纳森·罗斯长期主持的,每期有四至五位来自音乐、体育、影视等不同领域的嘉宾接受访谈并宣传作品,节目现场设有观众席,但是从节目成片来看,观众席几乎没有镜头,而且主持人、嘉宾和观众的互动非常少,更多时候是在节目中播放一些欢呼声、鼓掌声的音效。

1.主持人设计

乔纳森·罗斯是一名影视评论家、电影出品人，同时他还是英国的广播电视人，21世纪伊始由他主持的《乔纳森·罗斯的周五夜》令他声名鹊起。成就乔纳森事业的是由他主打的《偷窥》（*Candid Camera*）。这档节目于1960年首播，其偷偷记录整人过程的创意原本来自美国人艾伦·方特（Allen Funt），但乔纳森·罗斯给它打上了鲜明的英国烙印。此外，乔纳森·罗斯还在BBC广播二频道创办了自己的广播节目。离开BBC后，乔纳森开始在英国独立电视台主持《乔纳森·罗斯秀》。

图9　乔纳森介绍澳大利亚女歌手凯莉·米洛（图片来自腾讯视频截图）

乔纳森·罗斯幽默风趣，喜欢搞恶作剧，对现场的掌控能力非常强，现场氛围在他与嘉宾的谈笑风生中变得轻松活泼。他还非常善于察言观色，能够挖掘嘉宾的心理及想法。他所采访的问题具有引导性，让嘉宾愿意倾诉并娓娓道来。比如在采访女歌手凯莉·米洛时，乔纳森向凯莉提问："你觉得娱乐圈和别的领域相比有何不同？"这让凯莉联想到自己此前做手术的经历和医生们的生活，乔纳森马上顺着这个问题提问凯莉10年前被诊断出癌症的事情，关切问候嘉宾的身体状况，并联系到当时安吉丽娜·朱莉患癌的新闻，继续就带癌生存这一话题发问。在继续深聊的过程中，凯莉表示在这种访谈环境下很难讲述战胜癌症这一沉重话题，乔纳森对她表示了鼓励和尊重，并话锋一转，询问她一些关于家人的温馨话题。由此可见，乔纳森循循善诱，由一个简单的问题引出嘉宾更多的故事，而且他对这些问题的尺度拿捏得十分到位，不会牵涉嘉宾过多隐私，在尊重嘉宾、照顾嘉宾感受的基础上最大限度地满足观众的求知欲。

这档节目以乔纳森·罗斯的名字命名，以主持人乔纳森的鲜明个性为品牌依托，在10多年的时间里，吸引着大批对音乐、表演、播音、体育等领域感兴趣的观众前来观看。

2.嘉宾设计

《乔纳森·罗斯秀》的嘉宾来自各个领域，比如著名的流行歌手泰勒·斯威夫特、布兰妮，体坛健将贝克汉姆、杰西卡·恩尼斯，奥斯卡影帝科林菲斯，全球知名的野外探险家贝尔·格利尔斯，等等。这些嘉宾在英国乃至世界上都具有很高的知名度，在各自领域都取得过傲人成绩。乔纳森在每期节目中都会邀请四至五位如此重量级的嘉宾接受访谈，这让节目具有得天独厚的优势，最大限度地迎合了各个年龄阶段和各个领域的观众需求。

嘉宾们在节目中结合自己的人生经历，向观众传递着珍爱生命、坚强生活等人生态度，形成了比较正能量的引导，也提升了整档节目的层次，使节目在娱乐之余，传递了主流价值观。而且这些嘉宾长期生活在聚光灯下，他们自身的表现能力和语言能力非常强，懂得如何与主持人交流、如何在镜头面前表现自己，以及如何表达能增强节目的可观赏性。《乔纳森·罗斯秀》在选择嘉宾的时间点上也拿捏得十分到位，一般都选择嘉宾有新作品的时候，这样的安排有噱头，能最大限度地吸引受众的眼球，也能帮助嘉宾更好地宣传作品。

五、节目分析

1.主持人个性与节目风格融为一体

作为一档以主持人名字命名的综艺谈话类脱口秀，《乔纳森·罗斯秀》以乔纳森·罗斯的主持特色和个人风格为定位，乔纳森优雅睿智的外表、幽默风趣的谈吐、高超的掌控节奏的能力都是这档节目能够吸引观众的亮点。比如他对嘉宾的提问不会让观众觉得很刻意，而是在有限的采访时间内抛出一些与嘉宾有关的新闻，用轻松幽默的闲聊方式引导嘉宾讲述这些有趣、劲爆的事。同时乔纳森还拥有天马行空的活跃思维，他丰富的“非语言符号”引起了观众的兴趣和注意。

能够以人物的名字命名节目，说明主持人具有一定的社会影响力，可以为节目收视率提供保障，目前国内外许多访谈节目都采取了这一方式来树立节目品牌，比如中国的《鲁豫有约》《杨澜访谈录》、日本的《彻子的房间》、美国的《吉米鸡毛秀》、韩国的《柳熙烈的写生簿》等。

2.各领域大咖齐聚演播厅

《乔纳森·罗斯秀》比较令人耳目一新的是，每期节目都会邀请四至五位嘉宾参与现场录制。在常见的访谈节目中，一般都是由一名或多名主持人对一位采访对象进行专访，最后剪辑成一期节目，但是《乔纳森·罗斯秀》打破了这种传统的访谈模式，将多位明星聚集在一个录制现场，同时接受主持人采访，这样能够最大限度地扩大观众范围，提升节目的收视率。每位嘉宾在接受完采访后都不离场，而是坐在沙发上一直等待最后一位嘉宾采访结束，这对于档期紧张、名气较大的明星来说确实难能可贵，而且即使在这种安排下，节目组和乔纳森仍然能够保持录制现场的活跃气氛，通过巧妙的话题和精心的安排使嘉宾之间产生互动。仍以2016年5月31日这期节目为例，在采访播音员克莱尔·巴尔丁时，出于对克莱尔喜欢宠物狗的了解，节目组特意安排了四只不同品种的宠物狗，让克莱尔辨认品种，每只宠物狗被分配给已经接受采访的在场嘉宾，主持人乔纳森就在各位嘉宾与宠物狗的有爱互动中结束了对克莱尔的访问。

3.使用第二演播室，巧妙选取镜头

《乔纳森·罗斯秀》在结构上的一个特色就是引入演员休息室作为第二演播室，主持人在开场时通过大屏幕上的演员休息室来向观众介绍嘉宾，在对每位嘉宾进行专访时，嘉宾会通过登场区从休息室走到采访区，这一设计可以增加观众的期待感，也能在采访过程中对后台嘉宾的表现进行更为直观的展现。

除了对第二演播室的巧妙使用，节目组还在拍摄镜头的选取上下足了功夫。在节目成片中，我们可以看到《乔纳森·罗斯秀》只选取了舞台这一部分的中近景，而没有演播室全景和现场观众的镜头，只是后期配上笑声和掌声等音效来烘托气氛，这种对镜头的巧妙选取突出了谈话节目的类型定位，把观众的注意力集中到访谈上，增强了节目效果。

六、可借鉴性

1.打造节目品牌，融合主持人个性

一位优秀的主持人是一档谈话节目的灵魂，尤其是以主持人名字命名的节目。比如国内的《杨澜访谈录》，整档节目偏严肃、有深度，与杨澜端庄大气的风格相吻合；日本的《彻子的房间》，不论是舞台设计还是节目风格，都比较温和亲切，谈话内容也偏向生活化，这与主持人黑柳彻子温和的采访风格也十分贴合。《乔纳森·罗斯秀》的主持人乔纳森是英国比较知名的恶作剧者，所以他的采访风格非常灵活，语言表达大胆幽默。节目以乔纳森短短几分钟的脱口秀衔接开场和个人访谈，过渡自然，展示了乔纳森的个人魅力。整档节目风格也比较活泼，在玩笑话中将观众的情绪一步步推向高潮，而透过娱

乐的表象，我们可以真切地感受到节目传递出的珍爱生命等主流价值观。

《乔纳森·罗斯秀》的成功启示我们，要想在众多谈话节目中脱颖而出，就必须打造节目品牌，而主持人是一档节目的灵魂人物，主持人的个性最为直观地代表着节目的风格定位，一个幽默风趣的主持人能够为节目吸引大批观众。将主持人形象、个性与节目风格融为一体，能够赋予节目最大的辨识度，帮助观众在海量电视节目中快速感受到节目的定位，从而作出选择。

2.吸纳多元因素 发扬本土文化

从嘉宾选择上，就足以看出《乔纳森·罗斯秀》的节目理念，这些嘉宾不仅来自世界各国，而且来自各行各业，但主持人在一些话题引导上尽力发扬本土文化，比如结合复活节这一热点，以复活节兔子和儿童合影为调侃对象展开了个人脱口秀，这种本土文化的植入能够使节目在多元理念下展现独特的魅力。虽然多数访谈节目都可以满足大家对明星的窥私欲，但是《乔纳森·罗斯秀》在娱乐的包装下，却能够做到用符合社会主流的价值观念，成体系、全方位地培育观众更现代、健康、多元的生活观念，巧妙实现价值引领功能。

图10 复活节兔子和儿童的合照（图片来自腾讯视频截图）

（牛慧清 董佳莹）

美国

“插科打诨”下看不见的宣传

——《吉米鸡毛秀》

一、节目概况

节目名称：Jimmy Kimmel Live

中文名称：《吉米鸡毛秀》

发行地区：美国

播出频道：美国广播公司（ABC）

首播时间：2003年1月26日

播出时间：周一至周五23：35（美国东部时间）

单集时长：50分钟左右

节目类型：脱口秀

荣　　誉：第60届艾美奖最佳原创音乐及作曲奖

图1　《吉米鸡毛秀》LOGO（图片来自百度）

《吉米鸡毛秀》(*Jimmy Kimmel Live*)是一档在美国广播公司播出的深夜脱口秀节目，由吉米·坎摩尔主创并主持。该节目于2003年1月26日首播，后修改为紧跟在第37届美国橄榄球"超级碗"之后播出，至今已经成为深受观众欢迎的脱口秀节目。这档节目尽管名为Live，但实际上在2012年以后已不再采用现场直播的形式。节目通常在播出当天下午4: 30录制，在极少情况下也会播出直播特别节目，例如奥斯卡颁奖典礼等重大事件发生时。

该节目将脱口秀和名人访谈结合起来，每期有特定的歌手或者乐队演出，除了主持人吉米·坎摩尔之外还有固定的"捧哏"帮助主持人完成节目录制。《吉米鸡毛秀》主要分为脱口秀部分和访谈部分，节目开场是主持人吉米·坎摩尔的个人脱口秀，主要以讽刺为主，其讽刺的对象包括政治人物(如特朗普等)、娱乐明星以及社会热点问题和现象等。第二部分是嘉宾访谈部分，每期邀请两位嘉宾，逐一进行访谈。嘉宾来到节目的目的是宣传新的电影、唱片或者新书等，谈话的主要内容围绕嘉宾的近况展开，因此每期主题不同。自2016年美国总统竞选以来，现任美国总统特朗普为这一类的脱口秀节目提供了源源不断的素材，2017年的《吉米鸡毛秀》的开篇吐槽主要集中于特朗普以及他身边的白宫政治人物，栏目还专门设立了一个"醉汉特朗普"(Drunk Donald Trump)的环节，该环节将特朗普的演讲或者开会视频慢速播放，以此取笑特朗普在好莱坞看来不成熟的政治形象。

《吉米鸡毛秀》是以谈话为主的综合性脱口秀节目，这种节目类型在美国比较普遍，所以每个节目必须不停地在小的环节上开发新的创意来吸引观众。自开播以来，虽然节目的主要板块设置相对固定，但是新的创意层出不穷，比如万圣节期间播出的家长假装吃光孩子糖果的恶作剧，一方面营造了浓厚的节日氛围，另一方面也给观众带来了更多的欢乐。《吉米鸡毛秀》有很多小的创意环节，但是由于节目时间限制和话题性效果的影响，每期节目都只能有选择地播出一部分创意小环节。节目中会不定期播出很多搞笑短视频，这些短视频有的是节目组自己制作的，有的则来自网络；这些短视频风格不一，有的是意外搞笑，有的则是刻意为之，但是最终目的都是博观众一笑。

二、板块设计

下面以2017年8月8日一期节目为例[①]，具体分析节目的板块与流程。

该节目的主要板块大致可以分为三个。第一板块是主持人的个人脱口秀，这一部分主要是主持人对热点话题进行调侃，并在恰当的时机与观众互动。与观众的互动有各

① 节目视频网址：https: //pan. baidu. com/s/1nvqkA6H?fid=310397501287835。

种形式，如场外街采、场内猜疑等。第二个板块是嘉宾访谈板块，每期节目邀请两位嘉宾，主持人分别对他们进行访谈。第三板块是音乐表演板块，每期节目会邀请一位音乐嘉宾，在主持人说完结束语后进行现场音乐表演，作为节目最后的收尾。

表1　节目板块内容详解

节目板块	总时长	板块时长	具体内容	形式
第一板块：节目开场	17秒	17秒	开场搞笑视频	VCR短片
	1分03秒	46秒	介绍本场嘉宾，主持人出场并感谢观众	VCR+画外音
第二板块：主持人脱口秀	1分44秒	41秒	主持人暖场，与场上的“捧哏”形成互动	主持人现场
	5分10秒	3分26秒	主持人借当下热点话题表演个人脱口秀，本期的热点问题是美朝关系	主持人现场
	5分50秒	40秒	播放极具讽刺意味的搞笑短视频，该短视频是结合主持人脱口秀内容而制作的	VCR短片
	6分08秒	18秒	画面回到节目现场，主持人将话题转到下一个视频内容	主持人现场
	6分49秒	41秒	播放另一则搞笑短视频	VCR短片
	7分11秒	12秒	画面回到节目现场，主持人将话题转到下一个视频内容	主持人现场
	7分39秒	38秒	播放又一则搞笑短视频	VCR短片
	8分16秒	37秒	画面回到现场，主持人承接节目开始时的话题，将节目引向街访部分	主持人现场
	11分19秒	3分03秒	就同一个主题，在好莱坞星光大道对路人进行随机采访，有时是选择性的提问。主持人在现场与观众形成互动，让观众猜被采访者的答案	VCR短片
	12分	41秒	被街访的其中一位观众来到节目现场，主持人找到这位女士并与之在现场进行互动	主持人现场
	12分10秒	10秒	主持人再次介绍今天将要表演的音乐嘉宾，本板块现场内容完结	主持人现场

续表

节目板块	总时长	板块时长	具体内容	形式
第三板块：嘉宾访谈	12分16秒	6秒	画面中再次出现本期节目的两位访谈嘉宾	VCR短片
	13分05秒	49秒	播放一段广告后，画面回到与之前不同的现场。主持人入座后，再一次介绍本场音乐嘉宾并预告明日节目嘉宾，最后简单介绍即将访谈的第一位嘉宾，并欢迎嘉宾出场	主持人现场
	13分20秒	15秒	嘉宾出场，与主持人拥抱并落座	现场同期声
	24分40秒	11分20秒	主持人与第一位嘉宾访谈，并在访谈途中与嘉宾做一些小游戏	现场同期声
	24分44秒	4秒	画面中出现即将上场的嘉宾	VCR短片
	25分03秒	19秒	主持人介绍下一位即将出场的嘉宾	主持人现场
	25分20秒	17秒	嘉宾出场，向主持人和观众问好并落座	现场同期声
	36分	4分40秒	主持人与第二位嘉宾访谈，其间插入一段有关嘉宾的小视频	现场同期声
第四板块：音乐表演	36分29秒	29秒	画面回到现场，画外音播报赞助商，主持人和观众聚集在一起，主持人说结束语并介绍即将登场的音乐嘉宾	主持人现场
	40分17秒	3分48秒	音乐嘉宾进行现场表演	现场同期声

三、舞美设计

《吉米鸡毛秀》的舞台设计比较传统，是谈话节目通常会采用的舞台形式。舞台的设计比较简单，整个舞台是方形的，观众席呈阶梯状与舞台相对，主持人在舞台中央面向所有观众。《吉米鸡毛秀》的访谈区靠近乐队，主持人和嘉宾从舞台的右边出场，主持人的脱口秀也在舞台右边完成，只有在访谈时大家才来到中间的访谈区。

1.主舞台

舞台右前方是两道供嘉宾出场的门，门前面有一个小桌子，桌子后站着主持人固定的“捧哏”——吉列尔莫·罗德里格斯。右后方是主持人出场的地方，主持人出场时，圆形的幕布拉开，主持人走到舞台中央。舞台中央的主背景是洛杉矶的城市夜景，这个主背景除播放视频外一般不更换。舞台左边是节目的常驻乐队，他们负责现场的背景音乐，随时呼应节目现场的气氛。

图2 《吉米鸡毛秀》主舞台（图片来自百度云视频截图）

在节目的前两个板块，整个舞台中央只有主持人一人，而且节目内容以主持人个人脱口秀为主，因此不用更改舞台设置。主持人站在舞台中央，面向观众进行主持。在嘉宾访谈阶段，舞台中央要增设主持人用的桌椅和嘉宾用的沙发。主持人的桌椅在舞台中央偏左的位置，嘉宾的沙发放在舞台中央偏右边的位置，即靠近嘉宾出场的一边。主持人坐在桌子后面介绍嘉宾，随即嘉宾从舞台右边的嘉宾门出场，主持人起身迎接，嘉宾和主持人落座并与观众打招呼。

图3 《吉米鸡毛秀》嘉宾访谈舞台（图片来自百度云视频截图）

2.音乐舞台

节目最后的音乐表演是在另一个舞台录制的，有时候在室外，有时候在室内。观众站在主持人身后，主持人先进行简单的介绍，随即镜头往主持人和观众身后推进，整个音乐表演的舞台出现在主持人和观众身后。室内的音乐表演舞台是半圆形的，舞台两边放置乐器、音响等，乐队或者歌手在舞台中央进行表演。

图4　内场音乐舞台（图片来自美国广播公司官网）

图5　外场音乐舞台（图片来自美国广播公司官网）

四、人员设计

1.主持人吉米·坎摩尔

《吉米鸡毛秀》的主持人吉米·坎摩尔是美国著名的节目主持人、喜剧演员、配音演员、作家、电视制作人。中学时期的吉米就有过为无线电台工作的经历，在内华达大学就读期间，他担任过学院电台周日晚间访谈的主持人。在亚利桑那州立大学的时候，他成为KZZP电台有名的电话访客，该电台由广播名人麦克·艾略特和肯特·沃斯主持。1989年，吉米获得了第一份有薪水的工作——和沃斯一起主持上午时段的广播节目。10个月之后，吉米和沃斯双双被辞退，后来吉米在佛罗里达一家电台主持一年后又被辞退。随后他来到洛杉矶发展，连续五年都在主持早间秀《吉米说体育》。在那段时间里，他结识了喜剧演员亚当·卡若拉。1999年，吉米和亚当·卡若拉、丹尼尔·科里森联合创办了喜剧中心频道的*The Man Show*节目。该节目获得成功之后，三人为喜剧中心频道创办了*Grank Yanlcers*，为MTV2创办了*The Andy Milonakis Show*等节目。由他制作和联合撰写的剧情片*Windy City Heat*在蒙特利尔喜剧节中获得了最佳喜剧奖。

图6　《吉米鸡毛秀》主持人吉米·坎摩尔（图片来自百度云视频截图）

除以上的主持经历外，吉米·坎摩尔还主持过五次全美音乐奖，以及第64届艾美奖、第89届和第90届奥斯卡颁奖礼。这种大型的年度颁奖礼是美国乃至全世界最受关注的颁奖礼，对主持人的选择也十分慎重，吉米·坎摩尔能够获得这么多主持大型颁奖礼的机会充分说明了他的个人魅力和受欢迎的程度。

吉米·坎摩尔是现在美国最受欢迎的主持人之一，在众多的脱口秀主持人中，吉米·坎摩尔有自己独特的主持风格。首先，他从大学时期就在学校电台做主持人，长期的主持工作帮助他积累了大量的经验，也使他能够轻松应对节目过程中出现的各种意外和问题；其次，吉米·坎摩尔身兼多职，在喜剧演员、制作人、配音等领域也颇有建树，这些工作不仅让他积累了好莱坞的人脉资源，而且帮助他敏锐捕捉圈内动态。在做访谈的时候，吉米更像是一个倾听者，注重挖掘嘉宾内心的真实想法，而不是一味地插科打诨。

吉米的脱口秀节目有很强的新闻属性，这跟他自身的主持风格有很大的关系。节目开场的个人脱口秀部分虽然以吐槽为主，但都以当下的时事为主，也融入了主持人的很多个人见解，将对事实的吐槽和个人见解结合在一起。

2.助理主持人吉列尔莫·罗德里格斯

助理主持人，顾名思义就是在节目现场协助主持人完成主持的人。在电视脱口秀中，助理主持人不是花瓶式的摆设，更不是插科打诨的小丑，而是主持人与现场观众沟通的桥梁和纽带。助理主持人通过“说、学、逗、唱”十八般武艺，促进信息的传播和快乐的传递，辅助主持人完成工作，实现绿叶配红花的效果。

早在十几年前，国外的一些老牌节目中就设置了助理主持人，如美国脱口秀节目《柯南秀》中的助理大叔，《吉米今夜秀》中的助理主持人斯蒂芬·希金斯以及《吉米鸡毛秀》中的吉列尔莫·罗德里格斯。这些助理主持人虽然在整个节目中的存在感不强，但是他们却为主持人提供了一个很好的跳板，主持人通过与助理主持人的默契合作，能够保证谈话效果。

如果将脱口秀比喻成双人相声的话，主持人是逗哏，助理主持人则是捧哏。助理主持人在节目中不可或缺，首先，他能铺垫叙事，萨拉·科兹洛夫指出：“大多数的电视节目——情景喜剧、动作系列片、卡通片、肥皂剧、小型系列片、供电视播放而制作的影片等，都是叙述性文本。”①电视作为影像叙事媒介，可以说处处浸透着叙述。电视脱口秀节目具有鲜明的叙事特征，而在脱口秀叙事中，“谈话场”的现场气氛直接影响节目的进行和节目的最终效果。助理主持人通过为主持人叙事热场，适时带领演播室观众“配合主持人的叙述和表演，助推现场气氛，使节目现场的谈话场始终处于‘高温’的活跃状态，给主持人进行叙事作好氛围铺垫”②，协助构建活跃、和谐、互动的谈话场。其次，助理主持人就是坐在观众席上的特殊观众，与主持人正面相对，充当现场观众的意见领袖，代表观众发声，对主持人的观点或质疑或称赞或嘲讽，推动话题向纵深发展。最后，助理主持人还有缝合叙事的功能：通过多元角色的调控，增强节目的可视感和润滑感。例如在主持人吉米需要观众的互动来推动节目进行的时候，他会先转向助理主持人，问询他关于某事的意见，而助理主持人凭借他和主持人之间的默契，明白主持人需要什么样的反应，所以能及时帮助主持人实现他所需要的节目效果。

---

① 艾伦. 重组话语频道[M].麦永雄，等译. 北京：中国社会科学出版社，2000：45.

② 彭爱萍.论助理主持在电视脱口秀节目中的叙述作用[J].今传媒，2017（4）：107.

图7　助理主持人吉列尔莫·罗德里格斯（图片来自美国广播公司官网）

3.现场乐队

现场乐队是节目的常驻乐队，在现场演奏音乐，完成节目板块间的转换，帮助主持人烘托现场的气氛。

图8　《吉米鸡毛秀》的现场乐队（图片来自百度云视频截图）

4.嘉宾设置

《吉米鸡毛秀》大多数时间会邀请两位嘉宾，也有特殊情况，比如“复仇者联盟”特辑就邀请了所有“复联英雄”共六人一起进行访谈，有时也会邀请三位嘉宾。嘉宾来到《吉米鸡毛秀》的目的是宣传新的电影、图书或者唱片，而节目则需要借助明星的个人魅力和影响力来提升节目的收视率，这样的模式是全球通用的。

除了接受访谈的嘉宾之外，《吉米鸡毛秀》每期还会邀请一位歌手或者一个乐队来现场表演，被邀请的表演嘉宾通常也是借助该节目的高收视率来宣传新专辑或新单曲的。

五、节目分析

《吉米鸡毛秀》自开播以来一直都受到美国甚至其他国家很多观众的喜爱，其成功之处并不在于节目形式，而是其不断出现的创意和那些来到节目的嘉宾们，当然吉米·坎摩尔的个人魅力也是节目圈粉无数的一个重要的原因。

1.话题的政治讽刺性

自特朗普走出办公室，来到美国公众的面前开始总统竞选的那一刻开始，好莱坞对他的关注度就没有消减过。能不能治理好美国及其政治理念早已不是好莱坞关注和着重探讨的对象，作为一位总统，特朗普在镜头前频频出现的"失误"成为各种电视节目源源不断的素材。开总统的玩笑成为这些脱口秀节目的常规环节，尽管在特朗普参选之前也有类似的情况，但是远远没有如今这么普遍、这么频繁。在这一点上《吉米鸡毛秀》也不例外，在主持人吉米·坎摩尔的个人脱口秀板块，总统特朗普及其身边的官员几乎每一期都会被拿来调侃，原本以广泛涉猎社会现象见长的单口脱口秀环节转向集中关注特朗普和白宫的一举一动，这一方面是因为特朗普团队为节目提供了源源不断的素材，另一方面也说明节目组在过分关注特朗普和白宫的同时忽略了其他社会热点问题。

2.层出不穷的创意小环节

《吉米鸡毛秀》不是以形式取胜的节目，因此在观众可以预知的节目板块中需要不断推出新的创意来吸引观众。在主持人吉米·坎摩尔的脱口秀板块，节目组插入了各种各样的创意小环节，每一期都不尽相同，给观众带来了惊喜和欢乐。比如节目组亲自制作了各种搞笑视频以及号召网友录制搞笑视频并发送给节目组在节目中播出等，除此之外，节目还会选择一些来自网络的搞笑视频与观众分享。

在嘉宾访谈板块，节目组也会根据嘉宾的特点设计一些互动小环节，让访谈变得更加有趣。此外，街访环节也十分精彩。街访并非出现在每一期节目中，但是与其他的小环节相比，其出现的频率非常高。一方面，这个环节能够配合主持人脱口秀的话题，向路人提问一些荒唐或者搞笑的问题，让观众和主持人形成互动；另一方面，街访环节在剪辑时注重搞笑效果，对于常识性问题，一般剪辑不知道答案的观众的回答，不易回答的问题则注重剪辑更加直爽的观众的回答。

访谈类节目形式比较单一，观众在观看节目之前就已经对节目内容有了一定的预判，这种单一的节目形式很容易让他们产生审美疲劳。如果没有出奇制胜的新奇创意，很难激发观众的收视热情。《吉米鸡毛秀》中层出不穷的创意小环节正好弥补了这个缺陷。创意小环节在观众中建构起“熟悉的陌生化”的审美乐趣，观众一方面熟悉节目板块，另一方面又能够在收看节目时感受到惊喜，这才是吸引观众对节目保持长久关注的动力。

3.风头正劲的嘉宾

《吉米鸡毛秀》每一期邀请至少两位嘉宾，这些嘉宾都是当时有大受欢迎的作品问世或者因为其他原因而受到民众广泛关注的明星，不同的嘉宾会吸引不同的观众群，虽然每一次看节目的观众不一样，但是总能吸引新的观众，这对节目来说就有新的源泉。嘉宾借节目宣传自己，节目借嘉宾吸引观众，二者相辅相成。例如在热播电视剧《权力的游戏》即将开播的时候，《吉米鸡毛秀》请到了该剧的主演之一基特·哈灵顿，他来到节目现场谈了该剧创作的幕后故事，这就能吸引该剧的剧迷和哈灵顿的粉丝来观看节目，而哈灵顿又借节目宣传了《权利的游戏》。

图9　《吉米鸡毛秀》的嘉宾介绍（图片来自百度云视频截图）

除访谈嘉宾外，音乐嘉宾的表演也是节目必不可少的一个环节。歌手和乐队在现场演唱，与观众近距离接触，他们与节目之间同样是相辅相成的关系。

六、可借鉴性与反思

1.话题的边界

政治事件和人物常常是脱口秀节目调侃的对象，这主要得益于美国的传统文化。美国宪法第一修正案规定了言论与出版自由，《联邦通信法》第326条规定：要保证人民的言论自由，不得随意取缔节目。这为脱口秀主持人嘲弄政治人物提供了法理依据。另外，一般美国民众认为政治人物不可信，必须把他们置于舆论的镁光灯下接受考验。与此同时，嘲讽这些政治人物也是节目快速聚拢人气、提高收视率的一个有效的方法。

在美国传媒产品中，政治人物可以成为嘲讽的对象，但宗教、种族、女性等话题却很少会被拿来开玩笑，因为一不小心就会触碰雷区。“即便脱口秀节目中充斥着嘲弄与讽刺，但在美国开玩笑也是有原则的：嘲笑老板可以，但假如你处在上位，取笑下面的人就不合时宜了。”①所以个人或者机构需要对自己的语言、思想和行为等进行反省和改进，力求消除对社会弱势群体可能呈现出的歧视。“这是自 20 世纪 60 年代以来逐渐占据美国人思维的‘政治正确’概念。它更多的是一种公民社会的共识，而非国家政治权力意志。”②

2.看不见的宣传

美国国家安全委员会1950年7月10日对“宣传”做出了这样的定义：“有组织地运用新闻、辩解和呼吁等方式散布信息或某种教义，以影响特定人群的思想和行为。”③美国政府及其主流媒体长期以来排斥“宣传”，不过仔细观察会发现，美国政府及其主流媒体其实深谙宣传之道，其追求的是宣传内容于无形之中，自然而然地影响受众的认知和行为。

脱口秀节目通过主持人幽默诙谐的表达，表现出很强的娱乐性。这些节目披着娱乐的外衣，通过用观点包装事实、有选择地使用引语信息等手段，将美国的意识形态巧妙地植入节目中，让观众在嘻嘻哈哈中，不知不觉地接受这些美国主流的价值观，实现润物细无声的效果。

就如习近平总书记所说，“最好的宣传应该是能让被宣传的对象沿着你所希望的方向行进，而他们却认为是自己在选择方向”，应当使之成为“看不见的宣传”。我们的电视娱乐节目如何在追求有趣的同时，巧妙地传播我国的意识形态？这档脱口秀节目可以给我们一定的启示。

3.创意无限

谈话节目的形式普遍比较单一，相比《吉米鸡毛秀》，我国的谈话节目娱乐性不强，观众收看的动力不足。

---

① 李莉. 美国脱口秀：用娱乐影响政治 [J]. 政府法制，2011（15）：40–41.

② 陈力丹，潘彩霞. 看不见的宣传：美国脱口秀节目走红的传播学分析[J]. 新闻与传播研究，2014（5）：27–30.

③ 王绍光.中央情报局与文化冷战[J].读书，2002（5）：28，96.

我国的电视节目过于强调大明星的号召力而忽略了节目创意，明星固然是吸引观众的策略之一，但是同质化的过度消费必然带来审美疲劳。节目效果和节目质量最终取决于节目的创意和价值观，只有这些才能最终入脑入心。

音乐嘉宾的现场演唱在国内比较少见，这一点是我们可以借鉴的，不仅能够给需要宣传的歌手提供打歌的平台，也能够提升节目效果，用音乐吸引一部分观众。

4.灵活运用新媒体

《吉米鸡毛秀》在利用新媒体提升节目的关注度和话题热度方面做得非常成功。除节目中的固定环节外，节目组还会录制或者剪辑一些与节目相关的短视频放在视频网站YouTube上。这些短视频诙谐幽默、充满趣味，同时也方便用户利用碎片时间来观看，而这些短视频又会吸引观众去观看完整的节目。例如，节目中常规出现的街访部分通常都会被节目组搬运到YouTube上，这样的环节既独立又短小有趣，非常适合放在YouTube这样的视频网站上。除此之外，《吉米鸡毛秀》还在社交网站上与观众积极互动，在社交网站上引起热烈的讨论。如《吉米鸡毛秀》录下明星读“恶毒推文”（Mean Tweets）的反应，一方面与网友互动，另一方面也以其独树一帜的内容成为一时的热门话题。《吉米鸡毛秀》成功地实现了与社交媒体和视频网站的互动，利用新媒体实现了节目的扩散式传播。

《吉米鸡毛秀》的节目板块比较清晰，而且经常会增加新的节目板块，这些板块与嘉宾访谈和主持人脱口秀没有逻辑上的联系，因此非常适合单独剪辑出来放在社交媒体上传播。国内的访谈节目可以借鉴《吉米鸡毛秀》的多板块模式，将节目中的搞笑部分单独剪辑出来，通过社交网络传播，利用用户碎片时间实现节目效果的最大化。作为传统媒体的电视拥有相对固定的受众群体，但是新媒体可以更好地占用用户的碎片时间，形成拥有无限潜力的立体时空，再加上用户间的裂变式传播，其传播效果是传统媒体难以企及的，因此电视节目与新媒体互动是增强节目传播效果的重要一步。

（牛慧清　郑金娥）

吐槽的快感

——《喜剧中心吐槽大会》

一、节目概况

节目名称：Comedy Central Roast

中文名称：《喜剧中心吐槽大会》

发行地区：美国

播出频道：喜剧中心有线电视网（Comedy Central）

首播时间：2003年8月10日

播出时间：不定期播出

单集时长：100分钟左右

节目类型：脱口秀

荣　　誉：2007年获得威廉·夏特纳吐槽大会黄金时段艾美奖提名

图1　节目LOGO（图片来自哔哩哔哩网站）

《喜剧中心吐槽大会》是美国喜剧中心有线电视网推出的系列吐槽节目，是一档专门用来挖苦嘲笑名人的系列节目，不定期播放。

1998年至2002年期间，喜剧中心与修士俱乐部合作，每年制作和播出的《喜剧中心吐槽大会》彼时名为《纽约修士俱乐部喜剧中心吐槽大会》。"与修士俱乐部五年协议到期后，喜剧中心本着同样的精神开始制作属于自己的吐槽大会。首集于2003年8月10日播出，一经播出便刷新了该频道除《南方公园》外的历史最高收视率。丹尼斯·利瑞成为本系列电视节目中第一位被吐槽的明星。"[①]《喜剧中心吐槽大会》没有固定的播出时间。在2005年、2009年以及2011年这三年高产年份中，《喜剧中心吐槽大会》每年播出两期。2014年《喜剧中心吐槽大会》暂停播出，直到2015年播出了贾斯汀·比伯（Justin Bieber）吐槽大会后才恢复播出。

节目设置了主持人、吐槽嘉宾和主嘉宾三类角色。主持人负责开场、结尾以及节目中间的串场，之后吐槽嘉宾上台分别吐槽主嘉宾。《喜剧中心吐槽大会》每集邀请一位名人作为被吐槽的主角，接受吐槽者的吐槽。而吐槽者与被吐槽者多是有私交的明星好友，他们轮流以说段子的方式互相调侃，段子尺度或大或小，重点是为该嘉宾洗白。最后是主嘉宾上台一一反击，推动节目达到最高潮。《喜剧中心吐槽大会》的卖点就是在节目中呈现有趣的、贬低性的段子，吐槽处在风口浪尖上的娱乐明星或名人的污点以达到逗乐观众的效果。这种重口味的吐槽，使它每次播出的时候几乎都有四五百万人守候在电视机前。

二、板块设计

《喜剧中心吐槽大会》每期节目总时长在100分钟左右，板块设计清晰，每期节目的固定形式都是：片头，主持人开场介绍嘉宾，吐槽嘉宾轮流吐槽，主嘉宾反击吐槽，结尾。在吐槽嘉宾轮流吐槽的板块中，主持人会进行串场，使整期节目连贯通顺。

下面以2015年3月30日贾斯汀·比伯吐槽大会[②]为例对节目板块设计进行分析，本期节目总时长为83分55秒。

---

① 来源于互动百科词条"喜剧中心吐槽大会（美国版脱口秀）"。

② 节目视频网址：http://tieba.baidu.com/p/3670559217。

图2 贾斯汀·比伯吐槽大会(图片来自哔哩哔哩网站截图)

表1 节目板块内容详解

总时长	板块时长	具体内容	形式
1分23秒	1分23秒	片头,介绍本期所邀请的嘉宾以及本期的吐槽嘉宾	动画短片
4分16秒	2分53秒	主持人凯文·哈特(Kevin Hart)出场,对嘉宾以及舞台上的各位明星进行简单吐槽	现场画面
6分33秒	2分17秒	介绍本期嘉宾贾斯汀·比伯的成就	视频短片
7分34秒	1分01秒	主持人凯文·哈特介绍贾斯汀·比伯出场	现场画面
8分50秒	1分16秒	贾斯汀·比伯出场秀	现场画面(歌舞秀)
14分36秒	5分46秒	主持人凯文·哈特根据嘉宾最近的热点话题来吐槽嘉宾	现场画面
15分09秒	33秒	介绍接下来即将出场的吐槽嘉宾	视频短片
20分21秒	6分12秒	主持人凯文·哈特介绍第一位吐槽嘉宾皮特·戴维森(Pete Davidson),皮特·戴维森开始吐槽	现场画面
20分38秒	17秒	介绍接下来即将上场的吐槽嘉宾	视频短片
25分07秒	4分29秒	主持人凯文·哈特介绍第二位吐槽嘉宾卢达克里斯(Ludacris),卢达克里斯开始吐槽	现场画面
30分41秒	5分34秒	主持人凯文·哈特介绍第三位吐槽嘉宾娜塔莎·赖格罗(Natasha Leggero),娜塔莎·赖格罗开始吐槽	现场画面
31分09秒	28秒	介绍接下来即将上场的吐槽嘉宾	视频短片
35分57秒	4分46秒	主持人凯文·哈特介绍第四位吐槽嘉宾沙奎尔·奥尼尔(Shaquille O' Neal),奥尼尔开始吐槽	现场画面

续表

总时长	板块时长	具体内容	形式
36分16秒	19秒	现场片花，介绍即将登台吐槽的嘉宾	视频短片
39分55秒	3分39秒	主持人凯文·哈特介绍第五位出场的吐槽嘉宾克里斯·德礼贤（Chris D' elia），克里斯·德礼贤开始吐槽	现场画面
46分07秒	6分12秒	主持人凯文·哈特介绍第六位出场的吐槽嘉宾玛莎·斯图尔特（Martha Stewart），玛莎·斯图尔特开始吐槽	现场画面
46分27秒	20秒	介绍即将上场的吐槽嘉宾+广告	视频短片
54分16秒	7分49秒	主持人凯文·哈特介绍第七位出场的吐槽嘉宾杰夫·罗斯（Jeff Ross），杰夫·罗斯开始吐槽	现场画面
54分26秒	10秒	介绍接下来即将上场的吐槽嘉宾	视频短片
60分57秒	4分29秒	主持人凯文·哈特介绍第八位出场的吐槽嘉宾史努比狗狗（Snoop Dogg），史努比狗狗开始吐槽	现场画面
62分10秒	1分13秒	主持人凯文·哈特总结并吐槽上一位吐槽嘉宾史努比狗狗	现场画面
62分34秒	24秒	介绍即将上场的吐槽嘉宾	视频短片
67分43秒	5分09秒	主持人凯文·哈特介绍第九位出场的吐槽嘉宾汉尼拔·布瑞斯（Hannibal Buress），汉尼拔·布瑞斯开始吐槽	现场画面
67分57秒	14秒	介绍即将上场的吐槽嘉宾	视频短片
73分37秒	5分40秒	第十位吐槽嘉宾威尔·法瑞尔（Will Ferrell）开始吐槽	现场画面
73分47秒	10秒	介绍即将上场的主嘉宾贾斯汀·比伯	视频短片
83分22秒	9分35秒	主持人凯文·哈特吐槽，然后请出本期主嘉宾贾斯汀·比伯，贾斯汀·比伯开始吐槽反击台上吐槽他的明星，为自己以往的不良行为道歉，并且领回了他曾经遗弃的猴子	现场画面
83分55秒	33秒	结尾：主嘉宾与吐槽嘉宾们拥抱，握手交谈，其间穿插采访	现场画面+视频片花

三、舞美设计

由于节目不定时播出，因此每一期节目的舞台布置都不太一样，在2005年8月14日播出的《花花公子》封面女郎——帕米拉·安德森（Pamela Anderson）这一期吐槽大会中，舞台布置以主讲台为中心，主讲台两侧有两到三排明星围绕而坐。而在贾斯汀·比伯这一期节目中，舞台上则只有主嘉宾、主持人以及九位吐槽嘉宾。舞台基本布局没变，但相较于原来的舞台设计，这期的舞台布置更简洁，可以清晰地展现吐槽嘉宾以及主嘉宾的状态，有利于观众注意力的集中。吐槽嘉宾们基本都是围绕主讲台而坐，但节目也会根据每期嘉宾的特点而作出调整，比如在说唱歌手弗雷尔·弗雷维（Flavor Flav）这一期，则是嘉宾坐在舞台中央，主讲台设在舞台一侧。

舞台整体使用暖光营造轻松感觉，舞台背部较为昏暗，营造神秘隐晦氛围。舞台的设计颇像午夜小剧场，吐槽者居中，其他人半环左右，沙发旁的红色小圆桌打造了放松舒适的环境，便于嘉宾畅所欲言。观众席的布置像晚宴的现场，观众围桌而坐，台下台上的桌子上均备有红酒，观众和嘉宾可以随时举杯，使氛围更加热烈和轻松。

图3　帕米拉·安德森吐槽大会舞台布置图（图片来自哔哩哔哩网站截图）

图4　贾斯汀·比伯吐槽大会舞台布置图（图片来自哔哩哔哩网站截图）

图5 弗雷尔·弗雷维吐槽大会舞台布置图（图片来自哔哩哔哩网站截图）

四、人员设计

1. 主持人

《喜剧中心吐槽大会》每一期节目都会更换主持人。在往期节目中，只有身为演员、编剧的塞思·麦克法兰（Seth MacFarlane）分别在2010年和2011年连续担任该节目的主持人。其余担任《喜剧中心吐槽大会》主持人的有凯文·哈特、吉米·坎摩尔、凯西·格里芬（Kathy Griffin）、凯特·威廉姆斯（Katt Williams）等。

不同于我国同类型节目，《喜剧中心吐槽大会》在主持人选择上不只局限于有专业主持经验的人，反而会倾向于选择演员、编剧等非专业人士作为节目主持人，这样的主持人会使节目更具有表演性，摆脱访谈节目严肃的特征，符合《喜剧中心吐槽大会》搞笑、娱乐的定位，增加节目看点，吸引更多观众。

2. 嘉宾

首先，在主嘉宾选择上，《喜剧中心吐槽大会》主要邀请演员、编剧、歌手，偶尔会邀请政治人物和社会人物。嘉宾抛开以往在媒体上塑造的完美形象，勇敢自嘲自黑，也大胆“攻击”别人。随着节目影响力的提升，越来越多的大牌明星前来做客，比如拳王泰森、《泰迪熊》的导演塞思·麦克法兰（Seth MacFarlane）、美国总统唐纳德·特朗普、《花花公子》封面女郎帕米拉·安德森等，嘉宾涉及各个领域。为了让节目出彩，每一期节目都会根据嘉宾的特点安排不同形式的出场秀。

《喜剧中心吐槽大会》在选取嘉宾的时候，往往会选择那些有负面新闻、有“黑点”或是在大众心中失去热度的明星，节目通过对嘉宾负面新闻的犀利吐槽，把对明星的不满用吐槽的方式变相表达出来。这些戏谑、调侃，甚至低俗恶俗的话语表明了吐槽者的态度，既能带来笑点，又满足了观众的表达欲望。在这里，吐槽仅仅是一种表达的形式，节目往往可以通过吐槽与被吐槽让嘉宾“洗白”，以此来提升关注度并博取大众的眼球。

其次，《喜剧中心吐槽大会》每一期节目都会有10位左右的吐槽嘉宾，他们与主嘉宾或多或少都有关系，可能是主嘉宾的好友、合作者，也可能与主嘉宾不太熟悉。吐槽嘉宾来自各个领域，有演员、模特、体育明星、歌手等，这些不同领域的吐槽嘉宾自带粉丝和流量，他们的高人气也给节目带来不少的看点。

3. 现场观众

《喜剧中心吐槽大会》的观众也不容小觑，台下的观众一部分是来自演艺圈的明星或者名流们，或多或少都与主嘉宾有一定的关系，例如在贾斯汀·比伯吐槽大会中，台下有与比伯传过绯闻的肯达尔·詹娜（Kendall Jenner），这一点会被台上的吐槽嘉宾拿来吐槽。这些现场的明星观众也在一定程度上为节目提供了吐槽的话题点。

图6　作为观众的肯达尔·詹娜（图片来自哔哩哔哩网站截图）

五、节目分析

《喜剧中心吐槽大会》是一档喜剧脱口秀节目。节目有别于传统的美国访谈节目以及脱口秀节目，传统的访谈节目通常是主持人与嘉宾一对一地进行沟通，节目传递的是嘉宾的正面信息，力图为嘉宾塑造高大完美的形象。而《喜剧中心吐槽大会》节目形式新颖，它以幽默诙谐、通俗易懂甚至有些低俗的话语来吐槽嘉宾。值得借鉴的是《喜剧中心吐槽大会》接地气的节目形式和氛围。我国许多节目仍然摆脱不了人为制作的痕迹，所谓的真人秀也只不过是噱头，而《喜剧中心吐槽大会》能带给观众茶余饭后谈论时事和八卦的感觉，随意且轻松。

《喜剧中心吐槽大会》最大的亮点在于吐槽文化，节目用犀利、俏皮甚至有些恶意的言辞调侃嘲讽嘉宾以及舞台上的吐槽者，然后在笑声中推动现场气氛达到高潮。节目多使用短小精悍的纯正美式幽默，少用甩包袱、抖段子的手法。嘉宾们的吐槽不矫情、不做作，几乎每句话都能引起人们的哄堂大笑。在节目中，主嘉宾和吐槽嘉宾什么都敢说，谁都可以被吐槽，这恰恰符合现在这个浮躁的社会很多人都喜欢八卦、吐槽的风气。“节目的嘉宾以幽默的方式就观众感兴趣的点对‘主咖’进行吐槽，作为‘主咖’的嘉宾用戏谑或自嘲的方式反驳嘉宾的吐槽。这种人多势众‘欺压主咖’的节目形式，不仅具有剑拔弩张的对抗性，而且因为其轻松愉快的语境为节目增添了不少喜剧效果，而‘主咖’在面临吐槽时如何既巧妙又直观地反击嘉宾，也成了节目的精彩看点。”①

节目旨在满足大众吐槽需求，并以此来提高明星的知名度。节目不仅能考验被调侃者的承受能力和应变能力，而且能提升嘉宾们的热度，顺势博取观众眼球，更能娱乐观众，获得高收视率。“它虽然有那么多‘三俗’笑话、人身攻击，然而它并不带真正的恶意，相反还能带来欢乐和谈资。”②在节目中，每位吐槽嘉宾在吐槽完毕之后都会与主嘉宾握手拥抱，一笑泯恩仇，节目回归到主嘉宾身上，观众注意力也从吐槽嘉宾重回主嘉宾身上。

《喜剧中心吐槽大会》的风格设定与国内《吐槽大会》相似，但不同的是，美国的吐槽文化由来已久，吐槽就像是美国人生活中必不可少的日用品。电视节目经常炮轰政客及社会名流，或是揭露某一社会丑闻，节目中嘉宾各抒己见、个性张扬，敢说真话实话，其内容尺度之大超乎国人的接受程度，这也是国内《吐槽大会》无法比拟的。但是，即便身处具有深厚吐槽文化传统的美国，也并不是每个嘉宾都能接受被无下限吐槽的，每个嘉宾或多或少都有不希望被吐槽和被提及的话题。例如，帕米拉·安德森不接受关于

① 何薇，姜壮.浅析网络综艺节目《吐槽大会》获取成功的关键因素[J].视听，2018（1）：79–80.

② 如何评价《喜剧中心吐槽大会》[EB/OL].(2016)(2020–08–10).https://zhidao.baidu.com/question/1927569968803115427.html.

她感染丙型肝炎的笑话；琼·罗斯（Joan Rivers）不允许说有关她女儿的笑话。节目中吐槽的话题点事先会与被吐槽嘉宾商量，嘉宾表示不介意被吐槽后才会进行吐槽，节目录制过程中出现的一些不合时宜的吐槽也会按照嘉宾的意愿进行删减。

六、可借鉴性与反思

1. 观众席布置

前文提到过《喜剧中心吐槽大会》会邀请与嘉宾相关的明星、名流们作为观众，观众席被布置得像晚宴的现场，营造出轻松的氛围。这一点值得国内的节目借鉴。目前国内电视节目的舞台布置重点在台上，而台下的观众席大多还是排列而坐，不能和舞台形成有机的联系。观众在节目互动中处于被动地位，不能与主持人、嘉宾形成一个整体。

节目中，吐槽嘉宾不会只吐槽“主咖”，还会吐槽其他现场嘉宾甚至台下的名流观众。这不只是为了挖掘每个人的负面信息，更是通过吐槽这种方式营造一种特殊的氛围，一种你我互相调侃、互爆黑料的轻松氛围，这对于演播室节目来说无疑是一个大的突破。所有人都是参与者，并且乐于分享、接受自己的黑历史，在一片哄笑中为吐槽自己的嘉宾们鼓掌，这其实更体现了包容的态度。

2. 话题与嘉宾选择

个性化的话题和有看点的嘉宾是节目选择的标准。选择合适的话题对于电视脱口秀节目而言尤为重要，关于新奇事物的话题易引起观众的注意，若是话题毫无新意必然会降低观众的观看热情，造成观众的大量流失。“对此，国内电视脱口秀节目要结合社会热点话题，从全新的角度进行阐释，以提高受众的关注度。”①《喜剧中心吐槽大会》所吐槽的话题不仅仅局限于嘉宾自身，吐槽时也会穿插个人对政治社会热点或新闻人物的看法。

3. 吐槽背后传递积极意义

节目的压轴环节是被吐槽一整晚的“主咖”的反击，与其说是反击，倒不如说是借由吐槽的口吻说出“主咖”自己对过去负面事件的态度，以及对未来的期许。

在贾斯汀·比伯吐槽大会的最后，比伯领回了自己曾经遗弃的猴子，审视了自己的不检点行为，让观众对他有了新的期待；Holf吐槽大会的最后，Holf重新展现出他无与伦

---

① 美国电视脱口秀节目的特色与启示. [EB/OL].（2016）（2020-08-11）.https://www.docin.com/p-1709999772.html.

比的魅力；特朗普吐槽大会的最后，特朗普描绘了自己勾画的未来美国的愿景。

吐槽是这档节目的形式和内容，但是吐槽并不是节目的终极目的。节目使用吐槽的形式，在保证趣味性的基础上传递正确的价值观，充满了积极的色彩。

中美电视脱口秀节目的差异源于不同的文化与价值观，两国的社会制度、人文环境、媒介生态和传播体制等存在本质差异。美国是移民聚集地，人文环境多元，民众乐于接受新事物，所以美国的电视节目形式多样、内容丰富。商业化的经营模式让节目制作者在节目创新和吸引观众目光上费尽心思，将尺度大的内容搬上荧屏，对于美国观众来说是可以接受的。

《喜剧中心吐槽大会》包含大量三俗恶搞内容，所以在美国严禁17岁以下的未成年人收看。诞生于美国文化土壤的这种重口味吐槽节目，并不适合完全移植到外国。如果想制作一档符合本国国情的吐槽节目，必须进行本土化的改造，真正做到吐槽有底线、通俗不低俗。

（牛慧清　李映璇）

美国日间脱口秀节目的代表作

——《艾伦秀》

一、节目概况

节目名称：The Ellen DeGeneres Show

中文名称：《艾伦·德杰尼勒斯秀》，简称《艾伦秀》

发行地区：美国

播出频道：哥伦比亚广播公司（CBS）

首播时间：2003年9月8日

播出时间：周一至周五11点

单集时长：40分钟左右

节目类型：脱口秀

荣　　誉：2004—2007年四次获得日间节目艾美奖（Daytime Emmy Awards）的优秀脱口秀奖（Outstanding Talk Show）；2010—2017年六次获得优秀脱口秀娱乐奖（Outstanding Talk Show Entertainment）； 2010年、2012年两次获得创世纪奖（Genesis Awards）的最佳脱口秀奖（Best Talk Show）

图1　节目LOGO（图片来自搜狐视频截图）

《艾伦秀》是2003年9月8日美国哥伦比亚广播公司（Columbia Broadcasting System）开播的一档脱口秀，全称为《艾伦·德杰尼勒斯秀》，到目前为止已经播出18季。2014年，搜狐视频买入该节目的播出版权，《艾伦秀》成为在中国网络上播出的第一档美国脱口秀节目，掀起了新一轮收视热潮。

日间脱口秀的播出时间集中在工作日的上午，所以它的主要受众是老人、妇女和学生，题材集中在健康、情感、家庭生活等方面。在2011年奥普拉·温弗瑞主持的《奥普拉秀》停播后，《艾伦秀》的主持人艾伦·德杰尼勒斯（Ellen DeGeneres）就成为日间脱口秀主持的头牌，《艾伦秀》的平均收视人数达到400万，自播出以来收视率一直居高不下，备受观众青睐。好口碑为它迎来无数荣誉。

《艾伦秀》最初是由美国的Telepictures和NBC环球公司（NBC Universal）等广播公司联合制作播出的，播出范围涵盖美国和加拿大，同时也在英国的公共电视台ITV2播出。《艾伦秀》最初的五季都是在位于加利福尼亚伯班克的NBC Studio录制的，从第六季开始，《艾伦秀》搬到华纳兄弟附近的Stage1录制，并在NBC等各个播出平台的高清频道播出。[①]

二、板块设计

1.《艾伦秀》的节目流程

《艾伦秀》每一集的播出时间大概是40分钟左右，在周一到周五的日间播出。节目板块不完全固定，每期大概涵盖三到四个单元，节目随着播出，还会不定期地推出新的单元。节目内容包括名人嘉宾访谈、情景剧表演、温情故事讲述，并穿插各种游戏，或者单纯对一些时下的新鲜事物进行点评。

具体来说，节目每期以主持人进场与观众打招呼并感谢观众的热情开始，随后艾伦会用五分钟左右的时间说一段有趣诙谐的开场白，内容十分搞笑，之后是节目标志性板块——和观众跳舞，这也是搜狐视频一开始将节目改名为“Happy Lady Dance Hour”的原因。

《艾伦秀》舞台的一侧有个非常醒目的DJ台，艾伦在单口脱口秀后，会指挥DJ播放音乐，继而进入与全场观众的互动环节——在音乐中和观众一起跳舞，这时全场观众会起立随音乐一起摇摆，艾伦也会走入观众席，与观众一起跳舞，将全场气氛炒热，随后再进入正式访谈环节。嘉宾既有演员、歌手，也有时尚达人等名人，也会邀请有特殊故事的普通人或者网络红人。节目是典型的名人+素人的谈话类节目。嘉宾不仅回答问题，还会和主持人聊天、表演、玩游戏或者给观众送礼品等。

---

① 维基百科：https: //en. wikipedia. org/wiki/The_Ellen_DeGeneres_Show。

下面就以2017年5月16日第158期节目[①]为例，对该节目进行具体的流程分析。

表1 节目板块内容详解

板块名称	板块时长	具体内容	形式
片头+开场	4分38秒	1.现场观众欢迎主持人艾伦入场，艾伦和观众简短互动 2.艾伦调侃妮可·基德曼鼓掌像鸭子 3.和观众互动，聊鼓掌的起源	主持人现场
舞蹈时间	1分16秒	艾伦走到观众席和观众一起跳舞，DJ现场配乐	主持人现场
主持人脱口秀（调侃时政）	3分16秒	1.号召大家为慈善医院捐款 2.讨论普京在中国开会前弹钢琴的视频 3.调侃被特朗普解雇的FBI局长，播放视频	主持人现场+播放视频
小单元“What's Wrong with These Signs?”	3分02秒	观众投稿环节，播放一些观众发来的有趣的标签或者标志牌	主持人现场+播放照片
播放本季经典片段	6分50秒	播放本季经典片段	播放视频（VCR）
第一位嘉宾采访：Ketty Perry	15分04秒	1.寒暄开场 2.谈论嘉宾最近的行程，推荐嘉宾的新专辑 3.谈论嘉宾参加Met Gala的趣事 4.询问嘉宾是否要去《美国偶像》当评委 5.嘉宾介绍新专辑的主题和新歌 6.谈论嘉宾的巡回演唱会 7.向现场观众赠送演唱会门票 8.和嘉宾互动做游戏“Would you perry me?”	采访
第二位嘉宾采访：小粉丝Zanya	5分38秒	1.Zanya是艾伦的头号粉丝 2.Zanya帮助了班上的同学，教他读写 3.艾伦问Zanya的梦想 4.节目和赞助商将会赞助Zanya两万美金 5.结束语：感谢嘉宾、赞助商以及观众	采访+结束语

2.《艾伦秀》的经典板块

《艾伦秀》设计了许多有趣的板块，虽然并不固定，但是不影响它们的经典程度，下文将重点介绍几个有趣且经典的单元。

“艾伦的跳舞挑战”板块（Ellen's Dance Dare），观众向节目的YouTube频道投稿，将自己在完全不被察觉的人背后跳舞的恶作剧拍成视频。参与这个板块的明星大有人在，包括奥斯卡影后爱玛·斯通（Emma Stone）、美国著名乡村歌手泰勒·斯威夫（Taylor Swift）、演员扎克·埃夫隆（Zac Efron）等，可见其受欢迎程度。

① 节目视频网址：http: //tv. sohu. com/s2017/elxdswj/。

“手很热”（Hot Hands）意为在竞技、卡牌游戏中手气很好。在该板块中，艾伦与嘉宾或者观众互动游戏，他们坐在一把特制的椅子上，看到屏幕上移动的名人照片后，在3秒钟之内说出他们的名字，在30秒之内说得越多越好。值得一提的是，这个游戏已经被艾伦和自己名下的游戏开发商EDV开发成App，在苹果商店和安卓商店上架，大受玩家好评。这并不是艾伦开发的第一款游戏，她之前还开发过一档名为*Heads Up*的游戏，这档游戏占据了苹果商店2014—2016年付费下载游戏第一名的位置，拥有3000多万的下载量。

“与索菲亚和萝西的下午茶”（Tea Time with Sophia Grace and Rosie）是一个非常有趣的谈话板块，索菲亚和萝西是两个6岁左右的小女孩，她们会与嘉宾共度一段四到五分钟的有趣的下午茶时光，两个小姑娘会从她们的视角对嘉宾进行访问。索菲亚和萝西还组成了一个组合，有自己的YouTube频道，获过青少年选择奖，并且主持过多场颁奖比赛的红毯秀。

《艾伦秀》有一些常青板块，比如说开场的“舞蹈时间”（Dancing Time），在这一板块中，艾伦随着DJ现场播放的音乐跳舞，除了在舞台上，观众席也是她爱去的地方，从观众那里借走一件外套或是物品是她常用的套路。她最著名的一段舞蹈是在一张桌子上完成的——她从咖啡桌的一端横跨到另一端，虽然这段舞蹈并不是每期都出现，但这几乎是她重复最多的段落了。艾伦还会专门开辟新单元，展示她从别人那里学来的舞步。

3.《艾伦秀》的访谈环节

访谈环节是《艾伦秀》的重头戏，很多明星参加《艾伦秀》时会不自觉地吐露一些媒体从未披露的八卦，而且与艾伦谈话的过程轻松愉快，观众也能借此看到明星较为放松真实的一面。每期《艾伦秀》的访谈嘉宾都会有一到两个，有政界名流、影视明星、商业巨擘，也有网络红人，谈话时间基本持续在10分钟左右，加起来不会超过节目比重的50%。

受时长的限制，每期《艾伦秀》对采访对象的内容挖掘并不会过深，也不会谈论一些严肃的或者敏感的话题，而是围绕对方一些无伤大雅的八卦，或是对方的家庭、最近的工作等展开访谈。比起访谈，艾伦与嘉宾的谈话更像是老友之间的聊天，插科打诨占多数，正经谈话占少数。也经常会有一些嘉宾借着《艾伦秀》来宣传自己的新作，如理查兹·塞隆（Charlize Theron）带着自己的新作品《速度与激情8》参加《艾伦秀》的时候，节目除了播放一小段影片内容外，艾伦还会向她提问一些有趣的问题，比如和范·迪塞尔（Vin Diesel）的吻戏等，以此引起观众的兴趣，同时又不会让嘉宾反感。

谈话中间穿插少量的游戏、视频或照片，整体气氛轻松愉快，这样做的好处就是不会打断谈话的连续性，将对观众观赏节目的影响降到最低。

三、舞美设计

1.舞台形状和设置

《艾伦秀》的舞台是常见的半开放式舞台，整个演播厅一半是舞台，一半是观众席。观众席和舞台的间隔距离很近，方便双方互动。舞台的中央是一片开阔的场地，主持人的出场和游戏环节、互动环节以及表演环节都在该区域完成。舞台的背后由几块较大的LED屏幕组成，屏幕拉开，也可使该片场地扩大成一个较为宽阔的区域，供嘉宾活动或搭建摆放道具。

图2 《艾伦秀》的演播厅全景（图片来自搜狐娱乐）

舞台的左侧是一个小小的DJ台，除了开场炒热气氛、节目中间打碟做背景乐外，DJ偶尔也会与嘉宾互动。

图3 《艾伦秀》的现场演出（图片来自IMBd，互联网电影资料库）

舞台的右侧专门开辟了一片区域作为嘉宾访谈区，当然艾伦绝大多数时间也是坐在这里和观众聊天。这里有两张舒适的沙发，矮茶几上摆着新鲜的花束和咖啡，并刻意用葱郁的绿色背景营造出舒适惬意的氛围，为和嘉宾聊天创造了良好的环境。在不同的节日，背景道具的摆放也会不同，比如在圣诞节的时候，背后的图片就会换成雪景照片，当然也会摆上圣诞树来烘托气氛。

图4　《艾伦秀》的谈话区（图片来自IMBd，互联网电影资料库）

在观众席的左上方还有一块艾伦精心"设计"的区域——一个类似于剧院包厢的房间，它被称为"Skybox"。艾伦特地在包厢外墙张贴广告，以吸引赞助商为其投资。

图5　《艾伦秀》的Skybox（图片来自搜狐视频截图）

然而镜头也不仅限于我们看到的舞台，有时根据情景需要，镜头甚至会跟着艾伦跑进后台。

整体而言，《艾伦秀》的舞台还是相对固定的，为了迎合观众的口味和打造品牌，不会随意更改舞台设置。所以自开播以来，《艾伦秀》的舞台设置基本没有改变。

2.舞美灯光

《艾伦秀》的舞美灯光整体设计偏明亮，这与其节目调性相一致——明亮、欢快、轻松。区别于有些谈话节目偏爱的主舞台明亮、观众席昏暗风格，《艾伦秀》的整个演播厅都在灯光的照射下，这样的设置也许是为了方便镜头随时对准观众席。如适逢某些嘉宾带来了表演节目，表演舞台就会根据表演风格调整背景灯光，时而炫酷时而静谧。不过不难看出，《艾伦秀》的灯光偏爱蓝紫色系，这样的灯光最保守，不会显得与现场格格不入。进入谈话环节的时候，谈话区四周的灯光整体偏黄，打在嘉宾的脸上十分柔和，显出一种温暖的质感。

图6　《艾伦秀》的谈话区（图片来自搜狐娱乐）

《艾伦秀》的舞美整体风格趋向统一，屏幕背景多用蓝色，背景装饰多用绿色，在节日的时候会摆放特殊的节日道具，例如上文中提到的圣诞树。

图7　圣诞节期间瑞恩·高斯林做客《艾伦秀》(图片来自《艾伦秀》视频截图)

3.舞台道具

作为一档谈话节目,《艾伦秀》使用道具的时候并不太多,除去嘉宾表演环节,只有游戏环节会使用一些大型道具。如在游戏单元“One eyed monster”中,节目组就制作了一只超大的单眼怪兽玩具。

图8　单眼怪兽玩具(图片来自《艾伦秀》视频截图)

值得一提的是,有时赞助商也会以道具的形式出现在节目中,虽然是硬广告植入,但却不会引起反感,甚至有时还会收到意想不到的效果。

图9　某洗衣液品牌为《艾伦秀》提供赞助（图片来自搜狐娱乐）

四、人员分析

1.节目主持人

《艾伦秀》的成功，如果把大部分功劳归于主持人艾伦，一点也不为过。艾伦1958年1月26日出生于美国路易斯安那州，拥有法国、英国、德国和爱尔兰血统。除了主持人的身份，她还是一名非常优秀的演员、单口相声喜剧演员，多次获得艾美奖和金球奖的提名，是唯一一位主持过艾美、格莱美、奥斯卡颁奖礼的主持人，也是《美国偶像》的评委。同时她还是畅销书作家，赢得过无数慈善奖，曾多次入选全球最具影响力女性榜。

丰富多彩的人生经历为她打下了坚实的基础，而对于如何营造轻松有趣的谈话氛围，艾伦也有着自己独到的主持风格和技巧：拥有令人感到亲近的幽默感。这种幽默感不会伤害到别人，既能炒热气氛，又不会引起嘉宾的反感。

在节目中，艾伦经常自我贬低（self-deprecation），也就是我们常说的“自黑”。比如有一次采访著名歌手蕾哈娜（Rihanna）的时候，对方是1988年出生的，艾伦立马接腔说自己有一双鞋是1988年的，还有件背心从1988年穿到现在，以此说明自己年纪很大了。

当然，只从自己身上找笑点是不行的，艾伦也会找一些无伤大雅的黑点来取笑（poking fun）嘉宾，比如在一期节目中嘉宾说自己有支气管炎，艾伦就假装拿起纸巾擦手，不想跟她接触。

艾伦还有一个技巧，就是欲擒故纵、声东击西，表面上在“黑”你，实则是换一种方式夸你。比如她在主持奥斯卡颁奖礼的时候，就对某女演员开玩笑说对方一晚上拿了两个提名奖，非常“自私”，这实际上是对女演员能力的一种肯定。艾伦还有很多其他技巧，如学会一些简单的舞蹈，这也为她的主持加分不少。

所有的幽默都是大智慧，都不是一蹴而就的，本身的丰富经历加上不断对主持技巧的研习探讨，艾伦最终发展出一套适合她的主持风格，这也是《艾伦秀》的成功之处。

2.节目嘉宾

《艾伦秀》对嘉宾的选择是没有限制的，非常多样化且具有话题性，比如美国前总统克林顿、奥巴马，时任副总统拜登、希拉里等。《艾伦秀》还喜欢邀请一些各界精英，如诺贝尔奖获得者，或是IT“大佬”，当然更多的还是影视音乐界的明星，中国著名演员成龙也做客过《艾伦秀》。有些嘉宾不止来一次，他们和艾伦成为朋友，就会欣然再接受《艾伦秀》的采访。

由于主持人艾伦经历丰富，加之其是著名喜剧演员，所以，同为“圈内人”的角色使到场的好莱坞明星在接受她的采访时更加放松、自然。明星主持人能够提升节目品牌度、提高节目辨识度，凭借自身的影响力就可以吸引一批忠实的观众，因此有不少观众因为喜欢艾伦而收看《艾伦秀》。

五、节目分析

1.《艾伦秀》的选题

谈话节目的选题对其收视率有着重要的影响，节目有没有爆点、内容够不够有吸引力，都是节目需要考虑的问题。

《艾伦秀》的选题分为五个大类。

第一类是娱乐性话题。娱乐是大众最关注的话题，娱乐明星是《艾伦秀》中最常见的嘉宾，对一些娱乐新闻话题进行讨论是脱口秀节目最常用的方法。比如和嘉宾探讨他们的新动态，对他们近期八卦进行调侃，等等。

第二类是家庭性话题。围绕普通民众的心理特点，赋予节目以深刻的代入感，讲述与观众有关的话题和对观众有利的观点，使观众对节目产生好感。比如在采访贝克汉姆的时候会询问他的妻子和孩子，采访第一夫人的时候也会对她的家庭生活感到好奇。

第三类是社会性话题。在每期节目的开场，艾伦都会和观众聊一些新的社会现象，这是每个人都关注的问题。分析社会问题，目的在于正确地引导观众。

第四类是政治人物话题。美国总统竞选时，每一位候选人都会通过各个平台进行宣传。日间脱口秀名嘴奥普拉和艾伦一直都是奥巴马的坚强后盾。2006年，时为伊利诺伊州参议员的奥巴马携妻子米歇尔首次做客《奥普拉秀》，为自己积攒人气。在2008年总统大选中，奥普拉对奥巴马的公开支持发挥了非常重要的作用。而在《艾伦秀》中，奥巴马与艾伦一起跳舞，米歇尔还和艾伦比拼俯卧撑。这些举动帮助奥巴马夫妇树立了接地气、有干劲的正面阳光形象。

第五类是健康话题。在节目中推广健康小知识，给观众以健康生活的参考，比如如何延缓衰老等。但是，这类话题存在局限性，年轻人的关注度不高，因此，这类话题是五类话题中最少见的。

2.环环相扣的制作流程

《艾伦秀》从2003年开播至今，以轻松诙谐的风格创造了谈话节目的神话，它注重策划，制作精美，重视宣传，加上富有魅力的主持人，因此获得了成功。

美国节目运作方式与我国有很大的不同，很多节目都选择以“季”的形式播出。9月中旬至次年4月下旬这段时间是无线电视网划定的黄金播映季节。一年中，《艾伦秀》只有半年的时间在播出，其他时间都用来筹备、休整、策划。在休整期，制作组有充分的时间去反思自己的工作，并对节目进行调整和创新，包括布景、内容和板块等，不断加入的创新元素可以使观众时刻保持新鲜感和关注度。

《艾伦秀》也非常重视节目的品牌效应，它以其强大的号召力将大量观众固定在某个时段，从而带动此时段的广告效应，促使企业不断追加投资，这样既可以延长品牌节目寿命，又能提高节目的知名度。

六、美国日间脱口秀的可借鉴性

1.依托女性关注度较高的题材，通过轻松幽默的形式，挖掘真情，传递正能量

与美国深夜脱口秀专注于政治人物与时事严肃话题不同的是，美国的日间脱口秀偏软性题材，内容多为健康、情感、心理、家庭等生活化题材，风格轻松、温馨、活泼。

之所以形成这样的区隔，主要是因为这两类节目的定位和受众群体不同。美国深夜脱口秀的播出时间一般是周一到周五晚上的11点至午夜，风格老辣深刻，目标受众是结束一日辛勤工作后渴望放松的上班族，其主持人多为学识阅历极为丰富的成熟男士。而日间脱口秀的播出时间一般是周一到周五上午11点，主要针对的是那些不用出门上班的人。

和喜欢针砭时弊的深夜脱口秀相比，日间脱口秀更愿意在轻松活泼的访谈和游戏中，在传递丰富信息的同时，成为观众生活上的导师，从精神和情感方面帮助人们“过最好的生活”。如奥普拉在节目中追求“有启发性的内容”，这种追求一直坚持到2011年节目停播，这也是她成功的主要原因。在最后一期节目中，奥普拉对观众说：“我希望通过这个节目让人们了解，他们有能力改变自己的生活，如果说有一条贯穿5000多期节目的主线，那就是让人们感觉自己并不孤独。”①

《艾伦秀》的演播室被设计成一个温暖的会客厅的样子，摆放着红沙发和盆栽、花卉，在嘉宾采访环节，多涉及女性感兴趣的话题，比如明星的家庭生活、感情、孩子，同时还有萌宠秀、儿童秀等。除此之外，在现场录制节目的观众还能得到不少慷慨的广告商赠送的母婴用品、购物卡等。美国一本心理杂志曾经这样形容观众参加节目的感受：“和艾伦共度一个小时，你会有一种参加艾伦睡衣派对的感觉。毫无疑问，人们喜欢艾伦不仅仅是因为她让我们笑，更重要的是她可以让观众思考。”②

2.富有鲜明个性魅力的主持人成为节目受到持久关注的关键要素之一

《艾伦秀》《奥普拉秀》《法官朱迪》《观点》《奥兹医生》等在美国家喻户晓的日间脱口秀节目往往都有一个优秀的主持人。这些主持人虽然知识结构不同，但都是极具个性魅力和影响力的人，在节目内容生产中是主导者。这些主持人往往经历坎坷，大器晚成。如奥普拉出身于单亲家庭，自幼贫寒，曾一度染上毒瘾和酗酒的恶习，后来经过她父亲和继母的严格管教，洗心革面，刻苦学习演讲和表演艺术，并依靠后天练就的一张铁嘴得到了电视新闻主持人的工作机会。1984年，她转做《芝加哥早晨》这档日间节目，广受好评。她迅速意识到自己在脱口秀节目领域的天赋，于是趁热打铁，打造出全美王牌脱口秀节目《奥普拉秀》——世界上最成功的脱口秀。2010年、2011年艾美奖最佳脱口秀主持人获得者奥兹是一位心胸外科医生，著有多篇论文和专著，他主持的《奥兹医生》受到民众的追捧。雷切尔·雷是美食频道著名美食节目主持人，2006年，她的主持个性和影响力被辛迪加看重，为其打造脱口秀《雷切尔·雷》，这档节目于2008年、2009年获得最佳娱乐类日间脱口秀奖。

3.彰显人文关怀的价值取向

“电视最重要的功能是建构人们的生活模式及价值观念。”③人文关怀源于欧洲文艺复兴时期的“人文主义”，在当代强调的是尊重人的个性发展，关注民众的现实生

① 《奥普拉秀》(*The Opran Winfrey Show*)最后一期节目，于2011年9月9日播出。

② MEYEYE S.Ellen DeGeneres：why everyone loves her[EB/OL].(2012-03-05)[2020-12-03].http：//www.psychologytoday.com/blog/insight-is-2020/201203.

③ 周鸿雁.隐藏的维度：詹姆斯·W.凯瑞仪式传播思想研究[M].北京：中国大百科全书出版社，2012.

存状况、人的幸福，重视人的价值和精神欲求，强调人类之间的互助、关爱。人文关怀是《艾伦秀》的价值追求。

《艾伦秀》自开播以来，已筹得数千万美元用来帮助贫困的人，致力于地区重建、乳腺癌等公益事业，同时还通过策划有趣的环节，倡导民众奉献爱心。比如在“好心有现报”中，节目组安排一位假装遇到困难，需要帮助的“托儿”，然后观察民众的反应。被整蛊的人会因良好的表现或行动而得到节目组的奖励。比如制作人安迪假装在马路上丢了东西，一位热心小伙儿帮忙之后获得节目组送出的一千美金。比如美国歌手布鲁诺·马尔斯装病，前来为他诊疗的女护士由于出色的表现被请到节目现场，获赠一万美金和一些购物卡、礼品。这一环节充满了趣味性和人情味。

美国的日间脱口秀不仅通过节目筹集来的物资资助弱势群体，其在节目中所传达的分享、互助的品质更令人钦佩。如《奥普拉秀》吸引人之处在于，奥普拉让自己显得像是观众中的一员，经常通过提问一些私人问题或是暴露自己的隐私，与观众建立起密切的联系。这种勇于分享内心的风格使奥普拉得到了“精神导师”的赞誉，而名嘴艾伦则更希望成为观众心中的“欢乐舞蹈女士”。她们通过自己的经历和对人生的态度，激励和鼓舞民众。

（牛慧清　苏　醒）

超现实主义的对话

——《蕨间访谈》

一、节目概况

节目名称: Between Two Ferns
中文名称:《蕨间访谈》
发行地区: 美国
播出频道: Funny or Die
首播时间: 2008年1月4日
播出时间: 无固定时间
单集时长: 5分钟左右
节目类型: 访谈型谈话节目
荣　　誉: 第66届艾美奖优秀短格式真人秀节目

图1　《蕨间访谈》主持人扎克·加利凡纳基斯(图片来自百度)

《蕨间访谈》(*Between Two Ferns*)是由美国喜剧演员扎克·加利凡纳基斯主持的网络恶搞式谈话节目，2008年1月在网站Funny or Die首播。节目邀请好莱坞明星作为嘉宾，一期节目时长约为5分钟，主持人扎克·加利凡纳基斯扮演一个反面角色，询问嘉宾一些奇怪又出格的问题，而且经常打断嘉宾的讲话，推荐赞助商的产品。《芝加哥论坛报》把它描述为“超现实主义的一个访谈节目，更是一个迷人的假装亲密的名人讽刺谈话节目”。

节目原本是斯科特·奥科曼和B.J.波特制作的喜剧节目《死亡射线》的一个衍生品。后来网站拒绝继续播放《死亡射线》，两人就把其中的片段上传到Funny or Die网站上，结果获得了很高的点击量和良好的评价，凭借这个契机，《蕨间访谈》成功转变成一个网络视频节目。

《蕨间访谈》近两年来在网络上大受欢迎，它没有特定的播出时间和播出规律，而是随时制作、随时播放。访问2016年总统候选人希拉里的那一期节目，在24小时内收获了超过3000万的点击量，创下了Funny or Die网站的收视率纪录。

图2　希拉里在《蕨间访谈》(图片来自Funny or Die官网)

二、板块设计

以2016年希拉里作为嘉宾的这一期节目为例，分析《蕨间访谈》的板块设计，详见表1。

表1　节目板块内容详解

节目板块	总时长	板块时长	具体内容	形式
第一板块：节目开场	8秒	8秒	开场节目	图片
	38秒	30秒	主持人和嘉宾上演小短剧	主持人现场
第二板块：嘉宾访谈	50秒	12秒	主持人介绍节目嘉宾	主持人现场
	59秒	9秒	主持人表明嘉宾上节目的目的	主持人现场
	1分24秒	25秒	嘉宾回答主持人的第一个问题	现场同期声
	2分	35秒	主持人用“secretary”（希拉里担任的旧职）调侃嘉宾	现场同期声
	2分10秒	10秒	主持人问嘉宾关于《跨太平洋伙伴关系协定》的问题	现场同期声
	2分25秒	15秒	主持人问关于竞选对手特朗普的问题	现场同期声
	3分	35秒	主持人和嘉宾讨论特朗普	现场同期声
	4分15秒	1分15秒	主持人和嘉宾讨论电视辩论的服装问题	现场同期声
	4分43秒	28秒	主持人和嘉宾讨论关于提升就业率的问题	现场同期声
第三板块：节目尾声	5分17秒	34秒	主持人按下红色按钮，节目播放特朗普竞选宣传片	VCR短片
	5分26秒	9秒	主持人调侃嘉宾“邮件门”事件	现场同期声
	5分31秒	7秒	节目结束	现场同期声

三、舞美设计

《蕨间访谈》的舞台设计非常简洁，最主要的舞台装饰就是分别放置在主持人和嘉宾身边的两盆蕨类植物。舞台的全景几乎没有出现在镜头中，主持人和嘉宾的身后也没有打光。主持人和嘉宾中间有一个茶几，茶几上放置了一个红色的按钮，这个按钮主要是为主持人增加节目环节而设置的，当主持人按下这个按钮时，工作人员就会配合主持人增加节目环节，这些环节主要是用来整蛊嘉宾的。

舞台灯光主要集中在主持人和嘉宾身上，两人身边的蕨类植物稍暗。这样的灯光有利于观众将注意力集中在主持人和嘉宾的谈话内容上，而灯光稍暗的蕨类植物分立两边既呼应了节目的名称，又没有过于分散观众的注意力，恰到好处。

图3 演员布鲁斯·威利斯在《蕨间访谈》(图片来自Funny or Die官网)

作为一个时长较短的网络节目，《蕨间访谈》的舞台设计必须考虑两个因素：第一，观众不会在这个节目上投入太多时间，也不会过分注意主持人和嘉宾互动之外的细节。与电视节目相比，《蕨间访谈》的舞台设计不需要过于华丽正式，准确地说，只需要提供一个录制场所就足够了。第二，鉴于《蕨间访谈》的节目属性，节目组必须考虑经费问题。它不是大型电视访谈节目，没有固定的观众群和播出时间，节目经费有限，因此不需要在舞台设计上投入太多的经费。而且这样的舞台设计能够获得观众的好感，与其他节目形成强烈的反差，让观众在观看节目的时候产生时空交错感，充分感受到《蕨间访谈》的与众不同。

四、人员设计

1. 主持人

主持人扎克·加利凡纳基斯是好莱坞喜剧演员，参演了很多好莱坞喜剧电影，其中以《宿醉》系列最为著名。扎克·加利凡纳基斯在《蕨间访谈》中的角色设定与其在《宿醉》中所扮演的角色有异曲同工之妙，这让观众很有代入感，一开始就对这个角色不感到陌生，并且在喜剧效果的期待上能与节目达成一致。

虽然在担任《蕨间访谈》主持人之前，扎克·加利凡纳基斯没有太多的主持经验，但是凭借自己的喜剧表演经验，他能够很好地把握自己在这个节目中的定位，实现节目所需要的效果。严格地说，《蕨间访谈》不是一个传统意义上的访谈节目，因为这个节目并没有试图通过谈话来挖掘嘉宾的内心世界，也没有试图通过谈话让观众更加了解嘉宾或者与嘉宾有关的事件。节目的宗旨是通过恶搞式的谈话吸引人们的关注，它更像是嘉宾以真实身份出演的恶搞短片。因此，扎克·加利凡纳基斯作为主持人，作为这个系列恶搞短片的主要角色，必须把握好自己的角色定位。虽然这个角色会根据具体的嘉宾有所变化，但是整体来说，作为恶作剧的实施者，扎克·加利凡纳基斯的角色设定是鲜明而确定的，而他将这个角色完成得很好。

2. 嘉宾

《蕨间访谈》的嘉宾都是当红的好莱坞明星和美国政客，嘉宾参加节目的目的性很强，往往是想借助这档节目在网络上的高人气进行宣传，演员宣传新上映的电影，歌手宣发新专辑，政客则宣扬自己的政治主张。《蕨间访谈》与其他谈话节目最大的不同在于，其他的谈话节目往往会在访谈中留出一段时间让嘉宾直接陈述自己的主张，或者是主持人与嘉宾面对面讨论，或者播放事先拍摄剪辑好的相关视频，而《蕨间访谈》几乎不会留给嘉宾特定的宣传时间，只有在奥巴马那一期节目中提到他正在推行的医保计划，点明了奥巴马参加节目的目的。在对其他嘉宾的访谈中，很少出现这样的情况，因为这个节目的主要目的是通过恶搞和嘲讽的方式引起观众对于嘉宾的兴趣，然后再去进一步了解嘉宾。这看似“添乱”的访谈，在网络上的造势效果却是事半功倍的，因为嘉宾和主持人合力打造的“恶搞”会让观众对嘉宾产生强烈的好奇心。

图4　奥巴马在《蕨间访谈》（图片来自百度）

图5　演员布鲁斯·威利斯在《蕨间访谈》(图片来自Funny or Die官网)

五、节目分析与可借鉴性

《蕨间访谈》是一个网络节目，它的节目形式是为了迎合网络上观众的习惯而设定的。概括起来，它有以下五个特点。

1. 节目时间很短，基本都控制在五分钟左右

艾瑞咨询在《2017年中国短视频行业发展研究报告》中指出，播放时长控制在5分钟以内的网络视频，具有创作门槛低、观看时长短和场景便捷等特征，更符合移动互联时代碎片化内容的消费习惯，实现网络上的快速传播与分发。《蕨间访谈》的节目大多数都控制在5分钟左右，在网络上传播便捷而迅速，能在短时间内汇聚起高人气。《蕨间访谈》采访奥巴马总统的节目视频[①]播出后，点击量超过1500万次，使得因医改方案而焦头烂额的奥巴马绝处逢生，为推动医改争得了民意基础，鼓动了年轻人前往医保网站注册登录。连希拉里也为了赢得年轻网民的支持，登上《蕨间访谈》的舞台，接受主持人的恶搞，《蕨间访谈》的影响力可以窥见一斑。

2. 消解嘉宾在传统访谈节目中“高高在上”的地位

《蕨间访谈》不同于传统意义上的访谈节目，它不以传达思想和意义作为节目的诉求点，而是以嘲讽和恶搞作为节目的主要方式。在这档节目中，嘉宾的地位被消解，节目既不介绍嘉宾的成就，也不刻意抬高嘉宾的地位，而是从摄像机开机的那一刻到节目结

① 节目视频网址：http://www.le.com/ptv/vplay/20023771.html。

束一直让嘉宾处于极端不舒服的状态中。这种节目设计与网络吐槽文化息息相关，因此节目在网络上一经传播，便能引起网民共鸣。

3. 主持人独树一帜的风格也是节目的一大亮点

在《蕨间访谈》之前也有不少恶搞类节目，这些节目以整蛊嘉宾为主，为观众制造笑点，但是在这类节目中，主持人大多是十分欢快的，节目现场的气氛非常热烈，而且节目的整蛊程度也非常有限，通常都会在节目最后与嘉宾达成和解，整体气氛比较融洽。

而在《蕨间访谈》中，主持人扎克·加利凡纳基斯自始至终以其在节目中的人设面对观众，节目现场的谈话气氛非常冷清，主持人有时甚至刻意不接嘉宾的话，制造冷场的效果，以产生令人意想不到的喜剧效果。节目的整蛊也非常到位，会根据每位嘉宾的不同情况来吐槽和整蛊，主持人和嘉宾中间茶几上的红色按钮就是为这个环节设置的。整蛊贯穿节目始终，是节目的主要内容，也是节目的目的。直到节目结束，嘉宾和主持人之间看似对立的整蛊和被整蛊关系也不会破解，并且会在观众意想不到的地方戛然而止。

4. 舞台和字幕设计贯彻极简主义

极简主义的英文是normcore，是由normal（正常）和hardcore（核心）组成的，这是一种对快速增长的物质丰裕复杂性产生的反省情绪，强调物质本质的朴素之美。《蕨间访谈》的舞台设计极其简单，只放置了两盆蕨类植物、一个茶几和一个红色按钮。这种舞台设计可以迫使观众将注意力集中到主持人和嘉宾的谈话上，同时也制造出冷漠、与世隔绝的效果，显示出节目独到的设计理念。字幕设计参考了20世纪末的单机游戏风格，使用白色字，给观众一种怀旧的感觉，非常契合节目的简洁风格。

5. 引入“好笑或是毙掉”的打分系统，将节目的播放权交给网民

《蕨间访谈》是一档网生类谈话节目，对于在媒体资源上远不如NBC 、CBS这些大电视台的网络脱口秀来说，为求生存，必须借“势”，而这个“势”就是人气。该节目充分利用了互联网上能与观众充分交流的优势，引入了一个叫作“好笑或是毙掉”的打分系统。其规则是：鼓励观众给节目视频打分，打分办法很简单，只有“好笑”和“毙掉”两个选项，任选其一即可。凡是能得到10万以上点击量，并获得超过80%的“好笑”评价的节目就能被划分为“不朽”等级，即意味着“永不下架”。而那些得到1000以上点击量，却不能获得超过20%的“好笑”评价的节目将会被放入网站的“墓穴区”，即意味着要被永久下架。

（牛慧清　郑金娥）

喜剧制胜的晚间谈话节目

——《吉米今夜秀》

一、节目概况

节目名称：The Tonight Show Starring Jimmy Fallon

中文名称：《吉米今夜秀》

发行地区：美国

播出频道：美国全国广播公司（NBC）

首播时间：2014年2月17日

播出时间：周一至周五23：34

单集时长：50分钟

节目类型：脱口秀

荣　　誉：2014—2016年获得黄金时段艾美奖（Primetime Emmy Awards）优秀脱口秀系列节目提名；创意艾美奖（Creative Emmy Awards）优秀互动节目和最佳社交节目表现奖（2014、2016）

图1　节目LOGO（图片来自爱奇艺视频截图）

《今夜秀》（*The Tonight Show*）是一档美国晚间谈话节目，目前由美国全国广播公司（National Broadcasting Company，NBC）播出。它是目前为止世界上持续时间最长的一档脱口秀节目，从1954年首播之后，就一直在NBC播出。

在60多年的时间里，《今夜秀》并没有什么特别大的变化，最能体现变化的一点就是它的名字。在最初的一段时间里,《今夜秀》的名字只有一个单词"Tonight",1962年,常驻主持人约翰尼·卡森(Jonny Carson)将其改名为"The Tonight Show",这个名字作为前缀一直沿用至今。在接下来的几十年间,一些广告商、网络程序员和主持人都曾为其冠名。2014年主持人吉米·法伦(Jimmy Fallon)接手了这档节目之后,《今夜秀》就改名为《吉米今夜秀》(*The Tonight Show Starring Jimmy Fallon*),并沿用至今。

从1954年以来,《今夜秀》的播出时间都是在周一到周五的23:30,除了1966年提前到23:15,1980年又回归到23:30。目前《吉米今夜秀》的开播时间是23:34。《吉米今夜秀》首播即获得了626万的收视人数和2.1的收视率。这是自柯南·奥布莱恩(Conan O' Brien)于2009年主持《今夜秀》之后,同时段创下的最好成绩。

下文将主要以《吉米今夜秀》为示例,分析以其为代表的美国晚间谈话节目的特点。

二、板块设计

1.《吉米今夜秀》的大致流程和板块介绍

晚间脱口秀的录制地点大多在演播室内,由于不在黄金时段播出,所以成本相对较低,但是很受广告商的喜爱。

《吉米今夜秀》的录制地点是洛克菲勒中心的6B演播室,每一集的时长约50分钟,包括片头、开场独白、访谈以及现场表演几个主要部分。

自1954年《今夜秀》开播以来,一套属于脱口秀的标准流程就渐渐形成:主持人面对摄像机向现场观众独白(Monologue)、现场音乐表演、嘉宾访谈,最后与观众进行互动。

《吉米今夜秀》的开头惯常是一个半分钟左右的小片,介绍本期的谈话嘉宾和音乐嘉宾,随后镜头转入演播室,助理主持人史蒂文·希金斯(Steven Higgins)和观众在现场乐队的伴奏下欢迎吉米入场。在这之后吉米会进行10分钟左右的开场独白。在独白中,他会挑选一些当下有趣的时政新闻、娱乐新闻或体育新闻来评说或调侃,并穿插播放一些相关视频、照片和乐队表演。晚间脱口秀中最常见的就是对时事的调侃,他们丝毫不会避讳对执政者的调侃,比如在2016年美国大选时,吉米几乎每一期都要拿特朗普调侃几句。

嘉宾访谈是《吉米今夜秀》的重中之重,每期节目有两组嘉宾,吉米会与嘉宾进行大约十几分钟的交谈。与大多数谈话节目一样,吉米善于发掘话题,但不会触及嘉宾的隐私,谈话气氛友好轻松。吉米本人有着独角戏演员的功底,其幽默诙谐的语言经常引得嘉宾和现场观众捧腹大笑。同样，许多嘉宾也把《吉米今夜秀》当作宣传作品的平台，如许多演员在作品上映之际就会受邀参加节目，为作品预热，节目也会播放预告片来提高观众的兴趣。

在两组嘉宾交替的中间，偶尔还会穿插一些游戏，活跃现场气氛。如2015年的一期节目采访了著名男演员休·杰克曼（Hugh Jackman）和NBA球星沙奎尔·奥尼尔（Shaquille O' Neal），中间就穿插了一个短暂却有趣的游戏"电话亭"（Phone Booth）：杰克曼和奥尼尔分别进入两个电话亭里，吉米站在中间向他们提问常识性的问题，谁答对了对方的电话亭里就会塞进一个人。这样的游戏除增添了趣味性外，也增添了节目的可看性，不至于让节目变得无聊，让观众昏昏欲睡。

图2　吉米和嘉宾玩电话亭游戏　（图片来自爱奇艺视频截图）

节目的最后五分钟是现场乐队的演奏时间，此时，现场会变成一个小型的演奏会，配备超高水准的音响设备，使现场和电视机前的观众得到近乎完美的视听享受。

除了这些固定环节外，《吉米今夜秀》也会不定期推出一些小环节，这些小环节所占的时长不过五六分钟，如2015年的一期节目中推出了一个环节叫作"潮流数学"（Popular Mathematics），将一些流行元素加在一起，比如说Dr.Pepper（一款饮料）加上《绿野仙踪》（*The Wizard of OZ*）等于Dr.OZ，目的还是增加节目的娱乐性，对某些人物或者事件进行调侃。

2.具体节目流程

以2015年10月5日[①]的节目为例，详见表1。

话题：休·杰克曼趣谈往事，总时长：41分08秒。

① 节目视频网址：http: //www. iqiyi. com/v_19rrkm6lrk. html。

表1 节目板块内容详解

板块名称	板块时长	具体内容	形式
片头+开场白	5分14秒	1.主持人吉米开场，和史蒂文互动，介绍几个短小的趣事新闻：Al Sharpton不打算继续支持希拉里，调侃两位候选人 2.特朗普不再是Facebook上点赞最多的候选人 3.华盛顿新闻：教育部部长打算在12月辞职 4.《雷神3》即将上映 5.一个荷兰男子生育了106个孩子	主持人现场
本期节目介绍	4分40秒	1.介绍本期现场乐队和他们的唱片 2.介绍下期嘉宾Lady Gaga 3.介绍本期第一位嘉宾休·杰克曼并调侃嘉宾 4.介绍本期第二位嘉宾沙奎尔·奥尼尔的新书《小鲨鱼》 5.介绍本期结尾的现场表演	主持人现场
潮流数学小游戏环节	4分34秒	叠加一些流行元素，对一些趣事进行调侃	主持人现场+屏幕互动
采访第一位嘉宾	7分27秒	1.吉米希望杰克曼经常上节目，两人调侃，并一起回忆上次采访的情景 2.杰克曼讲述自己拍摄电影《潘》时的趣事 3.主持人拿出第一张杰克曼的照片，是杰克曼和女儿在迪士尼拍摄的照片，一起回忆杰克曼和女儿在迪士尼的趣事 3.主持人拿出第二张照片，杰克曼讲述26岁从事第一份小丑工作的趣事 4.主持人拿出第三张照片，谈论导演和电影情节，一起观看《潘》的片段	现场采访
电话亭游戏	9分02秒	和嘉宾做游戏	做游戏
采访第二位嘉宾	6分21秒	1.介绍嘉宾的新书《小鲨鱼》 2.聊嘉宾的广播节目 3.和嘉宾互动，嘉宾念冰棍棒上的笑话，和现场观众互动	现场采访
现场表演	4分45秒	1.吉米介绍本期表演嘉宾 2.乐队演唱歌曲*Revolution*	乐队演奏

三、舞美设计

1.《吉米今夜秀》的舞台设置

与大多数脱口秀节目一样，《吉米今夜秀》的舞台也是矩形的半开放舞台。整个演播厅主要采用木质装潢，宛如一个小型的音乐厅。舞台分为三个部分，舞台最左侧是助理主持人史蒂文的小讲台，在这里史蒂文完成开场部分。

图3 《吉米今夜秀》演播厅全景（图片来自爱奇艺视频截图）

舞台的左侧是“会客区”，摆放着蓝色的沙发，一张L形角桌，背后的大屏幕上是纽约漂亮的夜景，嘉宾的沙发与吉米的桌子紧挨着，这让他们之间的直线距离虽近，但又有着明确的区分。自《今夜秀》开播以来，谈话区的布置就一向如此：一张办公桌、一组沙发，节目的大部分内容都是在这里进行的。

图4 《吉米今夜秀》谈话区（图片来自爱奇艺视频截图）

舞台的中央是一片开阔的区域，背后有一块从天花板垂坠到地面的深蓝色帘幕，开场后吉米便会从帘子后走出来，与观众打招呼。在节目中间的游戏环节，这里会搭建游戏道具，供主持人和嘉宾互动。在节目最后的嘉宾表演环节，乐队和乐手们也会在这片区域进行表演。

舞台的最右边是现场乐队表演的地方，乐队对整个节目起着承上启下的作用，乐手们技术高超，有时吉米一时兴起哼一段歌，现场乐队也能马上伴奏。

图5　现场乐队（图片来自爱奇艺视频截图）

同样地，如果遇上特别主题，舞台的布置也会随之变化。在美剧《纸牌屋》大热之际，节目组将整个舞台变为了《纸牌屋》现场，吉米化身主角，在观众面前上演了一出《纸牌屋》情景剧。在2016年2月16日的节目中，节目组还将现场变为“欢乐满屋”，在观众面前上演了一场名为“唐纳德·特朗普在欢乐小屋”的情景剧。

图6　在节目中上演情景剧（图片来自IMBd，互联网电影资料库）

2.《吉米今夜秀》的舞美设计

前文提到，《吉米今夜秀》的演播厅像是一个小型的音乐厅，这要归功于其木质装潢，棕黄色木质舞台、桌椅，甚至连背景道具都是木头做的，舞台的其他软装饰如幕布、背景照片板和布艺装潢则都选择深蓝色，这两种颜色的搭配使得整个舞台看上去简洁大方，且一目了然。

图7 《吉米今夜秀》的木质城市模型（图片来自百度）

《吉米今夜秀》的舞台灯光使用中性色调，既不偏暖也不偏冷，人物面部轮廓清晰。在节目最后的表演环节，整个舞台的灯光色调会变为蓝紫色，观众如亲临演唱会现场，气氛热烈。

图8 《吉米今夜秀》的表演环节（图片来自IMBd，互联网电影资料库）

值得一提的是，谈话间的背景板一直都是纽约夜景，一成不变。其中最醒目的是演播室所在的洛克菲勒大厦。

图9　谈话间背景板的纽约夜景（图片来自IMBd，互联网电影资料库）

3.《吉米今夜秀》的舞台道具

《吉米今夜秀》最值得一提的道具是照片，每当需要用照片辅助话题的时候，吉米就会适时拿出几张装裱好的纸质照片，而不是像大多数节目那样，将照片投放在大屏幕上，这也是《今夜秀》延续至今的传统。

图10　节目中使用休·杰克曼的照片（图片来自爱奇艺视频截图）

如其他节目一样，在游戏环节，《吉米今夜秀》也会制作一些大型道具，有趣且精致，用来提升节目的品质。例如在VR技术普遍应用的当下，节目组就花费重金制作了一套VR版的“你画我猜”游戏设备，使用HTC Vive及谷歌Tilt Brush应用来进行VR节目互动。

当然，节目中还有许多有趣的，专门为游戏打造的大型道具，这里不一一赘述。

图11　《吉米今夜秀》的“你画我猜”VR游戏设备（图片来自腾讯视频截图）

四、人员设置

1.主持人

《今夜秀》自开播以来一共有过十任主持人，其中杰·雷诺（Jay Leno）曾经两度担任这档节目的主持人。在这些主持人中，最为著名的当数柯南·奥布莱恩（Conan O' Brien）和目前的吉米·法伦。他们的主持虽各具特色，但都幽默风趣，这似乎也成为美国脱口秀主持人的基本条件。

Host	Start date	End date	Episodes
Steve Allen	September 27, 1954	January 25, 1957	2,000[tablenote 1]
Ernie Kovacs	October 1, 1956	January 22, 1957	
Jack Lescoulie	January 28, 1957	June 21, 1957	
Al "Jazzbo" Collins	June 24, 1957	July 26, 1957	
Jack Paar	July 29, 1957	March 30, 1962	
Various hosts[tablenote 2]	April 2, 1962	September 28, 1962	
Johnny Carson	October 1, 1962	May 22, 1992	4,531[tablenote 3]
Jay Leno (first tenure)	May 25, 1992	May 29, 2009	3,775
Conan O'Brien	June 1, 2009	January 22, 2010	146
Jay Leno (second tenure)	March 1, 2010	February 6, 2014	835
Jimmy Fallon	February 17, 2014[1]	present	727

图12　《今夜秀》历任主持人　（图片来自维基百科）

吉米·法伦1974年出生于布鲁克林，长在纽约州索格蒂斯，从小就热爱喜剧和音乐，21岁那年他搬到洛杉矶寻找演艺机会。他最开始出现在大众视野中是1998年在NBC的夜间节目《星期六夜生活》中担任演员，他在这个节目待了6年。

后来他离开节目去做了真正的演员，出演了电影*Taxi*和*Fever Pitch*，获得了不少表演经验，这为他日后在节目中扮演各种各样的角色打下了基础。

吉米于2009年回到了NBC，2014年开始担任《今夜秀》的主持人，成为该节目第十任常驻主持人。

他除了担任演员和主持人外，还出版过两张喜剧专辑和五本书。这些经历让他形成了幽默诙谐的主持风格，也让他具有非同一般的表演能力和模仿能力。如在2015年希拉里做客《吉米今夜秀》时，他扮演的特朗普声情并茂，连希拉里本人都觉得有趣。

图13 《吉米今夜秀》中吉米模仿特朗普 （图片来自腾讯视频截图）

《吉米今夜秀》的节目宗旨是娱乐大众，因此吉米提出的问题不会特别犀利。2016年美国大选期间，希拉里和特朗普都做客了《吉米今夜秀》，特朗普在节目中还允许吉米摸自己的头发来向大众证明自己没有戴假发，这段视频在短短几天内就在YouTube上获得了几千万的点击量。但也有观众指责吉米的访谈过于温和，并未对两位候选人提出尖锐有效的问题，这与他一贯的风格相接近——战战兢兢地娱乐，力图中庸，虽然这在美国的政治文化环境下看起来有些格格不入，但依然不妨碍《吉米今夜秀》的收视率在同类节目中遥遥领先。

2.助理主持人与现场乐队

在《吉米今夜秀》中，助理主持人史蒂文·希金斯不容忽视，他负责开场的工作，在节目中与吉米互动，有时也会作为助手参与和嘉宾的互动游戏。这种形式也被中国的谈话节目所借鉴，如《金星秀》中就安排了助理主持人，虽然存在感不如史蒂文高，但两人的互动也增加了主持的乐趣。

《吉米今夜秀》的现场乐队ROOTS也在节目中扮演了重要的角色，他们在每个环节的衔接处演奏，并且适时为节目提供合适的背景音乐。每期节目也会有不同的嘉宾乐手与ROOTS组合搭配，在节目的最后为观众奉献上好听的现场演奏乐曲。

3.嘉宾

《吉米今夜秀》的嘉宾遍布各界，如时任总统奥巴马，总统候选人希拉里和特朗普等。

嘉宾在参加《吉米今夜秀》时状态轻松、畅所欲言，甚至还会展示自己的才艺。如美剧《破产姐妹》的演员凯特（Kate）做客节目时就表演了一段现场Rap，著名演员安妮·海瑟威（Anne Hathaway）做客节目的时候则改编了一段经典的百老汇歌曲。

五、节目分析

1.着重突出喜剧元素

区别于日间谈话节目，以《今夜秀》为代表的夜间谈话节目有着非常明显的特点：以喜剧制胜。

（1）《今夜秀》的喜剧表演传统的形成

《今夜秀》的第一任主持人史蒂文·艾伦（Steve Allen）对喜剧表演情有独钟，所以当他主持节目时，就将喜剧和音乐结合起来，形成了一种新模式，开创了在录影棚中加入观众和即兴表演的模式，这种模式逐渐被传承沿袭，成为今日众多深夜谈话节目的常见模式。主持人的独角戏、明星访谈、观众参与、情景剧表演等都成为这类节目经常采用的手段。

（2）名人访谈中的喜剧效果的制造

在深夜谈话节目中，主持人多追求令观众捧腹大笑的效果。主持人的风格诙谐幽默，嘉宾也会为了节目效果主动讲述一些笑话或者趣事，甚至设计一些效果强烈的动作行为，如愤然离场、争吵等。如在采访演员马特·达蒙（Matt Damon）的一期节目中，在马特要讲话的时候，吉米故意频频打断，最后马特在现场破口大骂并且愤然离席，就在观众议论纷纷时，制作方出面澄清，称这是提前策划好的表演。这也体现了深夜谈话节目的与众不同：把表演性放在第一位。

（3）喜剧表演与社会讽谏

如今的观众已经不再满足于简单地被娱乐，他们想在节目中看到更多与他们生活密切相关的话题，所以一而再再而三地挑战敏感话题，已经成为美国深夜访谈节目的重头戏，大到政治决策，小到政客的穿着或者说话方式，都能成为在节目中引起“笑果”的手段，除了让观众哈哈大笑外，也成了观察政治的另一个视角。

2.全方位调动视听元素

（1）现场乐队营造轻松愉快的氛围

美国人对于爵士乐的感情非同一般，他们致力于将爵士乐打造成一种文化符号，所以在很多节目中，爵士乐队成了现场标配。谈话中穿插的轻松柔和的爵士乐，不仅营造了轻松愉快的现场氛围，丰富了节目的形态，还变相推广了爵士乐，使其与节目互相搭配，相得益彰。

（2）多种舞台元素相结合，带来丰富的视觉体验

《今夜秀》的舞台道具也是其一大特色，节目不惜重金打造了各种各样有趣的游戏道具，其中既有还原真实场景的道具，也有电子科技类的互动道具。

在舞美方面，《今夜秀》的舞台灯光在不同的环节有着不同的色调，如访谈时是偏柔和的黄色灯光，到了表演环节，就变成了易烘托气氛的蓝紫色调灯光。

六、可借鉴性与反思

我们不得不承认的是，政治文化土壤不同，结出的果实也不同。像《吉米今夜秀》这样的美国深夜谈话节目根植于其政治文化土壤之中，要想完全移植无疑会产生水土不服的后果。与我国的谈话节目相比，《吉米今夜秀》呈现出以下不同点。

1. 话题选择范围不同

美国脱口秀节目的话题选择范围更广，谈话的尺度也更大，不仅包括街谈巷议的生活娱乐话题，还包括政治、经济、文化等领域的选题，如总统竞选、党派之争、种族歧视、教育、就业等，而且还出现了政治讽刺类的脱口秀节目，如《每日脱口秀》《马赫脱口秀》《科尔伯特报告》（又称《扣扣熊报告》）。

《吉米鸡毛秀》2017年的开篇吐槽对准特朗普以及他身边的白宫政治人物，还专门设立了一个“醉汉特朗普”的环节。该环节将特朗普的演讲或者开会视频慢速播放，以此取笑特朗普在好莱坞看来不成熟的政治形象。

与美国相比，我国谈话节目的话题选择范围相对保守，基本不会触及国家政治、政策、制度以及国家政要的相关话题，更多关注的是当下社会中的热点话题，如社会关注度较高的、引起民众讨论的一些人物、事件，或是社交媒体热门话题榜上排名靠前、网民热烈讨论的焦点，如道德话题、社会生活话题、家庭情感话题、亲子教育话题、明星话题等。节目通过对这些话题的幽默搞笑式的解读，吐露百姓心声，传达民众情感，同时也表达一些较为理性和客观的看法，或提出某些建议。

2. 主持人的经历不同

美国的脱口秀主持人大多脱胎于喜剧舞台，有着丰富的喜剧表演经验，这为他们驾驭电视脱口秀提供了丰富的给养。而我国的谈话节目主持人大多出身电视栏目，虽然在镜头前的主持训练有素，但是欠缺逗笑抖包袱的喜剧表演能力，主持脱口秀节目显得有点力不从心。虽然国内也出现了一些收视情况较好的脱口秀节目，如《80后脱口秀》《金星秀》等，但从这些节目的节目理念、板块设计、场景道具舞美设计等中都能看到美国深夜谈话节目的影子，某种意义上可以说是对美国深夜脱口秀节目的“克隆”。主持人金星、王自健虽然表现上佳，舞台经历也比较丰富，但是与国外的主持人相比，其幽默诙谐、即兴逗笑的能力尚有所欠缺。中国的脱口秀要想出现爆款的现象级节目，优秀主持人的脱颖而出是必要的条件。

（牛慧清　苏　醒）

亚洲篇

中 国

一堂别开生面的电视公开课

——《开讲啦》

一、节目概况

节目名称:《开讲啦》

英文名称: Voice

发行地区: 中国大陆

播出频道: 中央电视台综合频道

首播时间: 2012年8月27日

播出时间: 每周六22: 38

单集时长: 约45分钟

节目类型: 访谈型谈话节目

荣　　誉: 获得2013中国电视榜·最佳谈话节目、2017上海电视节白玉兰奖最佳周播电视节目等诸多荣誉

图1　节目LOGO(图片来自央视网)

《开讲啦》是一堂别开生面的电视公开课。由中央广播电视总台综合频道提供播出平台，唯众传媒负责节目的创意、策划以及执行，是总台综合频道第一个对制播分离模式进行探索并取得显著成效的代表节目。栏目从2012年8月27日开播至今，已播出360多期。凭借独树一帜的节目形式，《开讲啦》大放异彩，在线上线下掀起了一场“传播正能量”的热潮，被赞誉为中国“思想好声音”“心灵好声音”。

《开讲啦》演讲嘉宾不限领域、不限年龄、不限国别，但有一个共同的标签：“中国青年心中的榜样”。演讲嘉宾站在青年的角度，以平等的态度，通过15分钟左右的脱稿主旨演讲，分享他们对青春的独特理解，对生活和生命的感悟，给予青年心灵的滋养，启发青年对人生的思考、对中国社会问题的思考。

《开讲啦》的受众群体定位为青年学子，他们对人生有思考，对未来有疑问，思想新锐，是中国未来的中坚力量。节目每期选取8—10位来自全国各大高校的青年代表，向演讲嘉宾提问互动，300名大学生作为观众现场感受这场有思考、有疑问、有价值观、有锋芒的思想碰撞。演讲嘉宾选择的主题、青年代表提出的问题均与“青春”有关，贴近年轻人的所思、所想、所感，是一档既有温度又有深度的好节目。

《开讲啦》简洁明快又不乏激烈碰撞的板块设计、开放包容又不乏学院范儿的舞台设计、绚丽多彩又不乏书香气的灯光设计、活泼风趣又不乏理性深沉的主持人选择，以及用户为中心的节目理念、多媒体全方位的营销方式，无不体现出“青春”元素，使得这档节目在综艺节目泛滥的今天脱颖而出，成为横空出世的一匹黑马。

二、板块设计

《开讲啦》总时长约为45分钟，板块设计比较清晰，一般为“主持人开场并介绍嘉宾、嘉宾演讲、嘉宾与青年代表互动、总结”四个板块，嘉宾演讲约15分钟，给交流互动留下充足的时间。这样的板块设计简单清晰又完整流畅，而且使它有别于《百家讲坛》等单向宣讲的公开课类节目。节目因为思想碰撞和交流而更有深度，更能引起观众的共鸣。

下面以《开讲啦》2016年1月30日《刘强东：让梦想回到梦想开始的地方》①这期节目为例对其板块设计进行分析，详见表1。

本期节目主要内容：国内电商巨头京东集团CEO刘强东做客《开讲啦》，主要讲述自己的乡愁，讲述自己小时候的故事和对家乡的深厚感情，以及在他成为京东CEO之后给家乡带来的改变等。②

① 节目视频网址：http://v.qq.com/detail/1/1550.html。

② 节目内容简介：http://tv.cctv.com/2017/03/08/VIDARPDRUN2ooyf9WG6QtpZ4170308.shtml。

表1 节目板块内容详解

总时长	板块时长	具体内容	形式
2分10秒	2分10秒	主持人撒贝宁开场	片头短片+主持人开场
4分19秒	2分09秒	介绍嘉宾刘强东，引出本次演讲主题：乡愁	视频短片+现场片花
4分45秒	0分26秒	嘉宾刘强东进场，全场起立鼓掌	现场画面
6分35秒	1分50秒	主持人撒贝宁与嘉宾刘强东简单交流，用京东过年吃果冻并用果冻杯喝酒的方式欢迎刘强东	现场画面+主持人与嘉宾交流
21分40秒	15分05秒	刘强东开始演讲，主题为“让梦想回到梦想开始的地方” 【字幕】演讲关键词和主题	现场画面+演讲+音效
22分00秒	0分20秒	主持人广告时间 【字幕】广告	现场画面
25分14秒	3分14秒	主持人与嘉宾就刚才演讲内容进行简单交流，撒贝宁幽默地活跃气氛 【字幕】提示交流关键点	现场画面+主持人与嘉宾交流+音效
30分55秒	5分41秒	现场观众用传递小纸条的方式与嘉宾刘强东交流，还与快递员比赛打包速度 【字幕】提示交流关键点	现场画面+主持人与嘉宾交流+音效
42分50秒	11分55秒	学生代表提问，嘉宾刘强东回答，插播在刘强东老家宿迁的采访视频 【字幕】提示交流关键点 【插入视频】宿迁村民、家人及老师等的采访视频	现场画面+嘉宾、学生、主持人互动交流+音效+视频短片
44分10秒	1分20秒	主持人与嘉宾共唱《把根留住》	现场画面+音乐+视频短片
44分55秒	45秒	结尾	现场画面+字幕+背景音乐

三、舞美设计

1.舞台设计类似大学课堂

由于《开讲啦》是一档青年电视公开课栏目，因此舞台设计也类似于大学公开课的课堂。演播大厅中心舞台是一个开放式的弧形舞台，除了后方LED屏幕以外，其余三面以圆弧形的观众席将舞台团团围住，舞台上只有少量的灯光布景，没有其他多余道具。每期演讲嘉宾就像给围坐在台下的后辈讲故事一样，将他的演讲内容娓娓道来。

观众席分为两部分，有6—10名学生代表坐在舞台正前方，观众席在嘉宾登场时可以从中间滑动分开，变成一条通道，待嘉宾从通道登上舞台后便又合上，变成一个面向舞台闭合的圆弧形观众席。后方300名观众坐在阶梯式的座位上，类似于大学中的阶梯教室的布局。

这种舞台设计既美观，又能够拉近嘉宾与观众的距离。嘉宾站在圆形舞台中央，周围围坐着青年学子，打破了传统方形舞台台上台下的隔阂，使嘉宾可以以一种平等、轻松的心态演讲。

图2　舞台背景LED屏幕上是书架图像，观众坐在圆弧形舞台的两侧
（图片来自央视网截图）

图3　《开讲啦》舞台全景（图片来自央视网截图）

图4 《开讲啦》青年学生代表的座位(图片来自央视网截图)

图5 《开讲啦》嘉宾从后台登场时，观众席的座位会分开，形成一条通道(图片来自央视网截图)

2.灵活运用多媒体技术

舞台背景为圆弧形的LED屏幕，屏幕画面为放满了书的书架，舞台正后方是一块方形的LED屏幕，屏幕上显示的是《开讲啦》的LOGO和广告商标。舞台以书架的画面为背景，充满了书香气，很好地配合了《开讲啦》作为青年公开课的栏目主题，也营造出安静的听讲座的氛围。所有的LED背景屏幕会根据演讲内容播放相关图片或视频。

舞台灯光明亮，在嘉宾入场或需要渲染气氛时，灯光会闪烁变幻，活泼有动感，符合年轻人的喜好和特点。

舞台音效使用非常频繁，在嘉宾、主持人、观众说话的时候，会及时配合相应的音乐、音效来活跃现场气氛，音效多轻松活泼，整体感觉特别舒适。

图6　每期节目开场时，舞台灯光会配合音乐而变幻闪烁（图片来自央视网截图）

图7　LED大屏幕会配合嘉宾演讲内容播放相关的图片和影像资料（图片来自央视网截图）

图8　嘉宾表演才艺时的灯光绚烂美丽（图片来自央视网截图）

3.舞台色彩丰富

从舞台背景、灯光到服饰等，节目各个方面的色彩都非常丰富，明亮艳丽，让人心情愉悦。舞台背景、LED屏幕、木制黄色的书架，书架上各种颜色的书，还有变幻的彩色灯光，均以暖色调为主。主持人服饰每期不同，以休闲款西装为主，而观众服饰也大多比较休闲，使节目氛围轻松活泼，充满青春活力。

图9　主持人撒贝宁多穿休闲西装，帅气潇洒，符合年轻人的气质和喜好（图片来自央视网截图）

图10　观众衣着比较生活化（图片来自央视网截图）

四、人员设计

1.主持人风格独特

作为一档面向青年的电视节目，撒贝宁的主持使节目更加出彩。

（1）充满温情与正能量

每期节目开场时，撒贝宁都会用有“温度”的话语介绍嘉宾，比如在2017年8月18日嘉宾为火箭军旅长王锡民这一期，他是这样开场的：“1927年8月1号，南昌起义一声枪响，宣告我们拥有了一支新型的人民军队，而今年的‘八一’建军节，恰好是90周年，当然我们这一代年轻人生活在和平年代，没有经历过硝烟炮火。但是军人仍然是我们这个时代最受尊敬的一个群体，因为他们不仅担负着保家卫国的使命，更重要的是在和平年代很多危急关头，我们看到的仍然是他们的身影。”这样的开场既拉近了嘉宾与观众的距离，又充满温情。

（2）幽默活泼，符合青年人定位

撒贝宁曾被评为“最受大学生喜爱的主持人”，这与他幽默活泼的主持风格有关。在《开讲啦》节目中，我们时常会因撒贝宁幽默的话语发笑。撒贝宁的幽默是一种积极向上的幽默，在调动现场气氛的同时，也能够传递正能量，表达对生活的热爱和乐观向上的态度，而且还可以起到调节气氛、化解尴尬的作用，这些都符合青年人的喜好。

（3）学识修养高、能力强

在《开讲啦》中，撒贝宁很好地体现了他高超的主持技巧，在话题引导、场面控制、起承转合等方面非常从容、流畅。同时他的学识修养很高，能够在合适的时机表达适当的观点，达到锦上添花的效果。

2.青年学生代表的选择符合主题

节目对6—10名青年学生代表的选择非常用心，他们往往在某个方面与演讲嘉宾有契合之处，比如在2016年1月30日这期节目的青年学生代表中就有刘强东的老乡、校友等，他们从各个方面向嘉宾刘强东提问，问题开放、有趣，不局限于严肃的问题，体现了节目平等、真诚的特点。有时青年学生代表的问题非常犀利，如2014年5月24日节目中对嘉宾易中天频繁出镜是否“不务正业”的提问，使得节目更有看点。

3.嘉宾是“青年的偶像”

节目邀请的嘉宾都是“中国青年心中的榜样”，他们的年龄不同、职业不同，但是他们身上有各自的闪光点，有引导青年积极向上的或乐观或坚韧或专业的精神和态度。他们来到舞台上，和青年们分享自己的人生经验与感悟，用自己的亲身经历为下一代年轻人提供指引。他们的共同点，就是都充满正能量，有鲜明的个性和正确的价值观，能够给青年带来正向的引导。

五、节目分析

1.节目形式独特

以电视公开课的形式，让嘉宾分享自己的经历和感悟，这种形式简单而又重点突出，可以让一些不能接触到"榜样"的青年有机会聆听优质的讲座，因此有着很高的关注度。节目不仅讨论青年们关心的人生问题，而且紧扣社会热点，引导正确价值观。6—10位青年学生代表和300名高校大学生作为观众，平等地与台上嘉宾进行思想的碰撞，这种形式能够在平等、真诚的氛围中让青年学生得到心灵的滋养。

2.嘉宾选取符合节目定位

《开讲啦》的演讲嘉宾包括影视从业者、商界精英、教育学者、艺术家、文学家、体坛明星、政界人士、科学工作者、军人、航天员等，均为青年心目中的"榜样"，也都是曝光度较高的成功人士。选择这样的嘉宾，可以吸引青年们的关注，通过这些嘉宾的演讲，我们可以了解青年们关心的人生问题和成长方向等。

但是，根据一些研究者的样本调查，节目的嘉宾选择有所偏重，影视从业者、体坛明星较多，因为他们容易受到青年们的关注，但这样的结构有其不合理之处，嘉宾选择更加全面才能使青年们得到更全面的引导。

3.主题励志，风格青春

嘉宾们的演讲主题都很励志，多分享他们不为人知的奋斗岁月：经历过很多磨难与坎坷，最终通过自己的努力、坚持或自身的闪光点走到现在。这样的成长故事和奋斗岁月，恰到好处地为处于人生迷茫期的青年提供了可以参照的样本，也让嘉宾通过与年轻人的互动交流，碰撞出思想的火花。青春活力的风格使节目显得轻松活泼，也让观众心情更轻松愉悦。

六、可借鉴性

1.制播分离便于优势互补

《开讲啦》节目由唯众传媒负责节目的创意、制作、执行，由中央广播电视总台提供播出平台。唯众传媒是一家致力于原创，以提供优质视频内容为核心竞争力的全媒体整合运营商，是中国传媒界原创节目数量最多、专注于优质视频产品策划与制作的民营传媒机构。公司拥有国内一流的策划力量、导演团队和运营班底，以视频节目创意、策划、制作、经营，大型活动策划、执行，新媒体业务为核心业务。公司坚持以提供原创精品、输出正向价值观为核心理念，以打造大文化、大财经、大生活、大综艺四大产品矩阵为发展战略。[①]而总台是中国最具影响力、竞争力的主流媒体。两者的合作可以优势互补，唯众传媒充满活力的互联网思维和全媒体运营模式，加上总台这个重量级平台，使节目产生了1加1大于2的效应。

2.以真诚赢得观众认可

（1）环绕型的舞台缩小了嘉宾与观众的距离感。嘉宾站立于舞台中央，被观众包围，没有高高在上的距离感。嘉宾演讲无提词器、无演讲台、无演讲稿，他们站在舞台中央，好似一个循循善诱的长者在给下一辈教授道理和人生的意义，这种真诚的态度赢得了观众的认可。

（2）演讲主题贴近青年所思所想。每期节目嘉宾演讲的主题都是青年关切或感兴趣的问题，《开讲啦》网站设有调查问卷，倾听观众的意见，根据观众的意见来邀请嘉宾，做到了从观众的喜好出发，真正尊重观众。

（3）平等的沟通交流。嘉宾演讲结束后，现场观众和青年学生代表可以向嘉宾提问，还有网民通过“小纸条”的方式提问（如图11），这样的方式能拉近嘉宾与观众的距离，以一种平等的姿态交流讨论，获得感悟。

图11　网民通过小纸条提问（图片来自央视网截图）

① 参见上海唯众传媒股份有限公司官网介绍，http://www.v2006.tv/aboutus/introduction。

3.以公开课的方式传递正能量

节目轻松愉快、个性鲜明，撒贝宁的主持风格幽默活泼，这样的节目让人便于接受，也乐于观看，在舒适的氛围中感悟人生道理。节目的整体风格统一，音效、字幕的样式活泼可爱，起到了润物细无声的效果。

4.灵活运用互联网思维

《开讲啦》运用互联网思维，有效调动了观众的参与积极性。节目通过40所高校的青年代表校园行活动、100所高校的问卷调查，引导青年参与内容生产、主题表达、嘉宾选择等，使目标受众群体对节目产生深深的认同感。节目充分发挥多媒体的作用，不断延伸产业链，推出了《青年中国说》等配套栏目，加上系列图书、热线电话、网络互动等形式，使得节目经久不衰。

5.节目内容不断拓展创新

节目内容不断求新求变，经常推出系列节目，有根据播出时间推出的毕业季特别节目、新春季特别节目、春节特别节目、国庆特别节目、抗战特别节目等，有配合国家宏观政策推出的海上丝绸之路节目等，还有健康中国、国之脊梁、乡愁等特别策划的节目。2015年是中英文化交流年，节目走出国门，推出了“英国行”系列节目。这些举措，增加了节目的内涵和深度，引导青年由关注自身转向关注世界。

七、节目反思

1.把控各领域嘉宾比例

因为面对的主要受众群体是青年人，所以节目嘉宾通常根据年轻人的喜好来选择，因此，影视明星、体坛明星占据了所邀请嘉宾的大部分。但是这样的嘉宾比例有其不足之处，影视明星、体坛明星由于职业的特殊性，他们的生活经历和感悟也有其独特性，与普通青年人的实际需求并不太相符。因此，嘉宾的选择范围可以更加广泛，选择更多其他领域甚至是平凡的坚守自己岗位的嘉宾，同样也符合节目青春、积极的定位。2016年后，节目组开始调整嘉宾的类别，学者、教授、科学家的占比逐渐增多，开始超过影视明星。

2.进一步拿捏主持人介入的分寸

主持人撒贝宁个人素质高，能够很好地把控现场节奏，活跃现场气氛，但是有时候也会出现过度介入的情况，影响嘉宾和青年学生代表交流的深度，因此主持人介入的分寸还需要进一步摸索和把握。

（牛慧清　王晨羽）

展示中国人丰富而美好的精神世界

——《等着我》

一、节目概况

节目名称：《等着我》

英文名称：Waiting for Me

发行地区：中国大陆

播出频道：中央电视台综合频道（CCTV-1）

首播时间：2014年4月5日

播出时间：2017年7月11日起每周二22：38

单集时长：约50分钟（黄金档约为1小时30分钟）

节目类型：访谈型谈话节目

荣　　誉：2017年，栏目制片人杨新刚获得第11届电视制片业“十佳栏目制片人”奖；2018年，该节目获得第24届上海电视节白玉兰奖“最佳周播电视节目”奖

图1　栏目LOGO（图片来自《等着我》微信公众号）

《等着我》的雏形是2010年央视与俄罗斯第一电视台联合推出的大型跨国寻亲公益节目。早在1998年时，俄罗斯第一电视台就推出电视寻亲类节目《等着我》，以“等候与寻找，守望与坚持”为主题，帮助求助者寻找失散多年的亲友。节目充分运用现代传媒工具，充满戏剧性、抒情风格和感染力，催生了乌克兰、阿塞拜疆等许多国家的同类节目，具有极大的社会影响力和极高的知名度。

中国版《等着我》于2014年4月5日在中央电视台综合频道（CCTV-1）正式推出，定位为大型公益寻人节目。作为中国首档公益真人秀，《等着我》主要通过汇集各方力量助力寻人来完成团圆梦，自开播以来，就受到观众的广泛欢迎。

《等着我》由倪萍担任首任主持人，舒冬担任寻人团团长。每期节目会有不同的求助者来到现场，讲述自己寻人背后的故事，希望通过这个“全媒体公益寻人平台”找到自己想要重逢的人，包括亲人、朋友、恩人、战友等。在与求助者沟通交流后，现场会播放一段寻人视频，讲述栏目组汇集各方力量展开的寻人过程，而寻人结果则由求助者打开希望之门来揭晓。如果寻人成功，找到的人会从门后走出来，如果寻人失败，寻人团团长舒冬会走出来，向求助者讲述寻人过程中遇到的难题以及后续跟进的情况。

《等着我》既是一档节目，也是一个汇聚各方力量、全民范围的公益寻人活动。栏目组聚集民政部、公安部、全国妇联等国家部委力量，提供政策、公权、专家方面的支持，还有国家级媒体、主流新媒体、地方省级媒体的记者常驻演播室，全程参与节目录制，对节目中的案例进行推广报道。同时，公益名人也会适时参与节目录制，利用自身影响帮助寻人。

节目没有歌舞表演，没有娱乐明星，来自全国各地的寻人者作为主角，讲述一个个真实而感人至深的人生故事。在《等着我》中，有与亲人分别的悲伤，也有重逢后的喜悦、泪水和欢笑，感情与理性相交融，诠释了最真挚的情感。

二、板块设计

下面以2017年7月25日节目第一位求助者为例[①]，具体分析节目的板块设计与流程。

表1　节目板块内容详解

总时长	板块时长	具体内容	形式
22秒	44秒	片头后，观众席向两侧移开，希望之门打开，寻人团团长舒冬从门后走到台前，向观众朋友问好，进行简短的开场白。主持人倪萍入场	现场画面+同期声+音效

① 节目视频网址：http://tv.cctv.com/2017/07/26/VIDENijF1C2Y7EOgGtPzdpkg170726.shtml。

续表

总时长	板块时长	具体内容	形式
1分06秒	13秒	倪萍坐在固定座位上，宣读广告词后，请求助者上场，镜头转向观众席	现场画面+同期声+音效
1分19秒	28秒	第一位求助者张娜莫独白，介绍自己的姓名和求助缘由，在说到自己的身世时，张娜莫忍不住开始哭泣	现场画面+同期声+音效
1分47秒	39秒	播放外景视频：通过拍摄一些与张娜莫生活相关的视频，搭配画外音的解读，让观众更进一步了解张娜莫的求助背景，同时画外音提出一系列问题，比如，是否能找到她16年前的家，制造悬念	现场画面+同期声+音效+画外音
2分26秒	15分22秒	求助者来到现场，讲述自己的真实故事。画面在外景视频、演播厅现场、独白中穿插切换。张娜莫讲述自己与手镯的渊源以及自己在16岁那年因为好奇和无畏跟随他人离开家乡，后被拐卖，与自己的亲人分开的故事	现场画面+同期声+音效+画外音+访谈
17分48秒	1分54秒	舒冬讲述寻人过程。根据求助者的信息，宝贝回家志愿者和警方展开寻找并分别讲述寻人过程	现场画面+视频播放+音效
19分42秒	4分02秒	求助者张娜莫走向希望之门，张娜莫的家人和舒冬出现在门后	现场画面+同期声+音效+视频
23分44秒	8秒	广东省公安厅刑事技术中心赵凯在视频中向大家表明，经DNA鉴定，求助者与找到的亲人确为亲生关系	视频（VCR）短片
23分52秒	2分34秒	求助者和找到的亲人共同坐在访谈区，同舒冬和倪萍一起交流	现场画面+同期声+音效+访谈
26分26秒	1分51秒	采访公安部刑侦局副局长、资深媒体人、缘梦基金管委会主任	现场画面+同期声+音效
28分19秒	1分35秒	求助者一家人共同跳了一段民族舞，庆祝团圆时刻	现场画面+同期声+音效
29分54秒	49秒	视频展现节目录制后求助者与家人团聚的情景。画面切回演播厅，倪萍请下一位求助者上场	视频+画外音
30分43秒	17秒	倪萍坐在固定座位上，请求助者申军峰上场，镜头跟随求助者上台	现场画面+同期声+音效
31分00秒	9秒	求助者申军峰独白，介绍自己的姓名和求助缘由	现场画面+同期声+音效
31分09秒	22秒	播放外景视频。通过拍摄一些与申军峰生活相关的视频，搭配画外音的解读，让观众更进一步了解申军峰的求助背景，同时画外音提出一系列问题，比如，能否找到真正属于自己的那个身份，制造悬念	现场画面+同期声+音效+画外音
31分31秒	15分30秒	求助者来到现场，讲述自己的真实故事。画面在外景视频、演播厅现场、独白中穿插切换。申军峰讲述自己5岁时意外被人贩子掳走，被拐卖寻找回家的故事	现场画面+同期声+音效+画外音+访谈

总时长	板块时长	具体内容	形式
47分01秒	11分16秒	舒冬讲述寻人过程。根据求助者的信息，宝贝回家志愿者和警方展开寻找并分别讲述寻人过程	现场画面+视频播放+音效
48分37秒	1分36秒	求助者申军峰走向希望之门，申军峰的家人和舒冬出现在门后	现场画面+视频播放+音效
52分34秒	5分35秒	求助者和找到的亲人一同回到访谈区，同舒冬和倪萍一起交流后，全家一起下台	现场画面+同期声+音效+访谈+画外音
58分09秒	49秒	主持人倪萍做结束语，播放片尾视频	现场画面+同期声+音效

图2 《等着我》倪萍开场白（图片来自CNTV）

图3 《等着我》求助者独白（图片来自CNTV）

图4 《等着我》演播室内访谈（图片来自CNTV）

图5 《等着我》希望之门打开后，舒冬和求助者的家人一起走出来（图片来自CNTV）

三、舞美设计

《等着我》的舞台分为访谈区和观众席。访谈区的背景是志愿者们，志愿者们身穿白色T恤、红色马甲，灯光也呈现红色调。观众席的主色调是蓝色，以给人一种镇定的感觉。整个舞台庄重而又祥和，既可以让求助者尽可能地平复情绪，同时也给人以希望。

访谈区和观众席由一条路连通，观众席由可移动的两个区域组成，观众席后面即希望之门，当求助者走向希望之门时，观众席就会向两侧移开，显露出希望之门。希望之门前设置了一个手印模式的平台，作为希望之门的开关。求助者将手掌放置在上面后，希望之门便会缓缓打开。

在求助者走向希望之门的时候，观众席向两侧移动，现场灯光变为黄色的暖色光，接着一排白色的追光打在通往希望之门的路上，在舞台地面上呈现出一排圆形光，求助者每走一步，一个圆形光就会化成两个圆形向旁侧移开，与求助者一步一步走向希望之门的内心感受相呼应。希望之门打开时，黄色光源由内向外照出。

图6　《等着我》访谈区由两组沙发组成（图片来自CNTV截图）

图7　《等着我》观众席位（图片来自CNTV截图）

图8　《等着我》访谈区，后面是志愿者们（图片来自CNTV截图）

图9 《等着我》舞台全景（图片来自CNTV截图）

图10 《等着我》观众席向两侧移开（图片来自CNTV截图）

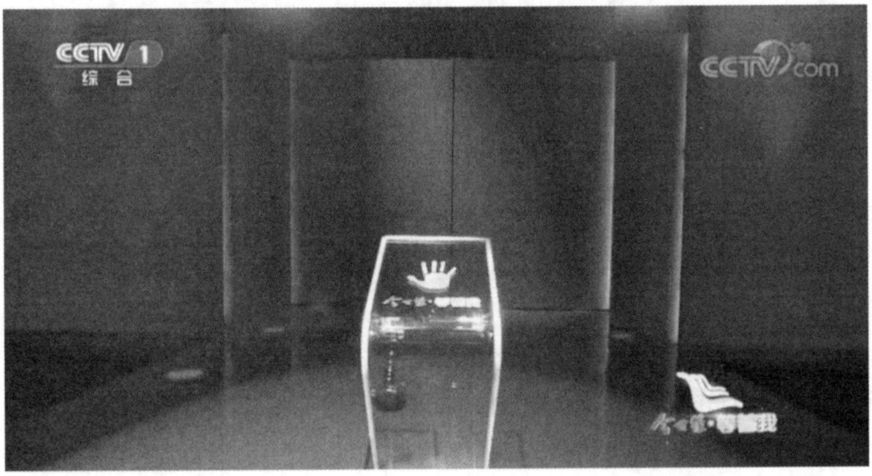

图11 《等着我》打开希望之门的装置（图片来自CNTV截图）

图12 求助者走向希望之门(图片来自CNTV截图)

四、人员设计

1.主持人

(1)倪萍

倪萍负责访谈部分，通过与求助者的交流，让求助者讲出真实的人生故事。

倪萍的荧屏形象一直都是感性与沉稳兼具的，与《等着我》的公益定位相符合。由于倪萍的身体原因，节目中她几乎全程坐在沙发上，但是她就像邻家大姐一样，衣着朴素，没有华丽的装扮，提问更像是唠家常一样，亲切地称呼当事人为孩子、大兄弟、哥哥、姐姐等。倪萍对于场面的把握得当，更多时候充当倾听者的角色，让求助者讲出自己的故事，并适时地发问，帮助他们表达得更加清晰。对于这样一档充满情感起伏的寻人节目，情绪的控制十分重要，所以倪萍作为主持人不仅要控制自己的情绪，也要引导求助者，不过分煽情，并及时给予安慰，避免场面混乱。

(2)舒冬

舒冬作为寻人团团长，在节目中主要通过视频录制向求助者讲述寻人过程。在节目录制过程中，舒冬处于希望之门后的第二现场，等待求助者打开希望之门。如果寻人成功，舒冬和被寻找的人将一同出现，然后在访谈区交流；如果寻人失败，则由舒冬走出希望之门，向求助者讲述寻人未果的缘由，并表示不会放弃寻找。

舒冬在整个节目中，担任的是偏理性的角色，只有当希望之门打开时，他才会来到现场，在求助者情绪失控，在场上痛哭之时，舒冬会及时地安慰求助者并平复他的心情。

2.常驻嘉宾

（1）公安部、民政部、全国妇联等国家部委提供政策、公权、专家方面的支持，如公安部刑侦局副局长陈士渠。

（2）国家级媒体、主流新媒体、地方省级媒体全程参与节目录制，如专栏作家、资深媒体人张春蔚。

（3）“宝贝回家寻子网”工作人员。

（4）缘梦基金管委会工作人员，他们会根据不同求助者的实际情况提供捐助。

（5）公益明星利用自身影响助力寻人、适时参与节目录制，如国家一级演员、著名歌唱家郁钧剑，国家一级演员濮存昕等。

五、节目分析

1.公益寻人价值凸显

《等着我》是中国首档大型公益寻人节目，聚合部委、明星、志愿者以及媒体等的力量，搭建了权威的“全媒体公益寻人平台”。

《等着我》设有求助热线和帮助热线，求助者除了拨打热线电话，还可以在《等着我》官方网站上录入求助信息，发动更多的力量寻人。好心人也可以通过官网提供线索，或者加入志愿者队伍，共同助力寻人圆梦。

《等着我》是一档综艺节目，但它体现出来的精神却影响深远。寻找被拐的儿女，失散的父母，失联的朋友，有恩于自己的路人，几十年前的老师、首长、战友……不但帮普通百姓找回最珍贵的情感，也展现了平凡人的真情与执着，向社会传递了更多温暖正能量。并且随着节目播出，百姓防拐防骗意识不断增强，“爱心接力，助力团圆梦”的公益号召也更加深入人心。

2.人物故事张力十足

《等着我》是一档去娱乐化的公益性节目，将百态的人生故事搬上舞台，在走过的7年中，其故事题材也在不断丰富。制片人杨新刚表示，节目组对故事的筛选十分严格：故事冲突要达到极致，要传递正能量，不能仅仅通过悲情故事来吸引眼球和博取关注，而是要展现坚守、相扶、共渡难关和不屈不挠的精神。

节目中，每个求助者的故事都充满了张力，每个故事都让人唏嘘。在寻人过程中所遇到的困难、心理上承受的情感压力，让每一位求助者在讲述时，都能触动大家最敏感的神经。而且节目也不是一味地讲究煽情，而是在真实故事的基础上传达正确的价值观。有变故也有希望，有分离也有重逢，有挣扎也有和解。节目也非常注重悬念设置，始终牵引着观众的心，每一个求助者的故事都是剧情跌宕的人生缩影。

3.真实、真挚、真诚引发共鸣

倪萍在采访中曾表示，《等着我》让她学会了更多地倾听而不只是表达。节目制片人杨新刚接受采访时也表示，"不管形式怎么变，在内容上我们始终坚持真实呈现。节目没有台本也不做任何设计，主持人倪萍和现场嘉宾，在开场前跟观众了解的内容是一样的，都是在现场交流中，真情实感自然流露"①。

节目中真实的人生叙事触及了人们心灵的最深处。如在监狱服刑的刘根，12岁时和老乡坐火车出去玩，找不到回家的路后被收养，后因家庭矛盾一人出门打工，结交了社会上的小混混，因犯抢劫罪和盗窃罪两次入狱，现正在服刑。经过监狱的反映，为找回刘根缺失的亲情，节目组找到了刘根的家人。但是他的母亲、姐姐和哥哥并不知道此刻刘根正在服刑，隔着铁窗十几年没见面的亲人所流露出的感情让人动容。刘根向母亲忏悔，并表示自己一定改过自新，尽早出来和家人团聚。姐姐也表示要在附近找份工作，常来看弟弟。尽管整个故事悲喜交加，但正因为是刘根真实的人生故事、真实的情感流露，才让这个故事深深地抓住每一位观众的心。

不仅故事的真实性触及了人们心灵最深处，节目也体现出真诚的人文关怀。对于困难家庭，缘梦基金会给予适当的资助，在场嘉宾的发言也让大家感受到希望和温暖。同时，针对不同求助者的具体情况，公安部的嘉宾也会普及相关法律知识，并表示会依法追究责任事件中触犯法律的人。这使得节目充满了昂扬的正能量，不仅温暖了当事人的心灵、温暖了观众，而且还普及了相关法律。

节目助力团真诚的助力行动也让人动容。场外有各级公安机关和相关部门的全力支持，以及无数志愿者的倾力相助；场内有主持人及嘉宾对求助者的心灵抚慰，还有福利资金组织对特困家庭的资金资助。真诚的助力行动包含了大爱真情，引起了场内外所有人的共鸣，把节目推向情感高潮。

六、可借鉴性

1.选题来源于百姓的真实故事

明星阵容曾是综艺节目想要赢得关注度和收视率的一大法宝，然而《等着我》却反

① 杨骁.《等着我》缘何一直火[N].中国新闻出版广电报，2017-07-19.

其道而行之，节目中即使出现明星也是助力圆梦的配角。每个前来寻人的求助者讲述的都是自己真实平凡的故事，但这些平凡人的故事最能戳中人心，感动观众。《等着我》在激烈的竞争中突出重围，拿下高收视率，可见充满真情实感的动人故事、接地气的普通人故事更具有吸引力，更能引起共鸣。

2.公益力度最大化的全网联动

《等着我》第三季在周日黄金时段播出时与多家热门视频平台合作，进行在线直播，边看边聊，通过邀请节目嘉宾到直播现场与网友交流、实时发布寻人线索、志愿者与求助者连线、互动问答等形式，实现场内场外大屏小屏连通、融合互动。全民参与、全民助力，不仅让每一位观众有参与感，而且让助力圆梦的行动落到实处。

3.引发情感共鸣的代入感

在内容上，节目对寻人过程进行了更为深入的挖掘，并插入微视频和采访画面，对节目访谈过程中讲述的故事进行细节补充，在有限的时间内，让整个故事更加流畅，让观众了解更多情况，与求助者实现情感互通。这种交叉蒙太奇的后期手法、定格和慢镜头的运用，充分表达了求助者的内心，渲染了求助者寻亲的急切心情。此外，节目还把参与找寻工作的寻人团志愿者、公安干警都请到现场，实时进行采访。纪录、采访、现场演播室访谈等多种形式的结合，使故事更加完整、更具感染力。现场音乐以轻柔、舒缓风格为主，与寻亲主题和谐统一，有效地渲染了求助者的情绪，引起了观众的共情共鸣，丰富了节目叙事，活跃了现场气氛。

（牛慧清　童　谣）

辩论赛式说话达人秀

——《奇葩说》

一、节目概况

节目名称:《奇葩说》

英文名称: Let's Talk

发行地区: 中国大陆

播出平台: 爱奇艺

首播时间: 2014年

播出时间: 第一季每周六、日21: 21, 第二季至第五季每周五、六20: 00, 第六季至第七季每周四、六20: 00

单集时长: 60—90分钟

节目类型: 辩论型谈话节目

图1 《奇葩说》节目LOGO(图片来自爱奇艺视频截图)

该节目是爱奇艺在2014年推出的说话达人秀节目，目前已播出六季，是中国国内最受欢迎的说话达人秀节目之一，主要由正反方两组辩手就网民比较关注的生活类话题进行辩论。

节目中，辩手分别由两位导师带队，从正反双方的角度针对题目进行辩论。每场辩论都由议长主持，并邀请一位嘉宾针对辩题发言，选择自己的立场，之后两组辩手分别就各自所持立场展开辩论，再由双方导师总结发言，最后根据每场辩论前后正反方票数变动情况决出胜负。

作为中国说话达人秀节目的标杆，《奇葩说》播出后引起了极大反响，截至目前，《奇葩说》官方微博粉丝数量达130万。凭借马东、高晓松、蔡康永等导师，以及18位“奇葩”辩手的“三寸不烂之舌”，该档节目吸引了大批80后、90后的拥趸，总点击量早已破亿，微博话题阅读量突破10亿大关。

《奇葩说》的成功不仅仅在于其对谈话节目的创新和颠覆，更在于其敢于用碰撞试探和谐的尺度，敢于用观点探测情感的温度，将当代社会浓缩至局促的舞台，打造基于文化的价值共同体 。

二、板块设计

下面以第二季第13期“整容会帮你成为人生赢家吗”为例①，具体分析该节目的板块设计与流程。本期节目主要围绕“整容会帮你成为人生赢家吗”这一辩题展开辩论，邀请小S作为嘉宾参与节目录制，正反双方经过辩论，最后正方（整容会帮你成为人生赢家）获胜。

表1　节目板块内容详解

总时长	板块时长	具体内容	形式
2分32秒	2分32秒	本期嘉宾出场	现场画面+音效
3分6秒	34秒	片头+广告	动画
8分28秒	5分22秒	主持人马东，导师蔡康永、金星进行简短的自我介绍 嘉宾小S出场	现场画面+音效+字幕
8分50秒	22秒	赞助商广告时间	现场画面
10分30秒	1分40秒	主持人马东现场采访小S，谈及小S在《康熙来了》中的主持工作	现场画面+采访+音效+字幕
13分30秒	3分	“奇葩”辩手自我介绍（柏邦妮、李如儒、颜如晶、樊野、姜思达、胡天语、马薇薇、范湉湉、陈铭）	现场画面+音效+字幕+画外音

① 节目视频网址：http: //tv. cctv. com/2017/07/26/VIDENijF1C2Y7EOgGtPzdpkg170726. shtml。

续表

总时长	板块时长	具体内容	形式
14分55秒	1分25秒	播放辩题短视频 本场辩题为：整容会帮你成为人生赢家吗？	现场画面+动画 备注：辩题以动画的形式展示
15分30秒	35秒	正反方辩手讨论辩题	现场画面+音效+字幕
16分7秒	37秒	现场观众就辩题进行投票，投票结果为47∶53（正方∶反方）	现场画面+音效+字幕
18分	1分53秒	导师和嘉宾就辩题选择各自立场 正方：导师蔡康永、小S，辩手姜思达、樊野、胡天语（整容会帮你成为人生赢家） 反方：导师金星，辩手颜如晶、柏邦妮、李如儒（整容不会帮你成为人生赢家）	现场画面+音效+字幕+采访
21分55秒	3分55秒	正方一辩发言（樊野） 樊野：颜值高会让人获得更多机会	现场画面+音效+字幕
23分31秒	1分36秒	反方奇袭（颜如晶） 颜如晶：如果不反对整容，为什么你不整呢？ 小S插话整容问题	现场画面+音效+字幕
24分14秒	43秒	蔡康永向樊野提问：颜值给你带来好处的同时带来了什么坏处？	现场画面+音效+字幕+采访
27分13秒	2分59秒	反方一辩发言（李如儒） 李如儒：要成为人生赢家，外在内在同样重要	现场画面+画面回放+音效+字幕
28分37秒	1分24秒	正方奇袭（姜思达） 姜思达：需提高自身能力而不是变丑	现场画面+音效+字幕+动画
32分20秒	3分43秒	正方二辩发言（姜思达） 姜思达：对整容的不认可来源于嫉妒，整容不该被抨击……DNA并不比整容带来的美更高贵，整容不该受歧视，也不会阻碍我们成为人生赢家 场上票数：83∶17（正方∶反方）	现场画面+音效+字幕+动画
34分45秒	2分25秒	导师和嘉宾就辩题和辩论结果进行讨论	现场画面+字幕+音效+采访
39分25秒	4分40秒	反方二辩发言（柏邦妮） 柏邦妮：不反对人们有整容的权利，但是反对把整容当作成为人生赢家的筹码的心态……不能把失败归于未整容 场上票数：33∶67（正方∶反方）	现场画面+字幕+音效
39分48秒	23秒	导师和嘉宾就反方二辩的辩论内容发言	现场画面+采访+音效+字幕
43分4秒	3分16秒	正方三辩发言（胡天语） 胡天语：整容不是坏事，不应该受到苛责 场上票数：51∶49（正方∶反方）	现场画面+音效+字幕

续表

总时长	板块时长	具体内容	形式
47分27秒	4分23秒	反方三辩发言（颜如晶） 颜如晶：保留并强化自己的特色，不要试图变成别人 场上票数：18∶82（正方∶反方）	现场画面+动画+字幕+音效
49分15秒	1分48秒	导师和嘉宾就投票结果发言	现场画面+动画+字幕+音效
52分38秒	4分23秒	正方发言（马薇薇） 马薇薇：受挫的原因不在于容貌而在于内在不够优秀；整容和积累知识的过程类似，应该受到肯定；整容只是外在的改变，不会失去本身的特色 场上票数：73∶27（正方∶反方）	现场画面+动画+字幕+音效+音乐 备注：动画内容为马薇薇和范湉湉的twins形象
55分50秒	3分12秒	反方发言（肖骁） 肖骁：整容的出发点不是为了取悦别人 场上票数：50∶50（正方∶反方）	现场画面+动画+字幕+音效+音乐 备注：动画内容分别为葫芦娃动画片和《花千骨》中杀阡陌造型
57分9秒	1分19秒	正方发言（姜思达） 姜思达：没有绝对的人生赢家，错不在整容，错在审美	现场画面+字幕+音效
58分	51秒	反方发言（柏邦妮） 柏邦妮：是否是人生赢家不在于自己的感觉，而在于别人对你的整体判断	现场画面+字幕+音效
1时5分36秒	7分36秒	蔡康永发言：不在乎人生输赢的人不在我们的讨论范围……整容算是一件助你成功的武器。小S接受马东提问并改变立场，金星就辩题发言：能够帮你成为人生赢家的是内在的积累 场上票数：56∶44（正方∶反方）	现场画面+采访+字幕+音效+背景音乐
1时5分48秒	12秒	辩论前后票数对比，正方胜出 辩论前票数：47∶53（正方∶反方） 辩论后票数：56∶44（正方∶反方）	现场画面+字幕+音效
1时6分6秒	18秒	获胜回顾	画面回放+字幕+背景音乐
1时7分3秒	57秒	导师选择本场获胜“奇葩”辩手	现场画面+字幕+音效
1时7分18秒	15秒	插播《奇葩说》推广短片	短片+背景音乐
1时7分48秒	30秒	主持人公布本场获胜“奇葩”辩手为姜思达	现场画面+字幕+音乐
1时8分35秒	47秒	采访嘉宾小S	现场画面+同期声+音效
1时9分23秒	48秒	下期预告：朋友圈该不该屏蔽父母？	音乐+字幕
1时10分25秒	1分2秒	第三季《奇葩说》招募信息	动画+音乐 备注：动画内容为肖骁录制招募视频

三、舞美设计

作为一档说话达人秀节目，除了对语言的有效运用，《奇葩说》还充分借助非语言符号增强节目传播效果，比如个性鲜明的舞台设计。节目现场的舞台设计和风格色调会给观众留下深刻的第一印象，不仅代表着整个节目的风格基调，而且还会影响现场嘉宾和辩手们的心理状态。

《奇葩说》的节目现场是一个封闭空间，舞台中央是导师席，议长马东和每场邀请的嘉宾坐在中间，导师席两端是本场的两位导师。在导师席两边，分别围坐着正反两方的辩手，辩手席位一般分为两排。整个舞台是围绕议长和导师席位而布置的，形成一种半包围格局。导师席的对面为观众席，观众席分为两个区域，座椅色调十分鲜艳，与舞台融为一体。《奇葩说》是一个多元观点、多元态度碰撞的谈话场，这样的舞台布置非常符合《奇葩说》轻松活跃的辩论氛围。

图2　舞台一侧辩手席全景（图片来自爱奇艺视频截图）

图3　辩手席近景（图片来自爱奇艺视频截图）

图4　舞台全景（图片来自爱奇艺视频截图）

除了舞台布局，整个舞台的背景色调也十分明亮，色彩搭配鲜艳丰富，造型符号搞怪夸张，使整个舞台洋溢着青春活力的气氛。舞台背景墙面上悬挂着“奇葩说”“You can you BiBi”的字样，与“非常严肃的辩论节目”形成了巨大的反差，给观众带来强烈的视觉冲击，颠覆了人们对传统辩论节目的理解。从舞美设计来看，《奇葩说》的舞台色彩鲜艳绚丽，搭配抽象夸张的卡通图案，童趣十足。这种舞美设计，不仅可以营造节目现场的活跃氛围，为辩手提供轻松愉悦的辩论环境，而且可以增强节目的娱乐性，给观众耳目一新的视觉体验。在这样一种童真喜气的环境下辩论，辩手可以做回真实的自己，契合节目“真实观点真实表达”的宗旨，也能感染在场观众的情绪，调动现场气氛。另外，这种舞台基调也符合节目本身的风格。在这样充满童话色彩的环境中，“奇葩”辩手的个性变得更加鲜明，童真也更容易被激发出来，甚至会出现一些儿童化、低龄化的

图5　演播室全景（图片来自爱奇艺视频截图）

语言动作，比如撒娇、卖萌等。[①]这样的语言表达和行为表达无疑对调节节目中激烈的辩论氛围大有裨益，增强了节目的娱乐效果，提升了节目的可观赏性。

舞台布局和舞美设计纵然对营造轻松幽默的舞台氛围具有重要作用，不过，舞台道具与辩手、导师和嘉宾们的信息传递有着更加直接的联系。在陈述论点时，辩手如果巧妙地借助一些道具，可以把要表述的观点与辩题更加深入有效地结合起来，吸引观众的注意力。《奇葩说》的舞台道具大体可以分为两类，一类是以木鱼、扇子、酸奶、白板等为代表的手执道具。比如在节目中，观众时常可以看到议长马东敲打木鱼的情形，这种情形通常发生在一场辩论的开始和结束，或者某一位辩手结束辩论时，抑或是场上辩手之间的辩论过于激烈时。再如高晓松手上写着“晓松奇谈”的折扇和蔡康永手中写着“说话之道”的圆扇，非常具有个性化，是对自我特定标签的一种宣传。值得注意的还有辩手手中写着诸如“高智商”“我不服”“瞎扯”等的白板，这些白板充满了主观色彩和个性风格，当辩手不同意对方看法时，可以举起“乱讲”“瞎扯”的白板；反之，则可以选择“高智商”等白板加以支持。另一类是以发箍、帽子等为代表的装饰道具。比如辩手范湉湉一直以“女汉子”形象示人，但是她在节目中多搭配夸张的帽子、蝴蝶结发箍、纱巾等，这与她的形象形成强烈的反差，再一次增强了节目的“奇葩”效果。

总之，不论是舞台形状、舞美灯光还是舞台道具，《奇葩说》的舞台都呈现出色彩鲜艳、夸张搞怪的特征，而这些特征，不仅为节目增添了轻松幽默的色彩，而且对体现辩手、导师乃至节目的个性风格起到了积极作用。

四、人员设计

《奇葩说》设置了议长、导师、嘉宾、辩手四种角色。作为一档风格鲜明的辩论节目，《奇葩说》对主要人员的设计十分成功，不论是人物的语言表达、行为方式，还是服化道等非语言符号，人物的性格特征都能够十分直观立体地呈现在观众眼前。

1.评委

《奇葩说》最初由马东担任议长，高晓松、蔡康永担任导师，后来导师队伍增加过金星、张泉灵、罗振宇等，著名主持人何炅也曾担任第四季《奇葩说》的议长。

（1）马东

马东主持风格幽默、睿智、大气，在节目中担任奇葩议长，他通过幽默风趣的主持方式掌控全局，使辩论得以在轻松氛围中有序进行。

---

① 陆芸. 网络自制节目《奇葩说》的风格解析[J]. 新闻知识，2015（11）：80-82.

（2）高晓松

国内著名音乐制作人、导演、主持人，担任《奇葩说》第一季、第三季、第五季导师。高晓松的语言风格有很强的理想化色彩，说话严肃而掷地有声，习惯使用现成知识，比如历史典故等。

（3）蔡康永

台湾著名娱乐节目《康熙来了》主持人，屡获金钟奖。蔡康永连续七季担任《奇葩说》导师，擅长用谦逊的态度处理犀利的问题，将专业性和娱乐精神有机结合；在辩论中循循善诱，但其实思考问题非常理性冷静，有儒雅之风。

2.辩手

开播以来，《奇葩说》的辩手可谓是风格迥异、个性鲜明。由于辩手人数众多，本部分仅选取几个有代表性的选手进行简要的总结。

（1）马薇薇

马薇薇素有"强辩"之称，逻辑清晰，在辩论中经常使用"说教"的方式，下意识地拉长语调，拖长尾音，制造一种紧张感、压迫感，在气势上给对手造成压力。

（2）肖骁

肖骁在《奇葩说》中以"蛇精男"形象示人，在辩论中语言风格犀利，对女性心理观察入微，善于站在感性角度分析问题。

（3）姜思达

姜思达最明显的辩论风格就是慢条斯理，用温和的语言表达犀利的观点，马薇薇评价他："姜思达把人生走成了一个T台，我很喜欢这个家伙，他平静中自见灵魂汹涌。"

（4）范湉湉

范湉湉被称为"麻辣御姐辩手"，她以"女汉子"形象示人，真性情，个性强。蔡康永曾评价她"是用生命在辩论的人"。范湉湉喜欢用自己的生活经历做论据，在辩论中语气强硬，给人一种咄咄逼人的感觉。

五、节目分析

1.国内首档网络说话达人秀

《奇葩说》是中国首档网络说话达人秀节目，从第一季横空出世、惊艳众人，到第二季饱受诟病，再到第三、四季寻求改变，广告费过亿，播放量连连破纪录，《奇葩说》

无疑是互联网综艺乃至中国电视综艺界的现象级节目。整档节目以“You can you BiBi”为口号，旨在寻找华语圈最会说话的人。风格迥异、个性鲜明的辩手们通过辩论的形式表达年轻人对时代热点话题的思考、对自己价值观的坚守以及对世界多元化的解读。与以往的谈话节目相比，《奇葩说》做到了草根化和明星化的结合，在每场辩论中，嘉宾和导师主要起到娱乐作用和过渡作用，而犀利个性的辩手们才是节目的主角。与以往的电视综艺节目相比，《奇葩说》通过娱乐方式探讨了许多“大尺度”话题，比如LGBT群体①。可以说，《奇葩说》打破了传统节目的原有界限，对节目内容的尺度形成了一定程度的挑战。

2.多元犀利的现实辩题

《奇葩说》每期节目都会围绕一个由网民投票选出的生活类话题展开辩论，比如“女生该不该追男生”“该克制朋友圈秀炫晒吗”“朋友圈要不要屏蔽父母”等。节目内容以当期辩题为核心，以幽默逗趣的短视频或小节目引出本期辩论话题，穿插嘉宾和导师的发言，再由辩论双方展开三轮辩论。每期的辩题都是时下最热议、最新锐的话题，双方的辩论不仅体现了辩手对问题的看法，而且体现了年轻人在面对这些困境时的态度，辩手们的观点可为年轻人处理同类问题提供思考和借鉴。

3.交互性的内容生产

《奇葩说》的辩题多元、多变、多样。在内容生产方面，节目辩题的产生充分体现了《奇葩说》节目制作过程中信息采集的互动性和多媒体性。节目组通过百度知道、知乎、新浪微问数据后台，在人文、情感、民生、生活、创业等与网民息息相关的话题中，选取网民最关注的话题，发动网民参与投票。得票越多的话题，越有可能出现在节目的辩论赛中。比如，《奇葩说》第三季的辩题“女性专属停车位是不是歧视”，就来源于生活中人们对女性停车位问题的关注与讨论，这个辩题充满争议性，更能挑动观众的神经，而辩手们围绕这个辩题展开的争辩则是年轻人对这个时下热点的多元表达。

4.生活化的辩论题目

作为一个互联网娱乐产品，《奇葩说》选取的辩题具有广度和热度。它摆脱了传统的形而上的辩题，选择与年轻人息息相关的两性情感类、社会现实类、文化观念类、道德伦理类问题进行辩论，比如“结婚该不该在乎门当户对”“你选择大城床还是小城房”“不生孩子有错吗”“前任婚礼到底要不要去”等。这些辩题与人们的生活息息相

① LGBT群体是女同性恋者（Lesbians）、男同性恋者（Gays）、双性恋者（Bisexuals）与跨性别者（Transgender）的英文首字母缩略词。

关，也是困扰很多年轻人的问题。对这些话题展开辩论，无疑会产生很好的吸睛效应，使观众产生情感共鸣。而且，由于辩题的生活化，辩手们有相关的生活体验，因此有更大的探讨空间，在辩论过程中甚至可以结合自己的经历阐述观点，有趣有料，实现了娱乐和深度的完美融合。

5.自由包容的个性化表达

（1）对观点的个性化表达

《奇葩说》是“一些奇葩分子用奇葩方式传递奇葩观点”，但这并不代表它是一档肤浅低俗的节目，每一位参加节目的辩手都用新奇的观点和独特的表达征服着观众和导师。像“白莲花吃货”颜如晶、“蛇精男”肖骁、“女汉子”范湉湉、“强辩”马薇薇……他们在节目中所呈现出的特有的视觉信息，如服装、表情、标志性动作和表达情感的风格化方式，都在节目传播过程中起到不可忽视的作用。《奇葩说》的特别之处还在于节目的重点不是辩论双方观点的对与错、胜与负，而是辩手们在辩论过程中多元观点的表达与碰撞。节目中融入很多网生喜剧的段子和形式，有趣有料，实现了解闷、解惑的节目效果。

（2）对权威的颠覆性突破

《奇葩说》多元犀利的现实话题，使得“奇葩”辩手们往往语出惊人，对现实生活中的标准和权威进行解构、重构甚至是颠覆。比如，在第二季《奇葩说》“没钱要不要生孩子”这场辩论中，蔡康永所在战队认为没钱不要生孩子，他在总结发言中说：“在我们这个时代和环境里，我们感受到了金钱巨大的压迫力，可是我们不想讲这件事，假装我们不被金钱操控，可是其实我们已被金钱操控。所有的父母亲，他们在存什么东西？他们在存教育基金。为什么要存教育基金？因为让小孩受教育，他们要存一笔钱。你有听过父母亲存爱的吗？父母亲不用存爱，因为爱本来就在那里……所以爱是不用谈的，爱在那边，我们谈的是金钱，我们爸爸妈妈唯一能够做的准备，是金钱的准备。这就是我方今天的立场。”在我们传统的认知中，繁衍后代是一件理所当然的事，但是蔡康永的这番话，有理有据，还有真情实感，从现实和人性的角度出发娓娓道来，很容易刷新观众的固有认知。

（3）对主流价值观的思想引导

《奇葩说》虽然表面上用个性化表达对标准和权威进行重构，但实质上是把观众引向对主流价值观的认同，比如爱、包容、尊严、人性。比如在“要不要牺牲贾玲救大家”这场辩论中，面对这个辩题背后的人性争论，“奇葩”辩手们一改往日的口无遮拦，而是字斟句酌地陈述论点，导师蔡康永也第一次倒戈反水改变立场，他坚持“传递的价值观是远远高于辩题之上的”，议长马东也表示本期没有辩手被淘汰，以此表达了节目维护主流价值观的立场。从这点上来讲，《奇葩说》实现了经济效益和社会效益的统一，找准了90后、00后年轻人的心理，用年轻人的表达方式，传递正确的价值主张。

六、可借鉴性

《奇葩说》这一承载了文化价值、商业价值和娱乐价值的网络自制脱口秀节目，以热闹搞笑的节目风格、参与互动的平台优势、思想引导的价值诉求吸引了大量年轻观众的关注。这档节目的成功，让从业者看到了“网络制造”的创新价值和巨大潜力，也给同类型节目的生产带来了不小的震撼和启示。

1.节目内容创新

与以往传统的电视脱口秀节目不同，《奇葩说》是一档辩论类脱口秀节目，它颠覆了人们对传统脱口秀节目的理解，是对未来网络综艺节目的一种大胆尝试和探索。它的内容创新既体现在舞台设计、道具运用、服饰语言上，又体现在辩题的选择上。节目的辩题不是循规蹈矩的，而是突破传统，涉及道德、情感，甚至是伦理困境，个性鲜明、风格迥异的“奇葩”辩手们多元的观点不断在场上碰撞出火花，给观众带来耳目一新的感觉。

2.节目形式独特

《奇葩说》以辩论赛的形式展开，双方辩手可以就辩题展开多元自由的观点表达，这种表达无关对错，重在表达不同的想法。辩手个性化的表达中充满网络语言、流行段子，与“一档严肃的辩论节目”形成强烈的反差，颠覆了人们对传统辩论节目的理解。此外，道具运用的风格化，节目现场的色彩化，辩手、导师们服饰搭配的个性化，都给观众带来了视觉冲击，增强了整档节目的观赏性和感染力。

3.节目定位精准

《奇葩说》大胆选择年轻观众为目标受众群体，受众定位窄而精。《奇葩说》的口号是“You can you BiBi”，节目开始的提示音是“请40岁以上人群在90后陪同下观看”，很明显，《奇葩说》的受众群体定位为年轻人，包括嘉宾、辩手、观众乃至看似无厘头的辩题的选择，都是面向80后、90后乃至00后的年轻人，充分表明这是一档充满个性和趣味，追求真实观点真实表达的节目。在传播渠道上，《奇葩说》也充分发挥互联网传播的优势，采用弹幕互动的交流方式；在辩题的选择上，《奇葩说》通过互联网向网民征集，选择网民参与程度最高的话题进行辩论。

4.兼具商业价值与社会价值

《奇葩说》运用其强大的互联网思维，借力爱奇艺平台的实力和用户基数，赢得了年轻观众的喜爱，并且对节目赞助商也起到了很好的宣传作用。像“国际抗饿大品牌谷粒多”“有范”这些品牌广告，由马东用带有网感的语言加以即兴发挥，使广告也能被观众欣然接受。这说明节目精准地把握了消费者定位，将广告与节目有机结合，使品牌定位与节目风格契合。除了对商业模式的探索，节目传递的价值观也很重要。个性迥异的“奇葩”辩手们并非一味在节目中争奇斗艳，而是用自己的真性情表达自己的观点。他们的观点看似荒诞、极端，但其实每一个观点都可以照进现实，引发网民的情感共鸣。

（牛慧清　董佳莹）

杂谈茶话会

——《圆桌派》

一、节目概况

节目名称:《圆桌派》
发行地区:中国大陆
播出频道:优酷
首播时间:2016年10月28日
播出时间:每周三、周五上线
单集时长:35分钟左右
节目类型:清谈型谈话节目

图1　《圆桌派》第二季LOGO
(图片来自优酷视频)

《圆桌派》是由著名媒体人窦文涛领衔打造的一档全新风格的聊天真人秀节目。《圆桌派》第一季于2016年10月28日在优酷推出,每期节目邀请三位嘉宾,围绕一个话题进行探讨,抛出的观点紧贴时下热点、痛点,老友聊天的形式使得整个谈话氛围变得轻松愉快。每期话题内容主要包括社会、娱乐、文化三方面,节目播出短短三个月,播放量便轻松破亿,成为互联网文化类谈话节目的现象级产品。虽然没有天价冠名费和博人眼球的噱头,但节目凭借精良的制作和优质的内容吸引了一大批忠实观众,并在社会中产生了巨大影响力。

与传统谈话节目不同，《圆桌派》的会话逻辑是非线性的，即由嘉宾抛出观点、各抒己见，这些观点看似松散但都有其内在关联性。以讨论“女德”的第一季第六集为例，节目从全国各地乃至海外的“女德”事件出发，纵向阐释了此类道德观念的形成原因及传播路径，横向比较了在科学理论蓬勃发展的当今社会，此类思想“复兴”的社会动因，总结讨论了我们应当以怎样的态度对待“女德”以及“女权主义”。

二、板块设计

下面以《圆桌派》第二季第六集①为例，详细分析节目的板块设计。

表1　节目板块内容详解

总时长	板块时长	具体内容	形式
51秒	51秒	本期嘉宾许子东、梁文道、马家辉，主持人窦文涛介绍话题	开场短片
1分14秒	23秒	播放视频资料——“女德”讲师丁璇的演讲实录	双屏展示：一边播放视频内容，一边给出棚内嘉宾与主持人的观看反应
4分41秒	3分27秒	嘉宾许子东补充丁璇的其他言论 讨论关于“女德”宣传的组织性 主持人结合前两年广东东莞“女德”事件，表演再现“女德”讲师的话语和仪态	现场画面：发言人的近景
6分39秒	1分58秒	嘉宾马家辉横向比较港台地区也有这类宣传教育，引出话题 针对这些荒唐的言论，民众的回应 主持人简单罗列了网络上的不同声音 以“处女情结”为例询问嘉宾看法	现场画面：发言人的近景
8分51秒	2分12秒	嘉宾梁文道纵向剖析“处女情结”产生的历史原因及其发展路径 以贞节牌坊为例，分析当时的社会背景，指出晚明政治社会的发展对女人提出的畸形道德要求	现场嘉宾近景画面+贞节牌坊的实物图例

① 节目视频网址：http：//list。youku。com/show/id_z3127efbfbd11250911ef。html?tpa=dW5pb25faWQ9MTAzNzUzXzEwMDAwMV8wMV8wMQ&refer=baidualdl705。

续表

总时长	板块时长	具体内容	形式
10分43秒	1分52秒	嘉宾许子东从贞节牌坊延伸到“烈女”“节女”等特定名词上，先是现身说法，指出自己的香港学生完全不能理解旧俗中的“女德”；进而提起巴金著作《家》作为近代反封建名作，其价值观仍脱离不了贞操观念的束缚——女仆鸣凤为了不嫁给冯老爷，跳湖自杀，而书中的进步人物林觉民却称赞了她的刚烈	现场画面：发言人的近景
13分33秒	2分50秒	主持人窦文涛将话题拉回片头给出的丁璇的例子，再次演绎、分解所谓“女德”是用怎样的观念教化大众的	现场画面：发言人的近景
17分06秒	3分33秒	嘉宾马家辉提出，社会交往活动中有更多是隐形的、被包装成浪漫自然的保守思想，更需要我们警惕	现场画面：发言人的近景
19分30秒	2分24秒	主持人窦文涛承上启下，说“看来四个男人只能发出男权的声音”；接着嘉宾许子东道出了“女德”和“男权”之间的关系，他认为这种关系已经发展到第三阶段——从最开始的人身禁锢到契约许诺和提供物质基础，再到道德上的思想禁锢	现场画面：发言人的近景
21分31秒	2分1秒	嘉宾梁文道指出，所谓的“女德”要求的纯洁性，其实是民族性、国家性，甚至种族繁衍的狭隘理想主义；主持人窦文涛以尼安德塔人为例，进一步驳斥了所谓纯洁、纯粹的道德性；嘉宾梁文道补充，西周青铜器的出现，离不开西亚青铜锻造工艺的传播影响	现场画面：发言人的近景
25分34秒	4分3秒	嘉宾马家辉分析为什么在当代还有人会受到“女德”的影响，他认为是因为混淆了“个人道德”和“忠诚”这两个概念；主持人窦文涛指出“女德”的痛点——在要求“女德”的同时，“男德”也是需要被重视的，道德责任不分性别	现场画面：发言人的近景
31分31秒	5分57秒	嘉宾梁文道在“女德”问题之后，指出男性应该怎么做	现场画面：发言人的近景
33分钟40秒	2分9秒	嘉宾许子东反思，是否因为男性对待女性的态度，让女性变得保守；主持人窦文涛总结，新时代女性对思想有局限的男性提出了要求，进步的步伐需要迈得更大一些 全员举杯敬茶	现场画面：发言人的近景+现场淡出效果
34分52秒	1分12秒	全集金句回顾	短片展示

三、节目设计

《圆桌派》作为一档清谈型真人秀节目，为了摆脱电视谈话节目的传统风格，试图打造出真实的谈话环境。从场景到摆设，从灯光到摄影，整个环境和镜头都体现出一种电影感，弱化了背景环境，着重突出嘉宾的谈话状态。节目中的许多道具是直接从窦文涛家中拿过来的，录制现场如同一个私人聊天场所，能够把嘉宾从录制节目的现场拉回到生活中，使其更有生活气息。不仅如此，这种真实感也可以让嘉宾快速进入聊天状态，使谈话更加放松。

《圆桌派》通过打造接近真实环境的场景，使嘉宾融入其中，从而表现出自己真实的个性和感受。

1.机位设计

以第一季第十四集《文青有病你有药吗》为例。

各机位大致如图2所示。

机位A：长焦镜头，拍摄梁文道近景；机位B：广角镜头，拍摄四人全景；机位C：长焦镜头，拍摄马未都近景；机位D：长焦镜头，拍摄蒋方舟近景；机位E：长焦镜头，拍摄窦文涛近景。

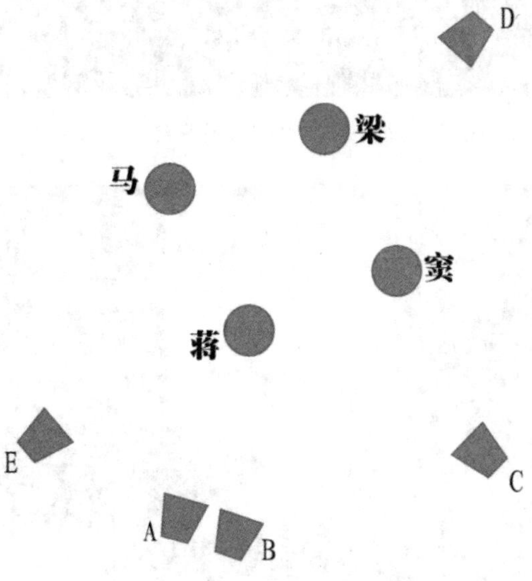

图2　机位分布图（图片来自知乎：@最好的时光）

图3　机位A拍摄的嘉宾近景画面（图片来自知乎：@最好的时光）

图4　机位B拍摄的嘉宾中景画面（图片来自知乎：@最好的时光）

图5　机位C拍摄的嘉宾近景画面（图片来自知乎：@最好的时光）

图6　机位D拍摄的嘉宾近景画面（图片来自知乎：@最好的时光）

图7　机位E拍摄的主持人近景画面（图片来自知乎:@最好的时光）

值得一提的是，《圆桌派》设置的斟茶、点香等固定程序让这个节目充满了人情味，颇具仪式感，这不仅让嘉宾放松下来畅所欲言，而且让整个节目显得真实、节奏流畅。

2.角色设定

弱化主持人形象。在《圆桌派》中，窦文涛有意识地弱化自己，不过分强调自己的看法，而是以倾听者和普通人的身份积极分享观点。主持人风格过于鲜明的节目很容易让观众陷入模式化和程式化的认知中，观众会先入为主，认为主持人是节目的主角。而《圆桌派》把嘉宾当作主角，从传统的以个人为主角的谈话节目变成“群像戏”。窦文涛从来不会刻意打断嘉宾的发言，即使某位嘉宾的言论有失偏颇，他也不急于反驳，因为自有其他嘉宾来反驳或是补充。

图8　主持人窦文涛现场图（图片来自知乎：@最好的时光）

嘉宾彰显个性。《圆桌派》的嘉宾涵盖甚广，既有梁文道、陈丹青等文化名人，也有刘索拉、李艾等音乐圈和娱乐圈的“大咖”，把他们同时放在一档谈话类真人秀节目中更容易凸显其个人特色。梁文道的博学、陈丹青的睿智、马未都的见多识广、蒋方舟的自黑等都是节目的看点。梁文道经常引经据典，有理有据；蒋方舟时而自黑，显示出可爱与知性的一面。《圆桌派》是一个能让嘉宾绽放光芒的节目，他们畅所欲言，表达在那一刻最真实的感受，但在欢声笑语的背后又有许多发人深省的观点和建议，观众也能直观看出嘉宾的特点和魅力。

3.布景设计

虽然《圆桌派》的取景范围不大，但“自造社”的布景很雅致，可以说是古香古色的茶楼一角。每次节目开始前，除了发布必要的产品广告外，都是关于茶道的话题，也给人们耳目一新的感觉。

节目开始前，窦文涛燃起一支香，香燃尽，节目结束。品茶聊天是这个节目的特色，铜壶、炉灶、茶杯都很讲究。典雅的布置加上许多老物件，再配上茶道，让《圆桌派》瞬间高大上了起来。

图9　现场道具茶壶、茶杯的特写（图片来自知乎：@最好的时光）

四、内容设计

1.话题选择

四季《圆桌派》总共97集，其中社会话题有41期，娱乐话题有9期，文化类话题有25期，超过500万点击量的节目主要集中在社会话题上，像"网红""裸贷""相亲""饭局""不想上班"等话题直指社会热点，是当前社会发展所面临的重要问题。《圆桌派》虽然是谈话节目，但另辟蹊径，和真人秀完美结合，打造了网端第一档谈话类真人秀节目。而对于真人秀节目来说，"真"是节目中价值观的诠释和体现，"人"是折射当前百姓生活的一面镜子，"秀"实质上是嘉宾在节目中的情感表达。观众对于真人秀的认知和态度，实际上是对该节目所传递的价值观的认同或否定。

《圆桌派》的成功与直指观众内心的话题密不可分，话题的开放性和多维度呈现也使节目具有更多包容性。它以中国人特有的视角去展现和深度挖掘当下我国现实生活中存在的问题，围绕多元观点展开讨论，观点的多元与包容使我们看到了节目的"真"、不偏不倚，让观众总能找到各自的价值共鸣。

另外，《圆桌派》中嘉宾们的自黑成了节目的一大特色。蒋方舟讲述相亲时的奇葩经历，如相亲的男生直言蒋方舟配不上他，让她尴尬不已。有过多次相亲经历的她用自己的经验总结出"相亲最大的问题是失望"，这让观众"很有共情"并在网络上引起热烈的讨论。从嘉宾的自黑中能看出"秀"的成分，但这种"秀"恰如其分，给节目带来了更多笑点和亮点。

2.话题贴近生活

《圆桌派》是一档网生文化类谈话节目，在全网播出，因此它具有更多的灵活性，更接地气。窦文涛坦言《圆桌派》的主要观众年龄段是18岁至25岁，而大家熟知的另一档谈话节目《锵锵三人行》的观众年龄段则是25岁至45岁。这一差异与播出平台不无关系。作为一档网生谈话节目，《圆桌派》的话题更贴近生活，不同于同类谈话节目的大主题、大嘉宾的制作模式，《圆桌派》聊的大多是普通人关心的话题，比如星座、缺钱、饭局等，既有关于实际生活的讨论，也有哲学上的思辨等。

五、可借鉴性与反思

《圆桌派》的主要内容是嘉宾们进行高质量的对话，他们各有所长，善于从文化、经济、社会等不同方面展开，努力做到雅俗共赏。比如“网红”“不想上班”“相亲”等话题直接源于我们的生活，而嘉宾们也能根据各自不同的经历和文化背景找到与大众文化的契合点。

视频网站对内容生产的重视和投入，使得谈话节目一度火爆网络。2012年之前，网络谈话节目发展比较缓慢，知名节目也不多。2012年以后，各视频网站逐渐推出自制节目，像爱奇艺的《星座棋谈》、优酷网的《静观财经界》《老友记》等，数不胜数，其中《大鹏嘚吧嘚》《大牌驾到》以及后来居上的《晓松奇谈》《罗辑思维》等，都在网络上引起了不小的轰动。

但是，许多火爆一时的网生谈话节目没有经得住市场残酷的检验，许多节目在播出不久后就停播了。如《星棋一见》由于节目题材局限于星座话题，难以持续，仅播出四个月就停播了；PPTV在2015年重磅推出日播谈话节目《天天逗文涛》，由于窦文涛的个性魅力，节目一度成为粉丝追捧的网络脱口秀，但因日播压力、拍摄场地和节目时长较随意等问题，不得不在播出一年之后停播；《大牌驾到》虽然在腾讯视频播出将近五年，但2017年主创人员发生变动，只好暂停播出。总体上说，兼具影响力和播放量的网络谈话节目屈指可数，能够像《奇葩说》这样获得数亿元广告收入的节目更是凤毛麟角，谈话节目要突出重围，仍然需要创新节目内容和形式。

（牛慧清　汪嘉欣）

连接一切孤独的现代人

——《和陌生人说话》

一、节目概况

节目名称：《和陌生人说话》

英文名称：Talk to her

发行地区：中国

播放平台：腾讯视频

首播时间：2017年6月21日

播出时间：季播，不定期更新

单集时长：15至20分钟

节目类型：访谈型谈话节目

荣　　誉：微博大观2017最佳短视频栏目

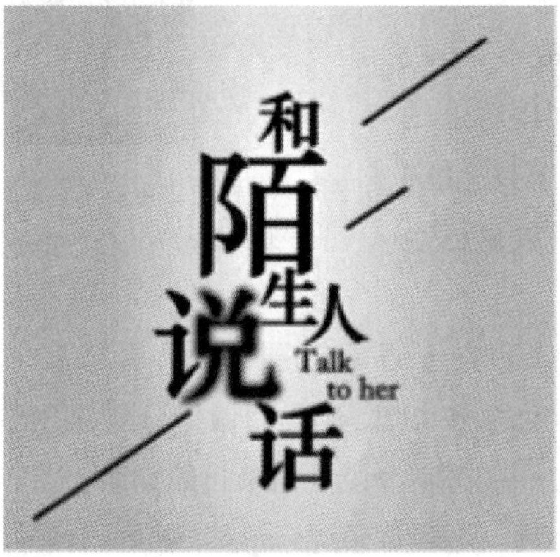

图1　节目LOGO（图片来自节目官方微博）

《和陌生人说话》是腾讯视频2017年上线的一档一对一单访的谈话节目，在这个“不要和陌生人说话”的时代，陈晓楠带着观众去“和陌生人说话”，用普遍人性和感同身受来连接一切孤独的现代人。

每期节目的内容主体为主持人和嘉宾二人的谈话交流。二人相对而坐，作为彼此的陌生人，在数个小时内努力打开心扉，讲述故事，进行情感的交流。节目嘉宾主要选择一些有特殊经历的平凡人物，和主持人陈晓楠平静而深刻地进行心灵的交流。

《和陌生人说话》是国内首档竖屏轻体量人物访谈节目，以“小人物·轻访谈”的形式，传递人与人之间的温度。节目希望通过嘉宾讲述自己的人生故事，通过主持人与嘉宾之间的情感交流，走进嘉宾和观众的内心，触及社会热点、泪点、痛点，连接一切孤独的现代人。节目基调平稳，风格简约清新。节目有多种表现形态，包括单独大故事成集、大故事+小故事成集、小故事+小故事成集。作为腾讯在新闻内容上的战略性部署的全新尝试，节目上线4期播放量即破亿，目前播放量已经达到1.5亿。

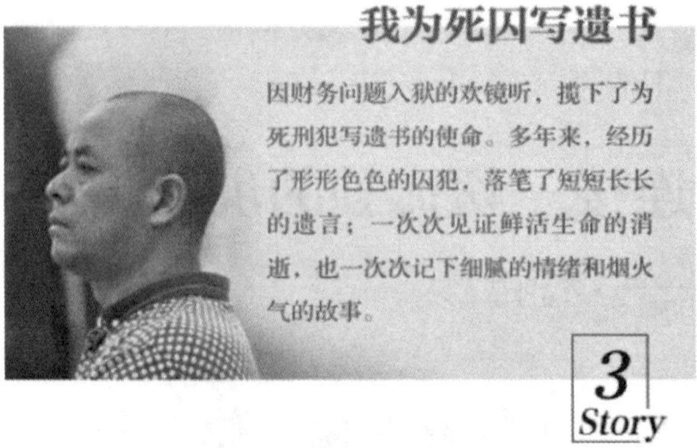

图2 《和陌生人说话》第三期海报及节目截图（图片来自腾讯视频截图）

《和陌生人说话》的节目宣传语是“生老病死，喜怒哀乐，爱恨情仇……在这个魔幻的年代，让我们聊聊人生的滋味吧，让我们做十分钟亲密的陌生人”，展示了其面向普通人的百态人生的定位。陈晓楠曾谈及做节目的初衷：“总觉得内心和内心之间的连接还是需要这样一些最朴素、最原生态，甚至是笨拙的瞬间。当你从某个陌生人的讲述当中，突然发现某一个点自己也拥有的时候，我们会心头一热，备感慰藉，我们何其不同，又何其相似。做这个节目就是想在'不要和陌生人说话'的时代，亲近陌生人，与陌生人说话……"

陈晓楠是节目的主持人，也是节目主创团队成员之一。节目的主创团队负责核心工作，如策划、联系嘉宾、采访等，而拍摄、剪辑、运营等工作则直接聘请专业团队来做。

目前十二期节目和两期特别节目的主要内容见表1。

表1 《和陌生人说话》节目主题

期数	节目名称	主要内容	受访嘉宾	人物经历
第一期	"大力哥"：从"蠢贼"到网红主播	"大力哥"赵金龙入狱成名以及出狱后如何开始新生活的经历	赵金龙	绰号"大力哥"，因网络视频"大力出奇迹"一炮走红，走出营盘村，红透全中国
第二期	给自己的肺写信三年的女孩	女孩患病经历以及接受肺移植后与原主人产生的情感连接	吴玥	南京女孩，三年前得了罕见的淋巴管平滑肌瘤病，生命垂危。广西大山里一位放牛娃意外离世，捐出他的肺,让她重获新生。此后，她每年坚持给"放牛小弟"写信，述说自己的生活
第三期	我为死囚写遗书	因经济犯罪入狱的犯人为死刑犯代笔写遗书的所遇所思	欢镜听	历任机关打字员，民营企业经理、厂长，自由撰稿人，重庆市江津区文化馆文学创作与辅导干部。他曾因经济犯罪入狱数年，因为文化水平高，监狱方面安排他为死囚写遗书
第四期	中国没有"杀马特"	"教父"罗福兴从始创"杀马特"至今的心路历程	罗福兴	生于1990年，广东省梅州市人，开创了另类非主流的潮流，号称"杀马特教父"
第五期	我给盲人放电影	从无意中给盲人朋友讲电影到为盲人放电影、讲电影	王伟力	创立了心目影院，给社区盲人讲电影
第六期	一个杀人犯的忏悔	一个杀人犯出狱后的忏悔之路	王磊	退伍兵，1998年被人雇凶杀人，协助杀死了一位台商后入狱。出狱后，他骑行万里到台湾，向被害人的家属道歉，为受害人守墓，走上忏悔之路
第七期	我把爱人送到零下196度	丈夫送患癌妻子接受中国本土第一例全身冷冻手术	桂军民	49岁，体育教师，签协议同意自己患癌症的妻子接受国内第一例全身冷冻手术

续表

期数	节目名称	主要内容	受访嘉宾	人物经历
第八期	和世界纪录较劲的倔老头	四位平均85岁的老人坚持跑步并参加运动会，打破世界纪录	苏朋学 孙桂本 汪锦标 王志勇	来自北京、上海的四位平均85岁的老人热爱并坚持跑步
第九期	从花臂凶徒到煮面天使	年轻时进过数次监狱的黑帮大哥出狱后决心做善事，开面馆帮助困苦的人	颜维勋	台湾人，曾为花臂黑帮大哥，现为面馆老板
第十期	高楼里酒瘾者的秘密花园	匿名戒酒组织AA中的成员们的故事	匿名者	酒鬼，匿名戒酒组织AA中的成员
第十一期	“教科书式要赖”当事人“认真的赵先森”	赵勇父亲被撞并遇到老赖的经历	赵勇	30岁，唐山人，曾在天津工作，父亲出车祸后辞职照料并维权
第十二期	我和小偷一起慢慢变老	抓小偷抓上瘾的警察的故事	冯黎明	中年警察，从少年开始抓小偷并上瘾
特别节目第一期	《明日之子》特别节目	选秀获奖者们参与节目之前的生活和心路历程	毛不易 赵天宇 马伯骞	均为80后或90后，中国内地男歌手，参演2017年腾讯视频的网综《明日之子》，并获得一定知名度
特别节目第二期	爸妈，谢谢你们尊重我	四位受访嘉宾与父母、子女的相处之道	郎平 等四人	郎平、《明日之子》第一季亚军获得者马伯骞、素人若岚和黄思成

二、板块设计

节目板块设计十分简单，也具有一定的灵活性。节目以主持人与嘉宾的交谈为主体；除了第一期以外，均在开头或结尾设置了海采的环节，表达大众对于这次谈话主题的看法，和嘉宾故事相呼应；再加上极简单的片头和片尾，就是节目所有的板块。

片头娓娓道来，“生老病死，喜怒哀乐，爱恨情仇，我是陈晓楠，你好陌生人”。片尾交代背景资料及采访陌生人的数量。

下面以2017年11月22日播出的第1季第10期《高楼里酒瘾者的秘密花园》为例，具体分析该节目的板块设计。

图3　《和陌生人说话》片头陈晓楠开场白（图片来自腾讯视频截图）

图4　《和陌生人说话》片头海采（图片来自腾讯视频截图）

图5　《和陌生人说话》主持人与嘉宾交流（图片来自腾讯视频截图）

表2　节目板块内容详解

总时长	板块时长	具体内容	形式
10秒	10秒	片头	字幕+独白画面
52秒	42秒	对于匿名戒酒会AA的介绍	字幕+音效+空镜
1分10秒	18秒	访谈第一名受访者G小姐，介绍匿名戒酒会的规则	采访画面+音效+字幕
1分25秒	15秒	互助会里，众人齐声念集体活动结束语的场景	实拍画面+同期声+背景音乐
1分51秒	26秒	访谈第二名受访者W先生，讲述一个女孩为了喝酒出卖身体的故事	采访画面+音效+字幕+空镜
2分45秒	54秒	访谈G小姐，讲述刚进入匿名戒酒会时她的经历以及一个复饮男会员最终去世的故事	采访画面+音效+字幕+实拍画面
2分59秒	14秒	混剪W先生和G小姐的访谈片段，指出复饮的危害	采访画面+音效+字幕
4分8秒	1分9秒	访谈G小姐，讲述她如何隐瞒家人，去宾馆偷偷喝酒的故事	受访者空镜+采访画面
4分13秒	5秒	展示G小姐形象并介绍其戒酒时长	受访者空镜+字幕
4分47秒	34秒	访谈G小姐，讲述她少年时因家庭矛盾开始喝酒并享受其快感的故事	受访者空镜+采访画面+字幕
5分51秒	1分4秒	访谈G小姐，讲述她成年后因喝酒而做的糟糕事情以及感受	受访者空镜+采访画面+字幕
7分18秒	1分27秒	访谈G小姐，讲述她因和男友分手而喝酒，犯酒瘾的时候不在乎一切的感受	受访者空镜+采访画面+字幕
8分6秒	48秒	访谈G小姐，讲述她最后一次醉酒的经历及戒酒的愿望	受访者空镜+采访画面+字幕
9分27秒	1分21秒	访谈G小姐，讲述她为了求生加入匿名戒酒会以及加入后获得的共鸣和安慰	采访画面+字幕+实拍画面
10分9秒	42秒	访谈W先生，介绍复饮带来的危害	空镜+采访画面+字幕
10分56秒	47秒	访谈W先生，介绍W先生断饮时间、复饮故事和感受	受访者空镜+采访画面+字幕
11分32秒	36秒	访谈W先生，介绍他在匿名戒酒会找到同伴的感受	采访画面+字幕+实拍画面
11分55秒	23秒	混剪W先生和G小姐访谈片段，讲述会员间经常互相联系、互相帮助的故事	采访画面+字幕

续表

总时长	板块时长	具体内容	形式
12分38秒	43秒	访谈G小姐，讲述她和会员集体活动的经历和感受	实拍画面+受访者空镜+采访画面+字幕
13分14秒	36秒	访谈G小姐，讲述她差点复饮的一次经历	受访者空镜+采访画面+字幕
14分11秒	57秒	访谈W先生，讲述他复饮差一点儿导致死亡的危险经历	采访画面+字幕
14分32秒	21秒	介绍匿名戒酒会有成效的原理	空镜+字幕
15分39秒	1分7秒	访谈W先生，讲述他向被自己伤害的人认错的经历和感受	受访者空镜+采访画面+字幕
16分57秒	1分18秒	片尾，展示已访谈的陌生人数量。海采，访谈大家有什么瘾，如打游戏、买东西、熬夜玩手机等。展示广告和节目logo	空镜+采访画面+字幕+音效

图6 《和陌生人说话》插入嘉宾资料（图片来自腾讯视频截图）

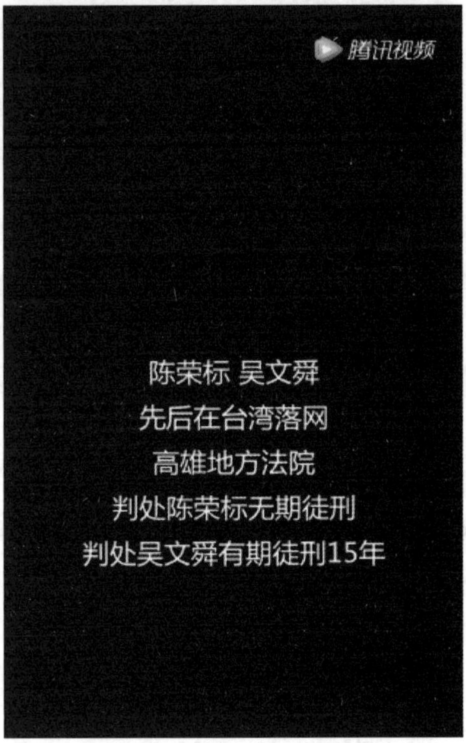

图7 《和陌生人说话》片尾交代背景资料（图片来自腾讯视频截图）

图8 《和陌生人说话》片尾海采（图片来自腾讯视频截图）

图9 《和陌生人说话》片尾（图片来自腾讯视频截图）

从上面的分析可以看出，节目的板块设计并没有固定的套路，每个板块都很重要，有其存在的必然性才会被制作出来。也就是说，每期节目的板块都是根据受访者特点和本次采访的需要来设置的，十分灵活。

海采是板块设计中的亮点，一般会采访四到六个人，形式是简短回答一个问题并将其剪辑到一起，与本次访谈的主题相互映照、互为补充，引发观众更深更广的思考。例如，“给自己的肺写信的女孩”一期中，海采的问题是死去之前留下的最后一句话以及遗憾的事情，受访者中有一个小孩，他明显难以理解“死去”的含义；一位中年女子表示自己会因孩子而遗憾，随后镜头转向孩子扑到妈妈的怀里，让观众在会心一笑的同时，对亲情和死亡有所感悟。

三、舞美设计

演播室的布置非常简单，只有相对而放的两个白色沙发，中间放了一张桌子，桌子上有一个小摄像机，但它们都很少入镜，画面里通常只有主持人或嘉宾的近景以及他们身后的灰色墙面。

灯光设计上，顶光、面光都较强，而且光线偏冷色，营造清新宁静的氛围。

演播室内没有观众，主持人和嘉宾相对而坐，真正私密、亲近地交谈。

演播室整体风格简约、清冷，体现了轻体量的定位，视觉效果干净清爽。这样宁静的氛围也有利于双方在交流中敞开心扉。

四、人员设计

1.主持人

陈晓楠的形象温和低调、优雅知性。之前她是凤凰卫视的重量级主持人，代表作品是《冷暖人生》。2017年，她离职凤凰卫视加入腾讯，成为腾讯第一位“首席主持人”，《和陌生人说话》是她在腾讯的第一部作品。《和陌生人说话》仍旧带着明显的“陈晓楠式风格”，因此有人在介绍节目时，直接叫它“简约版《冷暖人生》”。

节目中，陈晓楠善于体察嘉宾的感受，识别他们的情绪，这使得她和嘉宾之间的交流细腻且深入，让嘉宾在她面前敞开心扉。他们一起欢笑，一起哽咽，互相倾诉着各自的人生体验。

陈晓楠在节目中着意呈现出一种舒适状态，她通常上半身保持直立，手肘倚靠在沙发上，身体略微前倾；也会经常变换动作，会以手支下巴，也会仰头大笑。这样放松的姿态给观众以平常交流的感觉，也不会让采访对象有压力。

《和陌生人说话》更多地展现了陈晓楠的个人形象，这对陈晓楠来说也是全新的体验。《冷暖人生》的定位是“展示他人的人生剧本”，倾向主题宏大和厚重的题材，主持人要尽量克制露面，最多担任解说旁白。而在《和陌生人说话》中，陈晓楠更注重展示两个人渐渐敞开心扉的过程，这让她收获了一批年轻的观众。

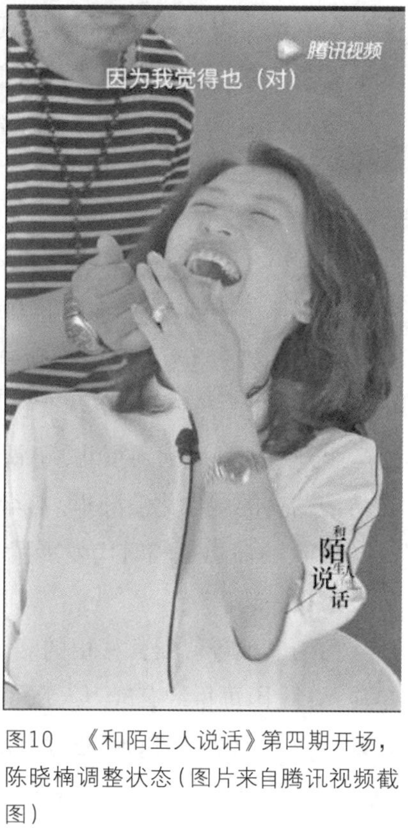

图10　《和陌生人说话》第四期开场，陈晓楠调整状态（图片来自腾讯视频截图）

2.嘉宾

《和陌生人说话》的嘉宾大多来自芸芸众生，相对而言社会地位不高，都是一些普通职业者，他们的人生中也没有什么辉煌的成就，甚至还可能有一些污点；同时他们又都是小人物中的非主流特例——“混不吝”的败家子、患绝症的病人、入狱的文人、过气的网红、盲人的陪伴者、杀人的退伍兵、人体冷冻实验接受者。不得不说节目的嘉宾都是经过精挑细选的，他们都是人海中微不足道的一个，却有自己的鲜明特点。

五、节目分析

1.平等与尊重

《和陌生人说话》呈现的是普罗大众的生命意义和内心情感，将它们一层又一层地剥开，展示给每一个人看：“不是只有登上顶端的人，才有资格讲述自己的故事。”每个生命个体都值得被尊重，每一段真诚的声音都值得被倾听。《和陌生人说话》被称赞为“平民版”的《面对面》，它不再仰望成功人士、名人、明星，而是用平视的方式，与每个生命进行对话。每一次真诚的沟通，都打破了阶层、年龄、受教育程度等的限制。每个曾经被贴上标签的人，也因此鲜活起来。

2.从小人物看大世界

从个体生命的喜怒哀乐可以映射历史浪潮中的人生浮沉。

“大力哥”赵金龙的时间轨迹可以与东北经济的变迁史对比。2003年，中央政府提出“振兴东北”计划，投资优先的基建发展得如火如荼，赵金龙家的砖厂供不应求。而后产业升级的劲风刮到东北，钢铁、煤炭、水泥成为落后淘汰产能，砖厂生意一落千丈。在浩浩荡荡的城市化浪潮里，赵金龙成为失地农民，从此变成了没有经济收入的“流浪汉”。个人的命运是和时代发展紧密相关的，个体的悲欢离合和地区乃至国家的沧海桑田交汇在一起。

而与其他等待器官移植的病人相比，获得移植的吴玥是幸运的。这期节目的片尾字幕显示：中国每年约有30万人在等待器官移植，但只有约1万人能获得手术机会。生离死别是一夕得救的选择，也是每天都在进行的“日常”。一个个体的背后是一个群体，是整个社会乃至整个人类。这种对时代似无意却紧密的关照，也成为节目价值的重要隐含部分。

六、可借鉴性

1.轻体量的节目形态

《和陌生人说话》话语方式简单，谈话中不借助任何道具、资料，甚至没有观众，只有两个人相对而坐，诉说和倾听，不掺杂任何冗余信息，极大地降低了观众的观看成本。同时，这种双人对话的设计十分亲切，好像两个人在很平常地聊天。摄像机摆放在两个人中间的桌子上，与被摄人物的距离非常近，他们谈话时看向镜头，给观众的感觉是嘉宾在与自己说话。

画面呈现上，节目的景别很少变化，偶尔会有某个部位的特写，也都出于必要性（比如第4期中罗福兴展示手上的文身）。节目剪辑十分自然，画面衔接流畅。节目包装如片头片尾、资料、人名等都极其简单。节目色调清新，演播室内的布景、主持人和嘉宾的衣服均为素色。在信息爆炸的时代，人们眼中所见越来越多，这档节目尽量减少令人眼花缭乱的布景，降低用户视觉压力，令人耳目一新。

节目的时长约17分钟，短小精悍，节目组还会将其剪辑成几个3分钟以内的独立片段，以符合网络传播碎片化的要求。这档节目在形式上最大的创新是它采用竖屏构图并且字幕在画面上方。这种构图方式在视觉上给人以惊喜，更主要的是，它符合大众的手机使用偏好，竖屏观看时只用一只手就可以拿稳手机，满足地铁上等移动场景观看的需要。在内容表现方面，宽高比从横屏的16∶9变为竖屏的9∶16后，画框更加接近人体瘦高矩形的结构，视觉上不会对人体画面造成拉伸，使画面中的人更加协调、真实。作为一档访谈节目，这样的表现形式非常成功，观众能够在一个比较舒适的状态下静静地等待故事的分享，代入感更强。

2.后现代的节目主旨

随着社会大分工和物质水平的发展，人与世界的割裂日益严重，人与人之间的疏离感也越来越深。主播直播等节目形态和各类陌生人社交工具正是在这个背景下产生的。《和陌生人说话》节目名字中的“陌生人”就带有这种隐喻。

之所以被叫作陌生人，是因为他们都是小众群体。与观众相比，他们无疑具有不同的生活环境或是人生经历，从而有着深深的陌生感。但是在谈话过程中呈现出的人性中的美好却是特殊性中的普遍性。而之所以要“和陌生人‘说话’”，正是因为所有人都是孤独者，需要在与身边他人和所处世界割裂的生活中寻找共鸣。

（牛慧清　王琪东）

印度

真理战胜一切

——《真相访谈》

一、节目概况

节目名称：Truth Alone Prevails
中文名称：《真相访谈》
发行地区：印度
播出频道：印度星空娱乐频道（Star Plus）
首播时间：2012年5月6日
播出时间：不定期播出
单集时长：65—80分钟
节目类型：主题讨论型谈话节目

《真相访谈》是一档由印度宝莱坞巨星阿米尔·汗主持的谈话节目，于2012年在印度星空娱乐频道首播，至今已经播放三季。片名“真相访谈”源于印度国徽上的座右铭“Satyamev jayate”——真理战胜一切。节目聚焦印度社会各个阶层人民的生活现状和贫苦不公的现象，邀请处于悲惨境遇和不幸的普通人走进演播室，讲述自己的经历，并通过走访、调查、取证、联系专家，探究真相。节目的最后往往会提出解决问题的办法并呼吁人们捐款，促成相关部门的行动。

图1 节目LOGO（图片来自百度百科）

这档谈话节目在印度引起了强烈的反响，获得了收视口碑双丰收。

节目播出三季以来，所谈论的话题涵盖了社会的方方面面。第一季的访谈对象主要来自印度社会的弱势群体，节目就印度妇女婚嫁、堕胎，儿童遭遇性侵害，印度种姓制度等普遍存在的社会问题进行探讨，寻求解决的方法；后两季的节目中，腐败的公权力成为重点关注的对象，如政治犯罪、警察问题，节目组无一例外地披露了权力机关在行使权力过程中存在的黑暗面。这是印度第一档以巨星影响力为依托，大胆揭示社会阴暗面并积极寻求解决方法的访谈节目。

《真相访谈》在印度社会引起了空前热烈的反响。据相关统计数据，全球有将近4亿人通过印度星空娱乐频道观看节目，全球有12亿人通过网站、Facebook、Twitter、YouTube以及移动设备来观看节目，超过800万的民众通过社交媒体、网页留言、短信和电话热线来参与互动，节目组共收到1.4亿人次的反馈。

二、板块设计

以第一季第十集关于“种姓制度”的节目①为例分析其板块设计。这一期节目可以分为四个板块。第一个板块为主持人的脱口秀部分，主要是为了引出本期节目的话题；第二个板块是嘉宾访谈，其中包括与节目嘉宾的交流、与现场特邀顾问的交流，中间穿插播放VCR；第三个板块是主持人以脱口秀的形式对本期话题进行升华总结，向社会筹款，并向现场观众提问；第四个板块是现场乐队演奏，演奏的歌曲通常符合该期节目主题。

表1 节目板块内容详解

节目板块	总时长	板块时长	具体内容	形式
第一板块:主持人脱口秀	4分15秒	4分15秒	主持人引出主题：印度的种姓制度	VCR短片+现场画面+同期声
第二板块：嘉宾访谈	4分15秒	42秒	短片VCR引出第一位嘉宾：考沙尔·帕瓦尔博士	VCR短片
	21分23秒	17分18秒	在主持人的引导下，考沙尔阐述了自己一路来所遭受的歧视和不公待遇	现场画面+同期声
	23分43秒	2分20秒	介绍一位出身底层的名叫巴尔万特·辛格的公务员	VCR短片

① 节目视频网址：http://www.bilibili.com/video/av10766888。

续表

节目板块	总时长	板块时长	具体内容	形式
	23分56秒	13秒	主持人抛出印度低种姓民众在官场上的地位是否发生改变的问题	现场画面+同期声
	26分06秒	2分10秒	讲述国会议员斯里·普尼亚的故事	VCR短片
	26分21秒	15秒	主持人继续提问：印度民众是否认为身边存在种姓歧视	现场画面+同期声
	26分53秒	32秒	一组快剪的街访群像回答了这个问题	VCR短片
	28分38秒	1分15秒	第二位嘉宾登场，以种姓制度为主题的纪录片《印度贱民》的导演斯坦林为大家解答了上述短片中的民众否认种姓制度存在的原因	现场画面+同期声
	38分	9分22秒	《印度贱民》片段放映	纪录片片段
	39分13秒	1分13秒	主持人根据纪录片中涉及的群体向斯坦林提问	现场画面+同期声
	40分47秒	1分34秒	放映纪录片片段，片段中采访了一群低种姓的女孩，她们在学校被迫清扫粪便池	纪录片片段
	42分25秒	1分38秒	主持人借此短片向观众提问：如果被迫清扫粪便池，仅仅是因为种姓的原因，会作何感想	现场画面+同期声
	43分25秒	1分	主持人提问斯坦林，城市中现在还有哪些种姓歧视的现象	现场画面+同期声
	46分	2分35秒	斯坦林提出，跨种姓结婚有助于消除歧视	现场画面+同期声
	46分15秒	15秒	主持人简单总结前面的内容，引出接下来的两位嘉宾	现场画面+同期声
	49分10秒	2分55秒	短片播放：低种姓村民朗帕尔在高种姓警察的帮助下，使自己的女婿成为全村第一个在婚礼上骑母马的低种姓人	VCR短片
	51分09秒	1分59秒	视频连线短片中的警察，主持人询问他关于种姓制度的看法	现场视频连线
	52分18秒	1分10秒	主持人采访当事人朗帕尔，他表示村里此后举办的婚礼上，无论种姓高低，新郎都可以骑母马	现场画面+同期声

续表

节目板块	总时长	板块时长	具体内容	形式
	52分48秒	30秒	主持人独白，引出嘉宾达马迪卡里法官	现场画面+同期声
	53分46秒	58秒	达马迪卡里法官通过短片进行自我介绍	VCR短片
	62分57秒	9分11秒	达马迪卡里法官对种姓制度的存在和缺陷进行了独特的阐述	现场画面+同期声
	64分02秒	1分05秒	短片引出第三位嘉宾威尔森，他一生都在为低种姓人民可以不再挑粪这一愿景而努力奋斗	VCR短片
	77分37秒	13分35秒	威尔森向主持人讲述自己如何调查、写信给媒体甚至总理，请求废除人工清理粪池的工作，得到了社会的热烈反响	现场画面+同期声
第三板块：观众互动场外筹款	83分03秒	5分26秒	主持人向场外发起募捐，而后向观众提问，询问他们看完这期节目的感想，之后，主持人进行现场独白	现场画面+同期声
第四板块：现场音乐	85分36秒	2分33秒	歌手演唱歌曲，现场大屏幕穿插播放短片，短片内容为所采访嘉宾的群像及其日常生活记录	现场画面+VCR短片

三、舞美设计

1.空间布景

在演播室访谈节目中，空间布景决定了整个节目的基调。《真相访谈》的布景较为简单朴素，也映衬了这档节目的风格：强调平凡与细微事物中的真情实感，绝无半点虚假浮华之声势。与嘉宾谈话环节的访谈空间位于演播厅的中心，为一个独立的对称舞台。在三季节目中，舞台的形状也发生过变化：前期舞台为朱红色圆形半嵌入米白色半圆的形状，后期舞台变成了带有灯光色彩效果的六边形。舞台中央摆放了座椅。摄像机将镜头局限于固定的范围内，使之形成相对独立的采访空间。在与现场观众及特邀法律顾问交流这一环节中，主持人阿米尔·汗通常走近观众席，将访谈的空间延伸到舞台之下。观众席采用常见的阶梯形设计，确保每一位观众在演播厅里有最佳观看位置，同时也方便主持人与观众互动。

图2 《真相访谈》舞台设计全景（图片来自bilibili视频截图）

图3 《真相访谈》节目现场舞台侧面（图片来自bilibili视频截图）

图4 《真相访谈》观众席（图片来自bilibili视频截图）

2.服装和道具

该节目亲民低调的风格决定了主持人阿米尔·汗的衣着相对休闲和生活化。简单大方的长袖衫和颜色纯净的长裤，是阿米尔·汗出镜最经典的穿着。这样的穿衣风格能够让人产生亲切感，使来访的嘉宾放下戒备，畅所欲言，也能够拉近与现场观众的距离，得到他们更加踊跃真实的反馈。

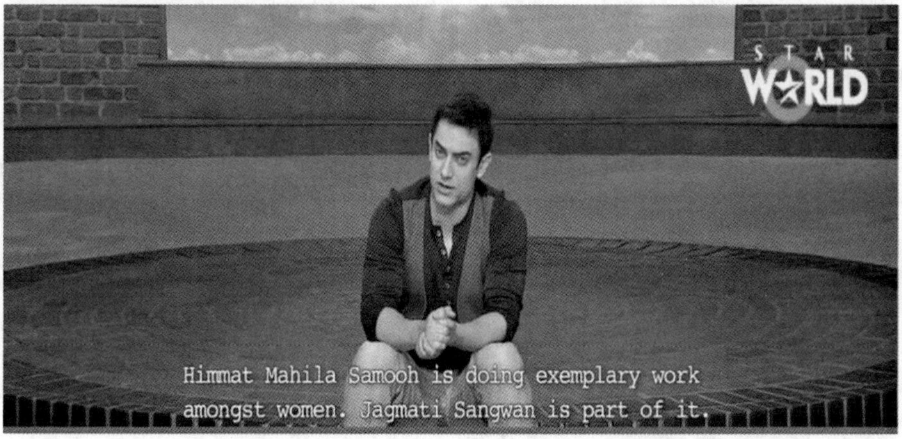

图5 《真相访谈》主持人阿米尔·汗（图片来自bilibili视频截图）

由于节目形式简单，因此几乎无须使用道具。值得一提的是舞台中央的沙发，与大多数访谈节目类似，该节目的沙发样式也经历过诸多变化，从木质长椅、白色弧形沙发，到灰色六边折叠式沙发，主持人与嘉宾始终保持“平起平坐”的交流状态。沙发的设置意味着主持人与嘉宾之间平等的关系，对来到节目的嘉宾，尤其是弱势群体，体现出尊重和关怀。这也符合《真相访谈》为弱势群体发声的节目宗旨。

图6 《真相访谈》沙发设计（图片来自bilibili视频截图）

四、主持人分析

《真相访谈》节目组的人员设置较为简单，主持人自始至终都是阿米尔·汗，他是这个节目至关重要的竞争力之一。除了主持人以外，节目并没有设置常驻嘉宾，只是每期节目都会根据话题需要，特邀法律顾问或相关部门的负责人来到现场解答相关问题。

1.主持人的社会影响力

印度不乏优秀的访谈节目，但论节目的深度和影响力，没有一档节目可以与《真相访谈》媲美。其中最重要的原因便是节目的这位王牌主持人。

图7　2013年阿米尔·汗登上美国《时代周刊》封面（图片来自百度百科）

提起阿米尔·汗这位印度国宝级的演员，我们对他的印象绝不仅是2017年《摔跤吧，爸爸》里那个伟大的父亲，他还用电影作品为这个时代和我们这一代观众留下不可磨灭的印迹：《地球上的星星》呼吁平等温柔地对待所有孩子，《三傻大闹宝莱坞》揭露了印度教育制度的不公，*PK*将矛头直指虚伪的宗教。他是宝莱坞最耀眼的一颗巨星，却不断坚持用自己的社会影响力为这个社会的黑暗面带去一丝亮光。而他所做的所有努力中，最令人动容和称赞的，便是这部颇具影响力的记录式谈话节目《真相访谈》。

阿米尔·汗的社会影响力不仅体现在他对节目收视率的贡献上，而且体现在由他呼吁的社会问题大多得以缓和或解决上。例如，在第一季第二集节目“儿童性侵”中，他呼吁社会各界人士重视该问题，督促相关部门采取行动，引起印度各阶层人民不同程度的关注，呼吁相关法律的施行。他亲自给国会写请愿书，最终国会请他见证法案的通过，保护儿童不受性侵害的法案最终得以通过。此外，美国《时代周刊》刊登了他的肖像并将他评选为世界最有影响力的一百人之一。

2.主持人的主持风格

正如阿米尔·汗在每期节目开篇的独白中所说：“我想讨论一些关系印度民生的话

题，不责难任何人，不中伤任何人，也不制约任何人。我无心激化矛盾，只为能改变这个时代。无论是谁的心中，只要有星星之火，必将成燎原之势。”作为一位举世瞩目的巨星，节目里的阿米尔·汗褪去了明星的光环，言语间显露出一股谦逊又温暖的力量，对待每一位观众、每一位到访的嘉宾，他都展现出发自内心的尊重和友善。他于嘉宾而言是倾听者，无时无刻不追随着嘉宾的目光，真诚地聆听，恰到好处地发问，或适时地微笑，或为不公而哽咽，甚至情到深处时落泪……镜头前真实坦率的阿米尔·汗以他真性情的主持方式再一次让观众对其产生敬佩之心。

阿米尔·汗用自己最真挚纯粹的心去揭露那些令他感到困惑的社会问题，去追问和探求相关的解决之道，看起来似乎他一个人的力量很单薄，但又令人感到无比强大而踏实，因为他让我们相信星星之火必成燎原之势。

五、节目分析与可借鉴性

1.节目形式简单，以故事取胜

《真相访谈》不依靠任何噱头或丰富多样的节目形式吸引观众的目光，其一到三季的每一期节目，始终由阿米尔·汗一个人担任主持人，除此以外，没有任何常驻的嘉宾或明星助阵，也没有任何多余的环节设置，更没有戏剧化的冲突，节目的核心部分就是访谈，通过访谈向人们展现真实而不加雕饰的社会现状。

每一期节目大致可以概括为总分总的框架结构，开篇由主持人引出话题，引发观众思考；主体部分是主持人对嘉宾的采访和纪录短片的播放，从而探究事件的缘由始末；最后将问题的解决之道公之于众，并呼吁每个人做出改变。几乎每一期都是这样的模式和流程，但是这档节目却从来不缺观众，因为节目本身的内容已足够丰富和吸引人，也就无需多余的流于形式的框架来支撑节目。

三季节目中的嘉宾都是来自印度社会各个阶层的普通百姓，他们在节目中讲述自己的亲身经历：被迫堕胎的农村妇女，孩童时遭遇性侵却无处申诉的老妪，由于低种姓而无法正常入学的儿童，身为同性恋而不被整个家族接纳的老师，遭受家暴的新婚少妇……节目通过主持人对他们的访谈和观看节目组为其拍摄的纪录片，让观众深刻了解他们背后的故事。他们就存在于我们身边，这不仅仅是印度社会的黑暗面，也是世界各地都存在的暗角。

与其说这档节目严肃而刻板，不如说它纯粹而专注，是一群对印度社会现状忧心忡忡并期望祖国越变越好的公民用心打造的一档节目。

2.节目内容触及印度的敏感话题，并具有普适性

三季节目从社会弱势群体的遭遇到政府权力的监管，每一次发声都撩拨着印度人民内心压抑良久的愤懑情绪。诸如阻止妇女改嫁、虐杀女婴、歧视低种姓人民等社会不公现象，都在节目中得到了揭露。节目组还深入印度偏远农村地区，卧底探查，将一些荒谬的制度和思想公之于世。

嘉宾们主要在主持人的提问和引导下讲述故事，其余的部分由VCR短片补充说明。第一季节目以印度社会的四大弱势群体——儿童、妇女、残障人士、低种姓人民为话题点，以此延伸出女性的家庭地位、残障人士的社会基本保证、儿童性侵害防范、女性婚姻自主选择权和高昂的嫁妆等十个社会性话题，每一期话题都能引起社会各界人士的强烈共鸣。

这些伤疤不仅是印度的，也是世界上其他一些地区如今仍存在的，是人类历史进程里无法忽视的顽疾。这也是这档节目能够引起社会各界关注的重要原因。

3.节目具有巨大的现实意义和社会影响力

一档成功的访谈节目不仅仅为了探求真相，而《真相访谈》将探求真相、传播思想以及缓和矛盾解决问题三者高度结合在了一起。据报道，12亿印度人中，有6亿人每周收看《真相访谈》，其影响力与号召力可见一斑。它对于传播积极、平等的价值观起到了至关重要的作用。这是一档值得人人观看的节目，无论是正处于叛逆期的少年还是步入社会工作岗位的青年，无论是学识渊博的教授还是目不识丁的村民，这档节目所批判的是印度传统宗教种族社会中的糟粕，无论什么样的群体，都有义务和责任为这个社会的改变做出自己的努力。

（牛慧清　林　睿）

印度的国家公诉人

——《你的法院》

一、节目概况

节目名称：Your Court

中文名称：《你的法院》

发行地区：印度

播出频道：印度电视台（India TV）

首播时间：1992年3月13日

播出时间：每周六晚10点

单集时长：34-78分钟

节目类型：访谈型谈话节目

图1 《你的法院》21周年庆典海报（图片来自节目视频截图）

作为印度播出时间最长的电视节目，《你的法院》在整个印度电视史上享有其他节目难望其项背的地位。由于自始至终都由辨识度极高的主持人拉杰什·沙玛（Rajat Sharma）一手经营制作，因此该节目的发展历程也与这位主持人有着割舍不开的联系。自开播以来，拉杰什·沙玛为《你的法院》的观众邀请了顶级政治家、宝莱坞明星、运动员和精神大师等嘉宾，并以他独特的方式向嘉宾提问。这个节目见证了许多名人的情感倾诉：有些人试图哗众取宠，有些人捍卫自己的行为，有些人甚至洒泪现场。

在过去29年中，在印度电视台（India TV）周播不歇的《你的法院》经常蝉联印度电视收视率榜首。它不仅是印度播出时间最长的节目，而且还是最具生命力的节目之一，它从1992年开始自己多彩不凡的征程，至今仍然深深吸引着千千万万的观众。最让人难以忘怀的是在2014年大选前夕对纳伦德拉·莫迪先生的采访，那一期节目打破了印度电视新闻收视率的纪录，赢得了全印度74%的印地语电视新闻观众的目光。

2014年12月2日，印度电视台在新德里为《你的法院》隆重举办了21周年庆典，各界顶尖人物齐聚一堂，为这次盛会增光添彩，印度前总统普拉纳布·慕克吉、总理纳伦德拉·莫迪、“印度三汗”（阿米尔汗、萨尔曼汗和沙鲁克汗）以及许多演员歌手、运动明星和各党派官员也都参加了这次盛会。

二、板块设计

从20世纪90年代播出至今，《你的法院》的节目板块设置经历了一些改变。本文以最为著名的2014年5月纳伦德拉·莫迪担任嘉宾的一期节目①为例分析其板块设置。节目总时长77分48秒，结构设计比较简洁明了。节目主要模仿法院的庭审程序，在人物到场、法官宣布庭审开始后，由主持人向嘉宾提问，并将问题分为几个大的板块，每一板块中都有丰富的资料和精彩的反问。接下来是现场观众提问，在此之后法官根据在场所有人的发言以及嘉宾的表现，公布自己听取各方意见之后对嘉宾（“受审人”）的看法，也即“宣判”结果。

表1 节目板块内容详解

总时长	板块时长	具体内容	形式
0分14秒	0分14秒	节目固定片头	播放VCR
0分56秒	42秒	主持人引出今日嘉宾纳伦德拉·莫迪	现场画面+同期声
1分20秒	24秒	嘉宾从观众席后方出场	现场画面+同期声
1分30秒	10秒	主持人引出今日法官Dr. Push Beshpan	现场画面+同期声

① 节目视频网址：https://www.youtube.com/watch?v=5RRIQvViQw0。

续表

总时长	板块时长	具体内容	形式
1分42秒	12秒	法官从舞台前门出场，入座法官席	现场画面+同期声
1分54秒	12秒	法官敲法槌，宣布开庭	现场画面+同期声
3分48秒	114秒	主持人引出话题，短片VCR介绍嘉宾基本信息	播放VCR
4分6秒	18秒	显示屏显示第一个话题：宣传造势	播放VCR
19分46秒	15分40秒	主持人指出，大街小巷都是莫迪的广告，并引述敌对党的话质疑其花费巨大，利用宣传机器（社交网络、电视媒体等）寻求民众支持，将自己塑造成印度第一爱国者形象。莫迪为自己辩解：所有人的爱国之情都不分高下，他并不想成为什么人，而是心中满怀自己的事业。观众频频叫好	现场画面+同期声
20分16秒	30秒	第一次休息，预告接下来的精彩内容：莫迪巧妙回答敌对党诘问	现场画面+同期声
20分50秒	34秒	回到节目，显示屏显示第二个话题：分裂主义	播放VCR
33分47秒	12分57秒	主持人向嘉宾提出第二轮问题，询问其是否打算从事分裂主义政治活动。莫迪为自己辩解	现场画面+同期声
38分14秒	4分27秒	观众提问，嘉宾回答问题。进入第二次休息，预告接下来的精彩内容：莫迪巧妙回答敌对党诘问	现场画面+同期声
38分50秒	36秒	回到节目，显示屏显示第三个话题：夸大政绩	播放VCR
48分49秒	2分20秒	主持人提问，嘉宾回答问题	现场画面+同期声
51分32秒	1分43秒	观众提问种姓主义问题，莫迪回答	现场画面+同期声
53分2秒	90秒	观众提问与美国的关系问题，莫迪回答。进入第三次休息，预告接下来的精彩内容：一人独大？印人党是否还有其他出色政客？	现场画面+同期声
53分41秒	39秒	回到节目，显示屏显示第四个话题：一人独大	播放VCR
60分52秒	7分13秒	主持人提问，莫迪回答问题	现场画面+同期声
61分10秒	18秒	观众提问总统人选问题，莫迪回答	现场画面+同期声
64分30秒	9分28秒	观众提问女性安全问题，莫迪回答。进入第四次休息	现场画面+同期声
74分25秒	9分55秒	观众提问竞选动力问题，莫迪回答。进入第五次休息，预告接下来的精彩内容：法官宣布判决结果	现场画面+同期声
77分10秒	2分45秒	主持人请法官Dr. Push Beshpan作出“判决”，法官总结陈词，对莫迪作出积极评价	现场画面+同期声

续表

总时长	板块时长	具体内容	形式
77分48秒	38秒	主持人总结陈词：国家总理的选举权握在每一位公民手里，希望人民自主自决。主持人预告下一期嘉宾，节目结束	现场画面+同期声

三、舞美设计

1.空间布景

为了凸显辩论质询的节目风格，《你的法院》在节目舞台设计方面别具一格。整个演播厅被布置成一个法院庭审大堂，舞台正中央是法官的主席台，两旁各插一面印度国旗，并分别坐了两位文员（在节目中并未发挥实际作用），法官背后以及大堂两侧挂有印度开国以来的伟人肖像，如民族斗士奥罗宾多、精神领袖辩喜、圣雄甘地、开国总理贾瓦哈尔拉·尼赫鲁、平权领袖安贝卡、总理英迪拉·甘地等。肖像旁边有两个显示屏。主席台前方是一片空地，只在空地左侧设置了一个嘉宾发言台。这样的“留白”设置目的非常明显——让现场和电视机前的观众将注意力集中在发言的嘉宾身上。而主持人自始至终都站在嘉宾发言台旁边靠近舞台中央处，并站立着向嘉宾提问。观众席为常见的阶梯形设计，能确保现场最佳观看效果，也为后期观众提问环节提供方便。

值得一提的是，在主持人所站位置与嘉宾席位前有一处别具匠心的车轮形状的灯光投影。车轮在印度文化中具有丰富的内涵，且在不同的话语体系中代表了不同含义。在法律语境下，车轮可以被解读为代表着法律的至高无上、正义的不可战胜和真理的所向披靡。

图2 《你的法院》舞台侧全景（图片来自节目视频截图）

图3　法官主席台（图片来自节目视频截图）

图4　嘉宾席前的车轮形灯光投影（图片来自节目视频截图）

图5　嘉宾、主持人和法官三角同台（图片来自节目视频截图）

2.服装和道具

《你的法院》为了尽可能逼真地模仿法院实景，在道具设计上颇费心血。嘉宾席的四周被栏杆围住，模仿真实法庭中被告人发言台的设置；主持人身着正装，手拿资料，站得笔直，自始至终坚守在“质询者”的岗位上；法官的主席台上放置了法槌以备法官宣布开庭和休庭时使用；两侧国旗增加了肃穆威严感，而坐于法官两侧的记录文员则更在气氛上增添了节目的真实性和严肃性。整个舞台的装修和布局都非常一体化，橙色木质桌椅和地板将整个空间渲染得一尘不染、轻重分明。这样的场景设计使坐在观众席上的观众自然而然地产生自己在旁听一场审判的感觉。

四、人物分析

1.节目主持人

《你的法院》的主持人拉杰什·沙玛幼年生活窘迫，父母老病缠身，家中甚至不通水电，晚上学习还得去附近火车站的路灯下借光。对于那时的他来说，拥有一台电视机根本就是奢望。他常去富人家的窗户偷窥，只为了看一眼电视机。而如今的他，是印度电视台主编兼主席，可以说是印度最杰出、最著名的编辑记者之一。拉杰什·沙玛从印刷媒体开始自己的职业生涯，直到在一次航班上遇见Zee TV 的创始人苏伯仕·昌德拉（Subhash Chandra），他才结束了他的报纸编辑工作。当时苏伯仕·昌德拉正想制作一档有趣的谈话节目，所以在沙玛简要谈了《你的法庭》的想法后，这个想法立马被付诸实践，于是《你的法院》于1992年3月在Zee TV 播出了第一期节目，嘉宾是时任比哈尔邦首席部长的勒杜·雅德伍（Lalu Yadav）。

2004年，拉杰什·沙玛和妻子创办了印度电视台，从此《你的法院》就成为其标志性节目。随着《你的法院》一路走来，拉杰什·沙玛已修炼为一代名记者。他的事业之路一帆风顺，曾荣获塔伦·格兰帝（Tarun Kranti）奖项，还被印度政府授予重量级的波德玛·普桑（Padma Bhusan）头衔（文学教育方面），2015年3月，印度前总统普拉纳布·慕克吉亲自为他颁奖。由于拉杰什·沙玛所扮演的律师角色深入人心，大家都称他为“印度的国家公诉人”。

图6　主持人拉杰什·沙玛（图片来自节目视频截图）

2.节目嘉宾

关于节目嘉宾的选择问题，《你的法院》制作团队非常坚持原则。虽然有人会出于公关和炒作的动机想来参加节目，但是拉杰什·沙玛从未答应过这些请求。制作团队坚持的原则就是节目不会把所有人都请上舞台，只能邀请那些公众关注的人物。

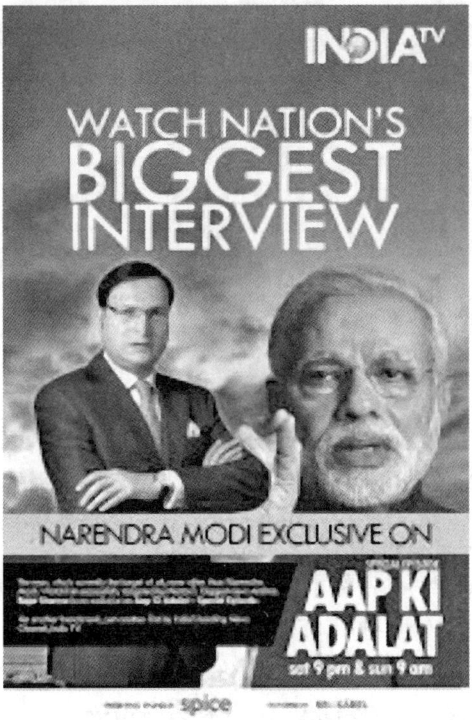

图7　莫迪来访《你的法院》海报（图片来自节目视频截图）

基于这样的嘉宾选择标准，《你的法院》审判席上出现的都是星光璀璨、充满争议的公众人物，覆盖了印度各界知名人士，如政界各党派代表人物、娱乐界明星、宗教领袖、体育明星等。

图8 《你的法院》21周年庆典上“三汗”与拉杰什·沙玛互动（图片来自节目视频截图）

3.法官嘉宾

节目邀请的担任法官的嘉宾通常都是学术界、媒体界立场中立、思想客观的“大咖”，以最大限度地体现“法官”这一角色的公平公正性和权威性。与饱受争议、处于风口浪尖的“受审”嘉宾不同，饰演法官的嘉宾通常没有太多非议，而是某一领域的声望较高者，具有让观众信服的品质。

五、节目分析

1.节目形式新颖

形式和内容通常不分你我、不可分割。《你的法院》所运用的独特的模仿现实场景之形式，是对其节目诉求的强调、升华，而且其形式本身也是节目制作者想要表达的内容之一。想象一下坐在法庭观众席旁听庭审的观感体验，再想象一下传统的演播厅的气氛与视角，这是两种完全不同的体验。而《你的法院》的精妙之处就在于它将这两种大相径庭的视听风格以非常和谐的方式融合到一起，将法庭的局限性场合搬到广阔的演播厅，也将演播厅的固化内涵延伸到崇高无上的法庭。甚至可以说，访谈节目《你的法院》是电视节目和法庭两个维度的沟通大桥，通过这座大桥我们可以看见的是带有两种世界不同烙印的信息互相流动——将光鲜亮丽的嘉宾请上受审席，再用围栏将之围住，嘉宾面对的是极其认真、毫不留情的公诉人，正襟危坐、若有所思的大法官，全神贯注的观众和严丝合缝、滴水不漏的摄像头，嘉宾从整个节目的设置中得到的最主要的信息便是自己正在“被审判”，而这便是节目的诉求所在——考问嘉宾，或者说是探索嘉宾的未知面。作为一档电视节目，这样的创新和立意显得不同凡响。

2.节目内容回应公众关切

拉杰什·沙玛在采访中说到，节目团队所邀请的嘉宾、针对嘉宾所搜集的资料以及设计的问题，都是“公众想知道的事情”“公众想质询的争议”。纳伦德拉·莫迪在印度报纸中赞扬该节目：这是一个“被告人”不会被引导说出事先排练好的内容的地方。在一个拥有八百多电视频道和一万多份新闻报纸的国家，拉杰什·沙玛和《你的法院》之所以能够脱颖而出，是因为其精准的定位和对节目平衡度的把握。仅以纳伦德拉·莫迪一期所使用的质询问题来看，宣传造势、分裂主义、夸大政绩、一人独大，可以说这四个词粗略概括出人们对莫迪这位政客的所有非议。这个案例说明《你的法院》的立意在于节目内容毫无保留地回应公众的关切，在琐碎或深刻的质疑追寻之外，它似乎又在铿锵有力、不卑不亢地向受众传达这样的思想：不惧权威，从对话和异见之中碰撞出真理。

《你的法院》开播至今，已经有无数精彩瞬间被定格在印度人民的记忆里。在谈到自己最爱的一期节目时，主持人拉杰什·沙玛说道：“并没有最爱这一说。每周都会有一个新的嘉宾来，他/她就是我的最爱。人们满怀期望，那我就得一周复一周地好好表现。在公众眼里会有几期节目最出名。一个是大选前夕莫迪总理的节目，非常火爆，还有一期是萨尔曼汗，在节目里萨尔曼汗首次谈论了以前从未在公众面前提起的一些事情。很多年前我和巴基斯坦板球运动员伊姆兰·汗（Imran Khan）一起做了一期节目，那个时候他还没有跨入政界，而是正要准备进军政界。那段时间巴基斯坦板球队不常来印度，所以我去迪拜采访他。节目里他的开诚布公让那一期节目非常受欢迎。沙鲁克汗那期也很受公众追捧。”

（牛慧清　李馨竹）

日本

日本最长寿的访谈节目

——《彻子的房间》

一、节目概况

节目名称：彻子の部屋
中文名称：《彻子的房间》
发行地区：日本
播出频道：朝日电视台
首播时间：1976年2月2日
播出时间：周一至周五12：00—12：30
单集时长：30分钟
节目类型：访谈型谈话节目
荣　誉："由同一主持人主持且播出集数最多的电视节目"吉尼斯世界纪录保持者

图1　节目Logo（图片来自沪江网）

该节目是由日本朝日电视台于1976年推出的名人访谈节目，目前已连续播出46年，被称为日本电视史上最长寿的谈话节目。2015年，此节目播出第一万集，并且申请吉尼斯世界纪录成功，是史上“由同一主持人主持且播出集数最多的电视节目”。节目由日本著名电视节目主持人、畅销书作家黑柳彻子女士主持，每周邀请一组或一位日本或世界知名的演艺界、文艺界、体育界乃至医疗界人士进行专访，节目受访者总数高达近6200人，其中不乏多次受邀的来宾。《彻子的房间》播出时间为每周的周一至周五中午12：00至12：30，也是朝日电视台该时段最长寿的节目。

节目采用主持人和嘉宾聊天对话的形式，使嘉宾在轻松的谈话氛围下将自己的故事娓娓道来。节目选题丰富，访谈内容涉及家庭背景、生活经历、最新作品等。主持人黑柳彻子语速较慢，形象亲切温和，习惯从受邀嘉宾的生活话题切入进行引导，比如在天海佑希的这期访谈中，黑柳彻子先是询问了天海佑希的病情，之后巧妙地从其儿时生活切入，谈及天海佑希在宝冢歌剧团担任男役一事，探讨父母亲对天海佑希的教育和影响，最后引出这种教育方式对她大方爽朗的性格养成起到的作用。访谈中还播放了过去的影像资料，增进与天海佑希的互动，使节目不至于太过呆板。此外，黑柳彻子还多次谈到偶遇天海佑希母亲的趣事，一是拉近了与她的关系，营造了一种轻松活跃的谈话氛围，促使其在轻松的话语环境下打开心扉、流露真情；二是通过明星的日常生活满足观众的好奇心，吸引观众注意力。《彻子的房间》的特别之处还在于节目一刀不剪，完整展现嘉宾说的每一句话，像直播一样，既能呈现嘉宾在节目中的全部状态，也可以避免断章取义。

开播40多年来，节目邀请过Lady Gaga 、福原爱等世界和日本当红明星。节目在选题上紧跟潮流，在内容上贴近生活，通过向观众展现成功人士的生活经历与成长感悟来见证历史、思索人生，兼具娱乐节目的轻松和访谈节目的人文魅力。

图2　日本女星北川景子接受采访（图片来自朝日电视台官网节目截图）

二、板块设计

以 2016年6月23日对矢野浩二的访谈为例[①]分析该节目的板块设计。矢野浩二，在中国发展的日籍影视演员、《天天向上》主持人。2011年，矢野浩二获得《环球时报》颁发的“2010年最优秀的外国艺人”奖，成为首位获此奖的日本人，2015年他被日本外务省授予外务大臣奖。

图3　访谈矢野浩二（图片来自朝日电视台官网节目截图）

表1　节目板块内容详解

总时长	板块时长	具体内容	形式
35秒	35秒	矢野浩二出场	动画+现场画面+采访+视频合集+字幕
2分53秒	2分18秒	介绍矢野浩二荣誉，表明其在中国的超高人气	画面回放+现场画面+字幕+采访
4分12秒	1分19秒	森田健作录制的祝福视频	播放视频
7分14秒	3分2秒	就矢野浩二在中国出演的第一部电视剧进行交流	现场画面+视频回放+采访
8分10秒	56秒	就矢野浩二花6年时间做到无配音出演一事进行交流	现场画面+采访
9分28秒	1分18秒	就矢野浩二出演日本军官一事进行交流	现场画面+视频回放
10分55秒	1分27秒	就中日片场礼节差异进行交流	现场画面+采访

① 节目视频链接：http://www.iqiyi.com/w_19rsp6fu4p.html。

续表

总时长	板块时长	具体内容	形式
11分36秒	41秒	就矢野浩二减少饰演反面角色一事进行交流	现场画面+采访
12分51秒	1分15秒	黑柳彻子询问矢野浩二在中国接受访谈之事	现场画面+采访+视频回放
15分12秒	2分21秒	矢野浩二讲述由于中日文化差异，两国对“爱人”“娘”的理解不同，曾引起误会	现场画面+采访
16分18秒	1分6秒	黑柳彻子询问矢野浩二担任中国综艺节目主持人的趣事	现场画面+采访+视频回放
17分31秒	1分13秒	矢野浩二表示在日本也会被中国朋友认出	现场画面+采访
18分12秒	41秒	黑柳彻子就矢野浩二在大阪出生，并且富有幽默感一事进行交流	现场画面+采访
19分51秒	39秒	就矢野浩二出演的正面角色进行交流	现场画面+采访+动画
20分26秒	1分35秒	黑柳彻子询问矢野浩二的重庆妻子傅晶的情况及浩二的婚后生活	现场画面+采访
21分42秒	1分16秒	黑柳彻子问候矢野浩二的家人（三位长姐和双亲）	现场画面+采访
22分45秒	1分3秒	黑柳彻子对矢野浩二在中国取得超高人气一事进行交流，并播放前辈森田健作的视频	现场画面+采访+视频回放
24分	1分15秒	宣传矢野浩二在日本的新作《警视厅·搜查一课长》	现场画面+采访+视频回放
24分44秒	44秒	矢野浩二与黑柳彻子寒暄，结束访谈	现场画面+采访+字幕+背景音乐

三、舞美设计

《彻子的房间》是一档比较温馨、亲切的访谈节目，节目的舞台设计也如同节目名称一样，给观众和嘉宾一种家的感觉。节目现场使用温和的米色背景、米色沙发，配色温馨简洁，舞台背景包括室内楼梯、吊灯、窗户等，演播厅大小适中，打造出一种家庭会客室般的亲切感。作为全球知名的电视访谈节目，《彻子的房间》的节目现场朴素如初，舞台中央摆放着宽敞简单的沙发，主持人黑柳彻子和嘉宾坐在沙发上进行面对面的交谈。在交谈中，黑柳彻子切入的话题轻松无压力，更容易让嘉宾在相对轻松的话语环境中放下戒备，流露真情。

图4　日本童星芦田爱菜接受访谈现场照，此为访谈区近景，录制现场被装饰成家庭会客厅样式，色调温和（图片来自朝日电视台官网节目截图）

图5　日本童星芦田爱菜接受访谈现场照，此为访谈区中景，嘉宾访谈区仅由茶几和沙发构成，布局简单、素雅，背景墙家居特色明显（图片来自朝日电视台官网节目截图）

图6　日本童星芦田爱菜接受访谈现场照，此为访谈区远景，舞台背景为楼梯和黑柳彻子画像（图片来自朝日电视台官网节目截图）

节目中使用的道具多是一些家居用品，比如沙发、茶几、插花、水杯、书橱、壁画等。一方面，将演播厅装饰成家庭会客厅能使整个舞台洋溢着温馨友好的访谈气氛，能够直接展现节目风格。节目名为《彻子的房间》，顾名思义，就是以主持人黑柳彻子的房间为空间展开对话，邀请各行业的佼佼者来黑柳彻子的房间做客，双方像朋友在家中聊天谈心一样完成30分钟的节目录制。演播厅的装潢也因此带有黑柳彻子本人的风格，黑柳彻子比较亲切随和，出于对其年龄和在日本综艺界的影响力的考量，节目组将舞台色调定为以米色、白色、暗褐色为主，这既能体现黑柳彻子端庄简洁的风格，又能使嘉宾感受到黑柳彻子的温和亲切。此外，节目组也十分注重细节，比如主持人黑柳彻子一侧的背景是一个放满书和奖杯的书橱。黑柳彻子也是一名畅销书作家，这样的设计能够体现黑柳彻子喜爱读书的生活习惯，凸显主持人较高的文化素养。而奖杯则可以使观众联想到黑柳彻子丰富辉煌的主持人生涯。此外，在主持人和嘉宾对坐的夹角摆放着一束精美的插花，让嘉宾和观众感受到黑柳彻子业余生活的悠闲有趣、简朴优雅，比较符合黑柳彻子的形象和整个节目的风格。另一方面，节目道具的摆放和使用对于调节现场氛围也起到了重要作用。比如受邀嘉宾坐在宽敞舒适的大沙发上，面对茶几，而黑柳彻子端坐在一旁的小沙发上，两人对坐，这种落座方式很接近普通家庭中主人与客人的落座方式，不仅使嘉宾感到受到礼遇，拉近了主持人和嘉宾之间的空间距离和心理距离，还能使观众很容易分清主次，将目光快速聚焦到嘉宾身上。

图7 日本童星寺田心接受采访中景照片 （图片来自朝日电视台官网节目截图）

主持人黑柳彻子的着装也十分考究。在长达40多年的节目录制中，黑柳彻子保持了自己独特的时尚感，从没穿过重复的衣服，从未和嘉宾撞衫。她会根据来宾风格选择自己的服饰，在访谈世界明星时大多身着日本传统服饰。比如在采访美国明星Lady Gaga

的一期节目中，面对Lady Gaga时尚靓丽的“洋葱装”造型，黑柳彻子身穿浅灰色印花和服，既保留了传统的日本特色，也显示了在潮流面前时尚却不失民族风格的态度。黑柳彻子的服饰以黑色、灰色等暗色居多，造型简单而时尚，能够体现黑柳彻子优雅温和的气质。

图8 黑柳彻子采访美国流行歌手Lady Gaga的现场照（图片来自朝日电视台官网节目截图）

四、人员设计

1.主持人

《彻子的房间》开播40多年来，一直由黑柳彻子担任主持人，并且其制作团队也长期不变，因此，节目保持了一贯的温馨简洁的风格。黑柳彻子是日本著名作家、电视节目主持人，同时还被任命为联合国儿童基金会亲善大使。她的儿童文学作品《窗边的小豆豆》享誉国际，是日本销量第一的书籍，目前已被翻译成35种文字，世界销量超过1000万册。1984年，联合国的官员James P.Grant在读完英文版的《窗边的小豆豆》后，认为“这个人这么了解孩子的心理，再也没有比她更合适的人选了”，因而任命她为联合国儿童基金会继著名国际影星奥黛莉·赫本之后第四位、亚洲历史上第一位亲善大使。她访问了非洲和亚洲的许多国家，通过媒体的力量，向外界介绍这些地区的现状，并进行募捐。她利用《窗边的小豆豆》日语版的版税创立了“社会福利法人——小豆豆基金”，建立了小豆豆文化馆，在培养专业的失聪演员、开办手语教室等方面倾注了很多心血。

黑柳彻子主持的电视谈话节目《彻子的房间》是日本电视史上最长寿的谈话节目。

除此之外，黑柳彻子也创下未曾生病请假、未曾穿同一件衣服上节目、始终保持一贯的洋葱发型等多项纪录。在节目中，黑柳彻子面向嘉宾直接对话，态度亲切温和，语速较慢。她喜欢从嘉宾的生活话题切入，一般以问候嘉宾及其家人的近况展开访谈，氛围轻松却不失礼节。在访谈过程中，她常以欣赏的姿态与嘉宾交流，对嘉宾取得的成绩大加赞赏，这样的主持风格能够让嘉宾有一种成就感和被尊重的感觉，容易与嘉宾产生情感共鸣，使嘉宾在短时间内敞开心扉。

2.嘉宾

开播40多年来，节目邀请过Lady Gaga、邓丽君、张根硕、裴勇俊、森昌子、福原爱等国内外诸多领域知名人士担任嘉宾，这些访谈对象本身具有很高的知名度，足以吸引观众关注。同时，也有很多明星把能够参与录制《彻子的房间》视为一种荣幸。

五、节目分析

1.日本最长寿的谈话节目

《彻子的房间》从1976年开播以来，已经连续播出40多年。作为朝日电视台的招牌节目，除了官方紧急插播的新闻之外，《彻子的房间》能够一集不落地播出，在世界范围内都很少见。节目选题一般都很贴近国民生活，所邀请的嘉宾涉及日本国内乃至世界范围内炙手可热的娱乐明星、体育明星等，通过主持人黑柳彻子与嘉宾的互动，向观众展示这些成功人士丰富多彩的人生，通过讲故事的手法感动观众，引发观众思考，与观众分享嘉宾的喜怒哀乐、人生经验。节目氛围轻松活泼，主持人与嘉宾谈论的话题大多是生活琐事、成长经历以及最新作品，不会涉及严肃话题，因此能够给观众带来轻松感。虽然在40多年里，《彻子的房间》一直保持着原始的节目风格，但并不意味着节目缺乏新意，这一点从每期参与录制的嘉宾身上就能看出。不论黑柳彻子采访的嘉宾是东方神起、裴勇俊、Lady Gaga还是矢野浩二、天海佑希，他们受邀的时间都是在自己事业的巅峰期或者有新作品问世时。在这个时间点采访嘉宾，能引起粉丝们的关注，提高节目的可观赏性，从而保证节目的收视率。比如在2014年8月8日，哆啦A梦剧场版*Stand by Me*上映当天，3D版哆啦A梦作为嘉宾参与了《彻子的房间》的录制。在节目中，主持人黑柳彻子与哆啦A梦展开互动，这一新颖的登场方式不仅宣传了电影，而且活跃了现场的录制气氛。

图9　节目将3D版哆啦A梦邀请到现场与主持人对话
（图片来自朝日电视台官网节目截图）

2.主持人独特的人格魅力

一档电视谈话节目能不能吸引观众，与主持人的风格水平以及个人魅力有很大关系。从节目开播以来，黑柳彻子一直不离不弃，早已将个人魅力与节目融为一体。在节目中，黑柳彻子穿着打扮简洁大方，总是带着最温暖、最真诚的微笑面对嘉宾、面向观众，给人恬淡、释然的感觉，非常具有亲和力。每位嘉宾都会愿意和这样一位亲切的长者、朋友诉说自己的内心世界。同时，黑柳彻子又具有很强的倾听、互动意识，能让嘉宾把比较私密的事情告诉她。黑柳彻子在采访前也会阅读受邀嘉宾的相关材料，对嘉宾有全方位的了解，在和嘉宾谈话时能够由表及里地向观众展示嘉宾的内心世界。而且在细节上，黑柳彻子也十分用心，每期录制节目的服装都是在提前了解嘉宾着装后精心准备的，在风格上配合受邀嘉宾，显得彬彬有礼、体贴入微。黑柳彻子是一个比较感性的人，但是在节目录制中，她能够收放自如，将感性和理性有效结合。在节目里，她知道什么时候需要用一两句话进行简单过渡，围绕着观众关心的话题进行交流，让嘉宾在一个宽松有度的环境里谈话。她对节目节奏的控制和把握游刃有余、张弛有度。

六、可借鉴性

1.形成品牌优势

经过40多年的打磨与付出，《彻子的房间》及其主持人黑柳彻子在业内赢得了绝佳口碑，在观众心目中也树立起了品牌形象。从节目播出的时间来看，该节目在朝日电视台午间档陪伴观众长达40多年，已经积累了稳定的受众群，一般情况下收视率维持在6%和7%左右。此外，主持人黑柳彻子沉稳亲和、智慧幽默的人格魅力早已深入人心，她是整档节目的灵魂。可以说，长期的受众积累和口碑积累使《彻子的房间》在日本电视节目中站稳脚跟，不可撼动，也在世界范围内赢得声望，形成了巨大的品牌优势。相比之下，一些访谈节目主持人个性不够鲜明，或者节目频繁更换主持人，抑或是主持人功力不够，访谈流于表面、缺乏深度，都会使节目效果大打折扣。所以，将主持人的鲜明个性与节目风格巧妙地融为一体，有助于在受众心中留下深刻的印象，形成品牌优势。

2.巧妙融合商业宣发

由于《彻子的房间》在日本乃至世界上的影响力，很多明星都把受邀录制这档节目视为一种荣耀，因此也让节目本身带有很强的宣传意义。一档电视节目如果受欢迎度很高，那么自然也会吸引不少广告商和业内人士的目光。所以，不论从节目嘉宾的人气角度来讲，还是从节目本身的业界口碑来考虑，《彻子的房间》都具有很高的商业价值。《彻子的房间》邀请的嘉宾大多是正处于宣传期的明星，他们本身有需要受众关注的新作品，在受邀采访时也有话题、有热度，因此一方面，这些当红人士的粉丝可以成为节目的一部分观众，保障节目收视率；另一方面，节目固定收视群体会增加对嘉宾及其作品的关注，甚至转化为实际的购买力。值得注意的是，节目还是以黑柳彻子和受邀嘉宾的谈话为主要内容，一般在对嘉宾进行了全方位的了解之后，才在节目最后推出剪辑好的新作品宣传片，时间一般在一分钟以内，不会干扰正常的访谈节奏。这种节目呈现方式，能够使节目效果与商业宣发相辅相成，是节目能够40多年长盛不衰的关键。

3.以工匠精神打磨经典节目

长达40多年的录制，不变换制作团队和节目主持人，《彻子的房间》无疑向人们展示了日本电视人的工匠精神。首先是在节目的风格定位上，黑柳彻子一直以亲切温和的形象示人，所以这档访谈节目虽然会邀请很多演艺界明星，但是在访谈过程中，黑柳彻子不会过度挖掘明星们的八卦新闻，而是从明星们的成长经历、家庭环境娓娓道来，使嘉宾和观众都感觉像在黑柳彻子家中做客一样。其次是在节目的录制过程中，演职人员始终坚持“一刀不剪”，力求向观众还原嘉宾最真实的反应，可见制作团队在技术上的自信，以及黑柳彻子对嘉宾资料的充足准备。

《彻子的房间》体现出的精益求精的工匠精神非常具有借鉴意义，一档节目如果想在纷繁复杂的竞争中脱颖而出，这一精神不可或缺。尤其是在互联网迅速发展，网络视听节目对传统电视节目造成巨大冲击的今天，更需要电视人耐心打磨，做出高品质的好节目。

（牛慧清　董佳莹）

普通的主题不普通的谈话

——《中居之窗》

一、节目概况

节目名称: ナカイの窓
中文名称:《中居之窗》
发行地区: 日本
播出频道: 东京电视台
首播时间: 2012年10月10日
播出时间: 每周三23: 59
单集时长: 42分钟
节目类型: 主题讨论型谈话节目

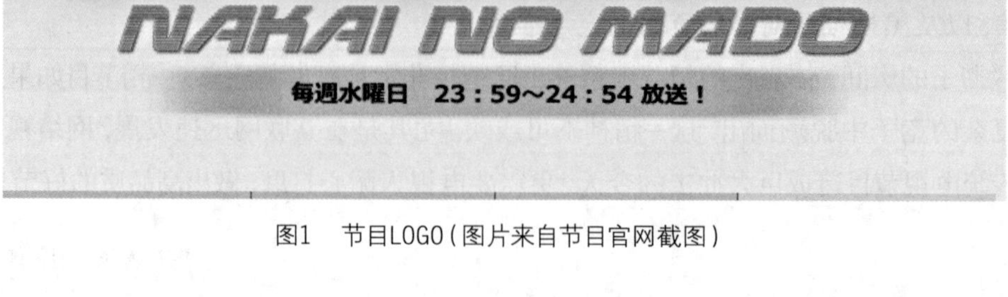

图1 节目LOGO(图片来自节目官网截图)

《中居之窗》由SMAP队长中居正广担任主持人，每期邀请新的嘉宾主持共同进行录制，两个主持人的搭档配合使节目更加有趣。每期节目都会围绕一个主题邀请相关艺人或普通素人来展开谈话。

节目从开办至今，涉猎的话题有几百个，例如，虽然是女性却在做这样的工作、双胞胎特辑、整蛊特辑、人气漫画家、孩子一箩筐等。虽然都是些看似普通的话题和嘉宾，但在日本却广受欢迎。其原因是节目趣味性十足，这种趣味性不是恶俗的低级趣味，而是大家围坐在圆桌前进行谈话，虽然有些内容可能尺度较大——这是日本许多综艺节目的普遍现象，但是观众却可以从整个节目的调侃打趣，像朋友一样的互动或者温暖鼓励里，得到放松和慰藉。

二、板块设计

下面以2017年6月28日这一期节目为例①分析节目的板块设计。这期节目的主题是努力妈妈sp（sp就是special或者special part 的意思，即特辑或者番外篇）。

表1　节目板块内容详解

总时长	板块时长	具体内容	形式
60秒	60秒	开场：主持人中居正广介绍本期的嘉宾主持以及本期的主题——努力妈妈sp	现场画面+同期声+音效+花字
1分25秒	25秒	邀请嘉宾入场，五位妈妈依次进场就座	现场画面+同期声+音效+花字
8分34秒	7分9秒	主持人依次介绍几位嘉宾，并进行简单的提问，包括孩子的年龄、大屏幕展示的照片等	现场画面+同期声+采访+音效+花字+小片
35分43秒	25分9秒	简单介绍之后，进入谈话的第一个主题：当妈不易，接着一一请嘉宾谈育儿的甘与苦	现场画面+同期声+采访+音效+花字+小片
39分38秒	3分55秒	下一个环节：觉得成为妈妈是很好的事情，几位妈妈分享了孩子带给她们的幸福时刻	现场画面+同期声+采访+音效+花字
41分15秒	1分37秒	主持人中居正广体验抱孩子	现场画面+同期声+音效+花字
42分36秒	1分21秒	心理分析环节。这个环节公布了通过现场观察分析后确定的模范妈妈，并由临床心理分析师分析原因	现场画面+同期声+采访+音效+花字

① 节目视频链接：https://www.bilibili.com/video/av12615248/。

三、舞美设计

《中居之窗》的演播厅以白、蓝、黄、灰为主要色调，色彩明亮，与节目娱乐性访谈的风格和定位相契合。演播厅的中央放置了一张透明圆桌，供嘉宾和主持人就座。两位主持人通常坐在中间，其他嘉宾坐在他们的两侧。圆桌的中间摆放着相应人数的摄像头，可以从正面视角拍到主持人或嘉宾的反应，并以鱼眼镜头的视觉效果增强了节目的娱乐性。

主持人身后的大屏幕用窗户的图案来装饰，演播厅的布景设计也采用割裂式线条来与窗户这一图形相呼应。

观众和心理医生坐在演播厅的四周，呈圆环状围绕着嘉宾和主持人，但是又有一定的距离，在营造了热闹的氛围的同时又不会对嘉宾和主持人产生干扰，使观众的焦点集中在演播厅中央的圆桌上。心理医生的座位一般在大屏幕的两侧，可以近距离观察主持人和嘉宾的反应，能够为最后一个环节“心理分析”提供充分的观察素材。这样的安排使得对观众的提问和对心理医生的采访非常方便，节目内容也显得更为丰富。

图2　嘉宾和主持人围坐在透明圆桌前，每人面前放置一个摄像机（图片来自bilibili网站截图）

图3　主持人身后为大屏幕，大屏幕两侧是心理观察员（图片来自bilibili网站截图）

图4 大屏幕显示环节名称(图片来自bilibili网站截图)

图5 嘉宾面前的摄像机所拍摄出的正面镜头(图片来自bilibili网站截图)

四、节目分析

1.主持人的人格魅力

(1)主持功力深厚

这档访谈节目之所以广受欢迎的一个重要原因就在于它的主持人是中居广正。中居在20岁出头时就决心成为一名优秀的主持人,他随时练习写段子,观察别人是如何主持的,不断向前辈请教,认真学习如何与嘉宾交流、如何掌控节目的节奏。经过他多年的努力,在《中居之窗》这档访谈节目中,我们可以感受到他炉火纯青的主持功力和掌控整个节目节奏的能力。网络上有人评价中居拥有很好的结果导向思维，《中居之窗》是最能体现他的这种思维能力的节目。中居太了解观众喜欢看什么，知道怎样最大限度地调动观众情绪，所以他即便不按台本走，也能很好地保证节目效果，比如，节目里一旦有偶像来了，他就一定会问恋爱问题，因为他知道偶像通常不愿在节目中提到自己的恋爱问题，但观众又对偶像的八卦非常好奇，所以他就会针对这个艺人来提问，然后等对方否认，一来一往既活跃了气氛又能让艺人在玩笑中放松下来。这样的采访形式也常见于台湾综艺节目《康熙来了》。如果嘉宾是画家，中居就会让他根据人物不同部位画简笔画，这既会让观众感到有点小刺激，又可以很好地体现画家的水平和画风；对于参加节目的不同职业的人，中居都会问到他们的收入问题，因为这是观众对该行业最好奇但又很难获知的；等等。中居能够敏锐地抓住观众的心理，又能在和嘉宾对谈的过程中抓住重点，抛出能让对话变得精彩的“梗”。他幽默、随机应变的主持风格也经常让他在面对意外状况时处之泰然，机智圆场。

（2）个人的人格魅力

中居正广能成就这档节目也和他自身的人格魅力有关。他是一个非常细心、敏感的人。《中居之窗》开播前，他在和工作人员开会讨论时，要求节目组把现场录制要用到的所有椅子换成双脚可以接触到地面的高度，他说只有双脚能够触地，人才能感到踏实，才能有安全感，这样才更容易说出内心真正想说的话。这个细节让人感受到他对节目的用心和细致的观察。内心细腻的人更容易成为一名优秀的采访者、倾听者、谈话者。除此之外，他非常谦虚、清醒、专业、踏实。他从不为自己在主持界的地位变高而沾沾自喜，一直低调谦虚地面对外界的掌声；他为人随和低调，对待后辈非常耐心，愿意把自己的人生经验和教训分享给后辈；他的专业和敬业表现在工作的方方面面，他既能放下偶像包袱，也可以为了达到综艺节目效果，配合整蛊游戏，连续通宵主持节目。无论是主持搞笑综艺节目，还是大型音番、赈灾纪念会，他都游刃有余。这样专业的态度、优秀的个人品质，让中居在主持人这条道路上走得越来越远。这样一位优秀的主持人，是成就这档访谈节目的不可忽视的重要因素。

2.从普通主题中挖掘出不一样的乐趣

（1）主题选择

《中居之窗》的每期选题之间并无太多的逻辑关联，通常都是节目组选题会决定的结果。但是每期的节目主题都不同，涉猎的领域广泛，话题也非常丰富。而节目的主题也一般不会选择非常宏大的角度，通常都是选择某个行业或者受到关注的某一种人，例如名人的妻子、前童星、模特、活跃于世界的表演家、原电视台主播、擅长唱歌的人、热爱母校的人等。节目的主题以嘉宾类型的共同性确定，观众不会通过主题猜测到谈话的内容，但是却会对节目怎样进行访谈感到好奇。节目的嘉宾看似都是平常人，但却因为谈话内容生动有趣而使节目在日本综艺谈话节目中独树一帜，吸引了一批忠实观众。

（2）谈话角度

《中居之窗》作为通过谈话来分析嘉宾心理状态的综艺节目，对于访问内容的把控非常重要。节目经常能通过谈话的主题挖掘出一些关于嘉宾的或者某个行业里被忽视的部分，满足人们的好奇心。而嘉宾自身的特殊性也带给观众不一样的收获，这是此节目的独特之处。例如有一期节目聚焦日本的声优①行业，邀请了老牌声优野泽雅子（《七龙珠》中悟空、悟饭、悟天三角色的声优），神谷明（健次郎、毛利小五郎的声优），以及年轻声优的代表牧野由依（《翼·年代记》里小樱和《高达创站者Try》里星野文奈的声优），年轻的声优讲述了日本声优的现状，比如在初选过后还要参加音乐和舞蹈的培训，声优不再局限于幕后，而是有很多在舞台上展现自己的机会，这和早年间的声优是完全不同的。看上去声优这份工作很光鲜，但事实上，声优行业充满着辛酸。为什么会有这样的变化？节目指出，这是因为声优的薪资水平不高，许多知名声优年收入甚至都低于普通工薪族的年收入，也就是说，单靠本业，声优很难满足基本的生活需要。因此，很多声优选择在事务所的包装下，通过为动漫角色唱歌、主持电台节目、担任广告旁白、为公共场地广播录音、充当各种电玩游戏的角色旁白和内容解说等来维持生计。这些关于声优生存现状的探讨可能是普通大众所不了解的，通过这个节目，观众在开怀一笑缓解生活压力的同时，也获得了一些新的知识。

3.语言有趣有料

作为娱乐性访谈节目，无论是主持人还是参与嘉宾，都需要在对话中提供让人捧腹大笑的内容。和严肃访谈节目不同，娱乐性访谈节目的尺度更大，更贴近普通观众的生活。《中居之窗》的一大特点就是访谈节奏紧凑、内容有趣。例如在《爸爸和女儿sp》这期节目中，当介绍第一组嘉宾（父亲是律师，女儿是舞台剧演员）时，主持人中居正广开玩笑地问道："因为父亲是律师所以进入这个行业的吗？有走后门吗？"嘉宾调侃中居道："一般没有人直接问别人有没有走后门啊！"引起现场大笑。在介绍摔跤选手父女时，因为父亲的声音沙哑，说话较为费力，中居正广表示听不清，让旁边的女儿翻译一下，于是父亲每说完一句话，女儿便大声重复一遍，又引起众人大笑。中居正广用这种幽默打趣的方式化解了父女第一次上节目的紧张，让氛围从一开始就变得轻松融洽。要让节目中普通的对话变得妙趣横生，这与主持人的功力、嘉宾放得开懂配合、节目组挖

① 声优（せいゆう），是日本人对配音演员的称呼。"优"在日语中是"演员""表演者"的意思。追根溯源，这个词来自中文，我国古代就称梨园中的戏子为优伶。声优，顾名思义，是用声音来表演的人，在汉语中就是"配音演员"的意思。

掘有趣的故事点密不可分。

和日本大部分节目不煽情、注重搞笑娱乐不同的是,《中居之窗》并不排斥一些令人感动的情节出现在节目中,但也不会像国内有些节目一样过度煽情,甚至刻意追求煽情。这也是人们喜爱这个节目的重要原因之一。比如在《努力妈妈sp》中,独自抚养8个女儿的妈妈被问到是否感到自己早出晚归地工作太辛苦时,她答道:“我觉得女儿们其实更辛苦,她们在学校要努力读书,回家还要一直被我问有没有好好写作业,或者要求她们来帮我做家务,我还能在工作间隙休息一下,而她们却不能停。我觉得女儿们比我更辛苦。”

4.形式丰富独特

节目在访谈中会配合谈话播放相关的视频和照片,主持人和现场其他嘉宾会在看照片时,或者视频播放完毕后进行讨论。

与此同时,节目中设立的心理分析环节,也很有戏剧化反转冲突的效果。在每期节目最后公布一位令大家意想不到的,与其表现相反的嘉宾,对于原因的分析也能让大家多了解一些行为心理学知识,虽然不见得一定准确,但是从娱乐性效果上来看,这一环节给观众带来了刺激和惊喜,使节目充满了期待感,增添了节目的趣味性,让访谈节目的内容更加丰富。

除坐在演播室透明圆桌前访谈的形式外,节目有时会策划一些特别的节目形式,比如2017年1月25日播放的整蛊特辑将录制地点选在咖啡厅,来整蛊一位艺人的朋友。这些丰富的形式让节目生动有趣,让观众感到了节目的诚意。

五、可借鉴性与反思

由于日本的社会风气较为开放,因此谈话节目大多坚持娱乐至上的原则,节目的娱乐化程度很高。这可能与日本人工作压力较大,心理比较压抑有关。但日本此类节目的尺度通常把握得较好,煽情的情况非常少,即使出现,所占时间也非常短。再加上日本演艺圈竞争激烈,在节目中畏首畏尾,无法放下偶像包袱,不能搞笑的艺人是很难立足的。因此,不管艺人在演戏唱歌时表现得多柔情或多冷酷,在参加综艺节目时也会变得非常健谈和大方,甚至是出乎意料地擅长搞笑。这种反差也是观众特别喜欢看到的。

但过于注重搞笑,也会导致谈话内容无法深入。该节目大部分时间都在现场众人的大笑中度过,因此很难挖掘到明星的内心深处,作为谈话节目来说缺少一定的内涵。

该节目最大的特色是以对嘉宾的心理分析为落脚点，这种比较新颖的切入点在综艺节目中较少见到，满足了观众的好奇心。《中居之窗》之所以能将普通的主题做出不普通的有趣内容，很重要的一点就是它给急躁、压力巨大的现代人带来了精神上的放松和愉悦。很多人认为该节目出乎意料地好看，这和其接地气、靠近普通观众生活、较大尺度却合理的笑料是密不可分的，满足了观众希望从娱乐节目中获得一丝慰藉的心理需求。

（牛慧清　郭翔姝）

韩国

访谈舞台上的小型演唱会

——《柳熙烈的写生簿》

一、节目概况

节目名称：유희열의스케치북
中文名称：《柳熙烈的写生簿》
发行地区：韩国
播出频道：韩国KBS电视台
首播时间：2009年4月24日
播出时间：每周五23：20
单集时长：约70分钟
节目类型：访谈型谈话节目

图1　栏目LOGO（图片来自KBS官网）

《柳熙烈的写生簿》是韩国KBS电视台推出的一档专业音乐谈话节目，自2009年4月24日起，每周五23点20分（韩国时间）播出。该节目由韩国著名的音乐制作人、作曲家、钢琴家柳熙烈担任主持人。这既是一档脱口秀节目，也是一场现场音乐会，韩国众多优秀的音乐人在节目舞台上表演的同时，与观众一起分享音乐创作背后的故事，可以引起现场观众的共鸣。

二、 板块设计

下面以2017年8月6日一期节目[①]为例，具体分析该节目的板块设计。本期节目一共有四位/组嘉宾，主持人开场介绍本期的主题“取向狙击”，这四位/组嘉宾都会与这个主题有关联，但是每期节目的主题不是重点，重点是嘉宾的现场演唱和访谈。每位/组嘉宾会在开场时和访谈结束时演唱歌曲，主持人对嘉宾的访谈也会谈及除音乐之外的内容。

表1 节目板块内容详解

总时长	板块时长	具体内容	形式
第一组嘉宾			
1分44秒	1分44秒	主持人出场，介绍本期主题“取向狙击 音乐导游——美味的音乐”，紧接着介绍第一组嘉宾——Buzz乐队	同期声+现场画面
5分28秒	3分44秒	Buzz乐队演唱歌曲《向着我的旅行》	同期声+音乐+现场画面
15分45秒	10分27秒	乐队成员依次做自我介绍； 主持人柳熙烈对乐队进行访问； 乐队成员各自演唱一首自己最喜欢歌曲的副歌部分； 主唱介绍接下来要演唱的歌曲	同期声+现场画面
19分35秒	3分50秒	Buzz乐队演唱歌曲《像不爱一样》	同期声+音乐+现场画面
第二位嘉宾			
20分22秒	47秒	主持人介绍第二位嘉宾——张弼顺	同期声+现场画面
25分43秒	5分21秒	张弼顺演唱歌曲《就那样就好》	同期声+音乐+现场画面
37分37秒	11分54秒	主持人柳熙烈对张弼顺进行访问； 张弼顺演唱一小段经典歌曲《我的孤独呼唤你的时候》； 张弼顺介绍接下来要演唱的歌曲	同期声+现场画面
42分06秒	4分29秒	张弼顺演唱歌曲《傍晚的大海》	同期声+音乐+现场画面
第三位嘉宾			
42分48秒	42秒	主持人介绍第三位嘉宾——CNBLUE乐队队长兼主唱郑容和	同期声+现场画面
47分19秒	4分31秒	郑容和演唱歌曲*That Girl*	同期声+音乐+现场画面

① 节目视频网址：http: //www. iqiyi. com/v_19rrkkbo3s. html。

续表

总时长	板块时长	具体内容	形式
56分06秒	8分47秒	主持人柳熙烈对郑容和进行访问； 郑容和介绍接下来要演唱的歌曲	同期声+现场画面
60分34秒	4分28秒	郑容和演唱歌曲《美好的一天》	同期声+音乐+现场画面
第四位嘉宾			
61分07秒	33秒	主持人介绍第四位嘉宾——说唱歌手Penomeco	同期声+现场画面
62分40秒	1分33秒	Penomeco演唱歌曲*Till I Die*	同期声+音乐+现场画面
71分02秒	8分22秒	主持人柳熙烈对Penomeco进行访问； Penomeco演唱歌曲《常见的旋律》； Penomeco介绍接下来要演唱的歌曲	同期声+现场画面
74分57秒	3分55秒	Penomeco演唱歌曲*Plus and Minus*	同期声+音乐+现场画面

三、舞美设计

开场时，主持人从表演舞台后方走至舞台中间，介绍本期节目的主题和嘉宾。嘉宾一般从表演舞台后方出场，也有个别嘉宾被安排从观众席后方出场。表演舞台中间呈弧形，向观众席方向凸出，拉近了表演者与观众之间的距离。

图2　柳熙烈站在舞台中央主持节目（图片来自百度云视频截图）

内场观众席的设置是这个节目舞台设计的一大特色。作为一档专注于音乐的访谈节目，节目的主题必定与音乐有关，来参加节目的嘉宾都会演唱至少两首歌曲，所以现场演唱占了节目的大部分时间。内场观众席的设置既能够让观众更加近距离地接触歌手，也能让歌手在演唱时感受到观众的热情，营造出小型演唱会的氛围，体现出这档音乐访谈节目的本心。

从图3可以发现，观众席的席位有很多，相比其他的访谈节目，《柳熙烈的写生簿》的观众席要大很多，这样的观众规模对于音乐演唱来说是必要的，营造出小型演唱会的氛围，也使这档音乐访谈节目的特色更加突出。

图3　《柳熙烈的写生簿》的观众舞台（图片来自百度云视频截图）

四、人员分析

《柳熙烈的写生簿》作为一档音乐访谈节目，在人员设置上与一般的访谈节目的最大区别就是其重点在音乐。首先，主持人柳熙烈是一位非常成功、非常专业的音乐人；其次，该节目邀请的嘉宾都是歌手、偶像组合和乐队。这是一档专注于音乐人的访谈节目。

1.主持人柳熙烈

柳熙烈是韩国著名的唱作人、作曲家、钢琴家，他写的很多歌曲在韩国非常受欢迎，是韩国乐坛的大前辈。此外，柳熙烈的知性气质也使得他深受韩国观众的喜爱。在韩国这个原本就十分注重年龄和辈分差别的国家，这样一档专注于音乐的访谈节目的主持人必定要由一位有资格访谈其他音乐人的前辈来担任，柳熙烈无疑是有资格的。除音乐方面的专业造诣之外，柳熙烈还具有访谈节目主持人应该具备的良好的话题掌控能力，节目中不缺笑点，也注重对嘉宾个人魅力的挖掘。主持人柳熙烈有多年从事主持人和参加综艺节目的经验，因此能够在音乐人和主持人的双重身份下做好这档音乐访谈节目。

图4　主持人柳熙烈(图片来自百度云视频截图)

2.嘉宾和观众

韩国是一个粉丝文化盛行的国家,每个歌手、偶像组合和乐队都有固定的粉丝群。这些平时看起来松散的粉丝群,实际上都非常支持他们的歌手、偶像组合或者乐队,一旦他们有演出,就会有组织地来为他们加油。所以,很多节目在录制时,到场的观众都是嘉宾的粉丝,嘉宾会比较放松。但是这样就不能真实地体现出普通观众观看演唱时的反应。为了避免这种嫌疑,《柳熙烈的写生簿》要求在节目录制之前不披露参加本次录制的嘉宾,观众也是随机选择的,因此不会出现偶像与粉丝完全对应的情形。

图5　男子组合winner参加节目录制(图片来自百度云视频截图)

这样的设定给观众带来了惊喜，在嘉宾走上舞台之前，观众并不知道今天他们将欣赏到谁的演唱；对于嘉宾来说，没有了粉丝的支持，在普通观众面前表演显然压力更大，但是也能让他们得知普通观众对于他们演唱的反应；对于节目本身来说，这样与众不同的设置必定成为一个卖点，帮助节目获得更多的关注和话题。

《柳熙烈的写生簿》的嘉宾，尤其是新出道的嘉宾往往会非常紧张，就是因为这种特殊的观众选择方式。尽管没有自己粉丝的应援，但对于歌手来说也是一种不错的体验。因此《柳熙烈的写生簿》成为韩国乐坛打歌必定会选择的节目，不管是最受欢迎的偶像还是冷门的乐队，都乐意登上这个节目，接受观众的检验。

3.现场乐队

作为一档偏重音乐的节目，音乐的质量在一定程度上决定了整个节目的质量。《柳熙烈的写生簿》有固定的现场乐队，乐队设在舞台的后方，在主持人现场主持和嘉宾访谈环节中，舞台后方灯光昏暗，所以一般感受不到乐队的存在，在嘉宾演唱的时候后方灯光亮起，整个乐队才呈现在观众面前。

图6　嘉宾winner现场演唱（图片来自百度云视频截图）

五、节目分析

《柳熙烈的写生簿》将音乐与访谈有机地融合在一起，既给嘉宾留足了打歌表演的时间，又让观众在聆听现场演唱的同时，品味访谈环节带来的有感染力的故事。节目板块设计恰当贴切，没有刻意炒作也没有夸夸其谈，主持人柳熙烈清淡又不失趣味的综艺感也起到了很重要的作用。

1.清淡却不失本心的节目内容

《柳熙烈的写生簿》的节目内容虽然称不上丰富多彩，但是在坚持做音乐访谈节目这一点上却始终做得很好。其节目板块和内容设置都非常简单：每期邀请四位/组嘉宾，每位/组嘉宾要演唱至少两首歌曲，留给每位/组嘉宾的访谈时间只有10分钟左右。节目的形式虽然简单，但是内容却是丰富多彩的，各种风格的音乐都可以呈现在这个舞台上，主持人和嘉宾的访谈互动也非常轻松有趣。

每期节目不一定都要设定相应的主题，有时也会制作特辑，比如“BAND特辑”等，邀请三个著名的乐队参加同一期节目录制，还组织了三个乐队的合唱。在不设定特定的主题时，节目组也会尝试找到参加节目录制的嘉宾们的共同点，以此为出发点串联整期节目。最重要的是不管节目有没有主题，节目的内容都没有偏离其初衷。

2.保持与观众的互动

《柳熙烈的写生簿》与观众的互动很到位。首先，这是一档非常尊重观众的节目，既不为了满足粉丝聚会的需求，也不为了炒作艺人，而是真正将“观众”作为其面对的对象，为他们呈上一场音乐表演。其次，《柳熙烈的写生簿》特意设置了与观众互动的环节，根据不同的主题（与观众互动的独立主题，一般不与整期节目挂钩，除非整期节目有特定的主题）选择观众，让他们到场并分享自己的故事。有时候节目组也会为到场的歌手或者组合准备惊喜，比如尽管这个节目在选择观众时并不特意邀请粉丝，但是当韩国男子组合“水晶男孩”时隔16年再次重组来到《柳熙烈的写生簿》时，节目组还是联系到一位“水晶男孩”的粉丝来讲述他们的故事，这使得节目充满了人情味，也从侧面挖掘了观众和歌手的故事。

在与观众互动的环节中，节目组特意请了一位喜剧演员来增强整个环节的喜剧效果。这位喜剧演员叫朴智善，她身着医生一样的白色外套登场，完成了与观众互动的环节后就退场。朴智善这个角色的设置使整个节目在原本温情的基础上多了一份乐趣，观众也能在欣赏了音乐表演之后放松一笑，再迎接后面的嘉宾和他们的表演。

3.即兴表演

在嘉宾访谈部分，主持人柳熙烈常常会根据嘉宾的特点，请嘉宾做一些即兴表演，这些即兴表演往往能够成为整期节目的亮点。同时，即兴表演也是挖掘嘉宾个性和长处的很好的方法，能够让观众看到嘉宾在原定的表演之外的另一面。例如韩国Hyukoh乐队成员参加节目时，主持人柳熙烈得知主唱吴赫是在中国长大的，就请他唱一首中文歌，吴赫便演唱了《月亮代表我的心》。这让观众看到了唱中文歌的吴赫的样子，也让观众感受到了中文歌的魅力。

图7　嘉宾现场演唱（图片来自百度云视频截图）

六、可借鉴性

《柳熙烈的写生簿》在韩国特有的打歌环境下诞生，其节目宗旨是给歌手宣传新发布的专辑或者单曲提供一个打歌的舞台，尽管韩国还有很多打歌节目，但是把打歌和访谈结合起来的比较少。在访谈的基础上添加一些其他的因素，使得节目形式更加丰富，这样的节目形式是值得借鉴的。

访谈节目非常注重挖掘嘉宾的人格魅力，所以请什么样的嘉宾很重要，怎样对嘉宾进行访谈，挖掘出嘉宾特有的魅力更重要。这一点《柳熙烈的写生簿》做得很好，柳熙烈作为歌坛老前辈受到后辈歌手的喜爱和尊敬，他特有的综艺感又能够很好地化解前后辈之间的尴尬。访谈节目在访谈嘉宾、挖掘嘉宾个人魅力的同时，也在考验主持人的魅力，所以访谈节目的主持人是非常有挑战性的。

我国的访谈节目要选择让观众时刻感到惊喜和新鲜的主持人，这样才不至于让观众产生审美疲劳，表达自然又不缺幽默感的主持风格是国内很多节目主持人应该学习的地方。

（牛慧清　郑金娥）

拼盘式评论性谈话节目

——《舌战》

一、节目概况

节目名称：썰전
中文名称：《舌战》
发行地区：韩国
播出频道：韩国JTBC有线电视台
首播时间：2013年2月2日
播出时间：每周四晚11点
单集时长：75分钟左右
节目类型：主题讨论型谈话节目
荣　　誉：第53届韩国百想艺术大赏“最佳教养节目奖”

图1　节目LOGO（图片来自节目官网）

《舌战》是韩国JTBC有线电视台推出的一档评论性谈话节目，自2013年2月2日起每周四晚11点播出。每期节目由两部分组成，第一部分由金九拉、姜龙锡、李哲熙（后换成作家柳时敏、律师全元策）共同主持，就最新最热的政治新闻进行分析和评论。第二部分由金九拉、姜龙锡、朴智允、许智雄、李允锡、金希澈共同担任主持，六位主持人来自不同行业，从主观的独特视角出发，以"综艺审判者"的角色对文化娱乐事件和现象进行评论。2017年5月3日，《舌战》获得第53届韩国百想艺术大赏"最佳教养节目奖"。

二、板块设计

以2014年1月2日一期节目[①]为例，分析《舌战》的板块设计。在时政评论板块，三位主持人就话题"马年出生的政治家"展开讨论。在综艺审判者板块，六位主持人就"电视剧中男配角人气超过男主角""电影《辩护人》热播"两个话题展开讨论和评论。

表1 节目板块内容详解

第一板块：时政评论（40分06秒）			
一、话题：马年出生的政治家			
总时长	板块时长	具体内容	形式
7分20秒	7分20秒	1.主持人金九拉首先提出属马的政治家：1942年出生的民主党议员朴志远 2.主持人接着提出1954年出生的政治家洪准杓，并谈论其与另一位政治家安相洙有诸多相似之处但两人处处不合的情况 3.李哲熙谈到1954年出生的日本首相安倍晋三	主持人现场
二、迎新年特别企划			
8分19秒	58秒	主持人介绍新年特别企划	主持人现场
18分45秒	10分26秒	主持人和嘉宾预测2014年1月至2月的重大新闻： 1.朴槿惠总统将举行新年记者见面会 2.综合进步党李石齐议员2月要进行判决审计，其核心焦点是是否承认内乱阴谋罪，以及假设内乱阴谋被判无罪对执政党和国情院的影响 3.朝鲜在1月至3月间可能挑起战争	主持人现场

① 节目视频网址：http://v.youku.com/v_show/id_XNjU0NTU2OTc2.html。

续表

28分11秒	7分02秒	主持人和嘉宾预测5月至8月的重大新闻： 1.随着地方选举的临近，新世界党会议有可能延期 2.16个市岛的地方选举	主持人现场
29分50秒	1分39秒	主持人和嘉宾预测9月至12月的重大新闻： 1.定期国会每年召开一次，9月1日开始，为期100天，其间集中讨论法案以及预算案 2.第17届仁川亚洲运动会将举行 3.三位主持人的生日	主持人现场
30分42秒	52秒	三位主持人分别用四字成语概括自己的新年愿望	主持人现场+动画特效
三、讨论主题：罢工列车终于要到达终点站了吗？			
38分19秒	7分37秒	1.新闻事件回顾 2.分析铁道工会在妥协案上签名后停止罢工的原因 3.就这一话题发表一句话评论	主持人现场
四、民心评语问答——“舌战的骄傲 民心评语问答”			
40分06秒	1分47秒	主持人提问姜龙锡和李哲熙，答错一方将接受用头破瓢的惩罚	主持人现场
第二板块：综艺审判者（33分34秒）			
一、现象讨论：热播电视剧中男配角的人气超过男主角			
50分45秒	10分39秒	讨论最近男配角（金宇彬、徐河俊、刘延锡、池昌旭）比男主角更受欢迎的原因，谈论以前高人气的男配角	主持人现场
二、电影《辩护人》热播			
73分40秒	22分55秒	1.综艺审判者们谈看《辩护人》的感想 2.评价主演宋康昊的演技 3.分析《辩护人》火爆的原因 4.探讨《辩护人》中其他演员的演技 5.讨论《辩护人》是政治电影还是商业电影 6.探讨《辩护人》的价值	主持人现场

三、舞美设计

第一板块的舞台设计非常简洁，三位主持人围坐于一张三角形桌子旁，主持人金九拉正向面对镜头，其他两位主持人侧身背对镜头。桌子下方是一块三角形的LED地板屏，天花板上悬挂一盏三角形的LED灯，与地板对称。画面色彩十分简单，主要由黑白两色构成，演播厅背景为黑色，桌子、椅子和LED灯为白色，整体布景黑白分明，呈现出严肃、庄重的风格，符合该板块专注于政治话题探讨的主题。

图2　第一板块舞台设计（图片来自百度云视频截图）

第二板块的舞台呈梯形，演播厅中间放置了一张弧形长桌，主持人背后为有节目标志的背景板，梯形舞台两侧垂直放置格子形状的背景板。演播厅色彩明亮鲜艳，空间逐渐向镜头方向延伸拓展，呈现出轻松活泼的风格，与该板块聚焦娱乐文化的主题相吻合。

图3　第二板块舞台设计（图片来自优酷视频截图）

四、人员设置

金九拉，韩国主持人兼笑星，因犀利毒舌的主持风格而广为人知。2016年，金九拉获得第52届韩国百想艺术大赏“最佳综艺男演员奖”。

朴智允，韩国主持人、主播。2007 年获KBS演艺大赏“女子优秀奖”。

金希澈，韩国男子偶像组合Super Junior及其子组合Super Junior-T成员之一。

李允锡，韩国笑星，代表作品《周日晚间》《TV 完全情报》《学习的帝王》等。

全元策，职业律师。

柳时敏，职业作家。

许智雄，职业记者。

五、节目分析与可借鉴性

1.拼盘式的板块组合

《舌战》每期节目由两大板块组合而成：时政评论和综艺审判者。两个板块虽然都以谈话的形式呈现，但在内容上完全不同，彼此独立、风格迥异。时政评论板块聚焦近期韩国的热门政治新闻或话题，挖掘新闻背后的故事，选题和评论的专业化程度较高，谈话风格严肃、有深度。综艺审判者板块则选取韩国娱乐圈当下的热门话题，强调从个人视角出发审视娱乐事件，选题偏大众化、娱乐化，谈话风格轻松愉快，与时政评论板块形成鲜明对比。

《舌战》的两大板块尽管彼此独立、界限分明，但两者都围绕节目主旨设计具体内容和表现形式，并且都充分凸显和发挥了该节目犀利、毒舌的特色。两个板块有一个共同的主持人——金九拉，他称得上是《舌战》的核心人物。金九拉自从业以来素以犀利、直接、毒舌的主持风格著称，作为两个板块的共同主持人，金九拉将自己的主持风格融入其中，恰到好处地弥补了两个板块因风格迥异而造成的割裂感，使节目风格在整体上统一、和谐。

2.选题具有新闻性

《舌战》紧跟时事热点，选取节目播出前一周的热点事件或话题，准确把握社会关注热点并迅速做出反应。在2014年1月2日的节目中，时政评论板块讨论的话题是：罢工的列车终于要到达终点站了吗？主持人金九拉在公布话题时说到，讨论的话题本来是“罢工列车究竟哪儿是终点”，然而在节目录制当天上午突然传来铁道工会罢工事件已经得到妥善解决的消息，于是临时更改了话题。由此可以看出，《舌战》特别注重追求新闻的时新性，紧跟社会热点，再以专业的视角对新闻事件进行深度解读，这样既能趁热打铁，提升节目关注度，又能通过讨论的形式引领观众探讨事件背后的深层原因，挖掘事件真相。

3.视听元素丰富

（1）视觉元素

同其他韩国综艺节目一样，《舌战》在后期制作中使用了大量花字，几乎屏幕下方的每一行字幕都有对应的花字出现在字幕上方，重复概括或是解释补充屏幕下方的文字。字体和颜色的丰富多变在一定程度上调节了时政评论板块的单一色调，缓解了观众的视觉疲劳。

此外，节目还运用动画特效营造搞笑气氛，创造视觉差异，引导观众思考。例如2016年8月25日一期节目中，作家柳时敏在进行一句话点评时，引用了曹植的《七步诗》来意指政治内斗的自相残杀，节目在后期制作时给柳时敏配上古代服饰和帽子，在一众朝臣面前吟作《七步诗》，画面诙谐搞笑。律师全元策在谈到韩国教育部推行平生教育单科学院时非常气愤，后期制作就在全律师的身后加上蓝色火焰燃烧的动画特效，直观展现并放大了人物的情绪。

花字、动画特效以及图表等视觉元素的运用，一方面起到了补充、梳理人物谈话内容的作用；另一方面则通过放大笑点和制造笑点，缓解了政治话题和演播厅布景带来的沉闷感，提升了观众的视觉体验，充分体现了服务观众的意识。

（2）听觉元素

听觉元素作为电视节目的声音符号，利用其所指的符号意义，发挥其在节目形态构成中的作用。主题词、片头音乐、特效音响等听觉元素不仅是丰富节目形态、建构节目效果的组成部分，更是承载节目内涵、塑造节目品牌的符号载体。

时政评论板块的主题词是“这一周让韩国国民激动人心的最热门的新闻，向你展现新闻背后没有人说过的故事，揭露热门新闻——《舌战》”，综艺审判者板块的主题词是“将大众文化的一切诱饵严格地用私人尺度来审判，高质量的媒体批评，欢迎来到综艺审判者”。这些主题词不仅仅是简单的标语，而是成为凸显其节目主旨、构建节目差异化和独特性的标志与符号，观众据此建构对《舌战》的认知，积累对节目的熟悉感和认同感，建立与节目专属的情感联系。

4.多角度拍摄营造空间动感

以群体谈话形式呈现的评论性节目，主要靠人物的口头语言来支撑节目内容，这与电视媒介侧重画面叙事和影像传播的功能相矛盾。另外，人物谈话时大多呈静坐姿态，静态画面容易流于单一和呆板，造成观众注意力分散和关注度流失。《舌战》两大板块都采用了多机位拍摄，每位主持人都有至少一个机位对其画面进行捕捉，全方位多角度切换画面，在展现说话人的语言、表情和肢体状态的同时不断切换其他人物的反应，间接表达节目态度和立场。除此之外，《舌战》的景别变换也很频繁，节目根据内容的推进，采用不同的景别来辅助呈现内容。在时政评论板块的开头、结尾以及话题转换之时，画面通常采用全景呈现演播厅全貌。当人物讨论进入白热化阶段，镜头会从中景推至近景再推至特写，一步步渲染紧张气氛。除了机位的设置和景别的切换，《舌战》还经常使用慢镜头回放，二次制造笑点及扩大笑点，增强节目效果。

《舌战》的拍摄方式除了能够全方位捕捉细节，帮助观众深入了解事实外，更重要的是克服了静态空间的局限性，为节目增添了动感，刺激了观众的视觉神经，活跃了观众的思维，因变动带来的未知也为节目制造了悬念，增添了节目的趣味性。

5.多元价值观引发观众共鸣

《舌战》在主持人的设置上别出心裁，时政评论板块由主持人金九拉、律师姜龙锡、作家柳时敏共同主持，综艺审判者板块由主持人金九拉、朴智允，律师姜龙锡，记者许智雄，搞笑艺人李允锡以及偶像歌手金希澈共同主持。主持人来自不同的行业，既有负责活跃气氛、凝聚人气的偶像艺人，又有负责深化内容、总结观点的专业人士，这样类型多样化的主持群能满足观众多元化的审美需求，素人的加入也给节目注入了新鲜元素。此外，《舌战》以意见表达、观点传播为主，各位主持人代表不同的群体发声，从不同的视角出发审视新闻事件，发表自己的观点，在一定程度上实现了话语权的分散，倡导了多元价值观，引导观众从不同的角度看问题，打破了偏见和刻板印象，引起观众在情感上和认知上的共鸣。

6.“毒舌+搞笑”的主持风格

《舌战》的核心主持人金九拉是韩国的笑星，除了犀利、毒舌之外，搞笑娱乐也蕴含于其主持风格之中。时政评论板块因内容性质、节目定位和舞台风格等综合因素的作用，偏于严肃和庄重。金九拉在主持该板块的过程中，较少对政治新闻发表议论，更多的是充当律师和作家之间的调和者的角色，当两人的争论陷入白热化时，金九拉就以幽默的语言加以调侃，巧妙化解紧张的气氛，同时为节目添加笑点，调整节目节奏，引导话题的转换和拓展。而在综艺审判者板块中，金九拉则放大犀利、毒舌的特点，摒弃官方套话，直接揭露韩国艺人、娱乐事件和现象的真相与本质，让原本以轻松愉悦为主的综艺审判者板块多了一份紧张犀利。

主持人金九拉在节目中将两种相去甚远的风格融合得恰到好处，使节目形象更加多面和立体，时政评论和综艺审判者这两个原本差异甚大的板块也因此成为和谐统一的整体。

（牛慧清　丁　晗）

后记

一直以来，我对视听谈话类节目情有独钟。

2013年2月，从美国普渡大学访学一年归来，因部门调整的原因，我开始在中国传媒大学开设“谈话节目的策划与制作”实训课程，并带领学生在学校电视台创办了一档演播室人物访谈节目《传媒人》，在教学和节目制作的过程中，越来越感觉到国内谈话节目类型的单调和局限。

为了给学生提供更多来自电视发达国家谈话节目的案例，从2013年开始，我不断搜集美国、英国、韩国和日本等国家的谈话节目，截止到2016年年底，已经积累了10多档形态各异、在全球颇有影响力的节目。在上课的过程中，我也越来越发现，学生非常喜欢这些谈话节目，从中不仅可以观赏到国际上最前沿的视听谈话节目类型，而且还可以获取视听节目策划的灵感。

为了让更多的人了解来自这些国家的谈话节目的模式，2016年年末，我开始组织学生撰写《全球知名谈话节目案例解析》。

地球之大，如何找到这些国家的知名谈话节目？茫茫人海，到哪里去找懂得这些语言的学生？

没有任何稿酬，没有任何约束，只是因为单纯的喜欢，只是愿意将其他国家知名的谈话节目分享给更多的人。就凭着这份简单的初心，我们义无反顾地上路了。

想来简单，做起来似乎真的不是那么轻松，个中体验，冷暖自知。

好在一路走来，尴尬遭遇毕竟少数，多的是许多人在背后的默默支持。

感谢自己就职的学校。中国传媒大学是一所有着丰富小语种专业的学校，来自不同小语种专业的学生，为书稿的撰写提供了得天独厚的优势。

感谢实训课程班里2016级英语专业的罗琛和2017级翻译专业的刘蓓冰，是你们将书稿写作的信息转发到我校外国语学院的本科生微信群。

一石激起千层浪，虽然联系过程一波三折，但是收获的快感总是会将其中的不悦忘到九霄云外。

很快，来自全球10多个国家的学生以谈话节目的名义汇聚到一起，我们在微信里组建了一支将近30人的跨国写作团队，来不及彼此寒暄，来不及彼此认识，我们就义无反顾地出征了。

这是一次跨越欧洲、美洲、亚洲三大洲，包括中国在内的13个国家的谈话节目的探寻之旅；

这是除我国之外涉及11个语种的谈话节目的深度解析；

这是先后有将近30名、分布在全球和全国不同地方、有着不同专业背景的学生参与的一本书；

这些分散在全球和全国各地的学生，至今多数人未曾谋面，感谢你们对老师的信任，感谢你们对谈话节目的热爱。

感谢我校外国语学院2015级法语专业的李宜珈，2012级德语专业的都子钰，2015级意大利语专业的汤信雅，2011级荷兰语专业的尹彦聪，2015级葡萄牙语专业的魏钰鑫，2009级、2015级西班牙语专业的王瀚生和刘书润，2014级印地语专业的林睿和李鑫竹。撰写初稿的那段时间，这些学生要么在国外攻读硕士研究生，要么在国外进行本科专业的交换学习，自愿加入写作团队后，他们主动舍去假期，放弃原定的旅行，他们的热情和激情让我对书稿不敢有丝毫的懈怠。

同样还要感谢参与书稿的其他学生：北京第二外国语学院2017级德语专业的研究生李欣，2014级吉林华桥外国语学院葡萄牙语专业的王小溪，中国传媒大学2011级传播学专业本科生、英国华威大学跨文化传播专业的研究生董思忆，中国传媒大学2017级国际广播电视方向的研究生卞玮，中国传媒大学2017级广播电视专业的研究生李映璇、汪嘉欣，中国传媒大学2015级汉语言文学专业的研究生王琪东，中国传媒大学2016级新闻业务专业的研究生丁晗、郑金娥，中国传媒大学2016级国际广播电视专业的研究生苏醒、郭翔妹，中国传媒大学2016级、2017级新闻实务专业的研究生童谣、王晨羽，中国传媒大学2017级新闻业务专业的研究生董佳莹、宋豆豆。他们除了完成节目案例解析的初稿外，还承担了大量联络和组织的工作。

还要感谢2013年以来参与过我的课程的学生们，每次全球谈话节目的案例解析的分享课程，总能教学相长。

除了要感谢参与书稿的学生，还要感谢这个时代，感谢互联网，感谢微信，感谢它们为我们提供了跨国联系的便捷，让远在全球不同国家的学生得以在很短的时间内聚集，得以在不同时空使用12个语种参与一本书稿的创作。

感谢中国传媒大学电视台的时任领导乔保平、刘杰锋和宣宝剑，是你们对工作的巨大支持和对教材编写持之以恒的推动，才使我们可以心无旁骛地写作书稿。

还要感谢中国人民大学新闻学院的周奎，他对谈话节目一直抱有浓厚的兴趣，在成书过程中，与他午后的座谈以及他给出的建议，都让我收获颇丰。

还要感谢外国语学院的金勇教授、车子龙和蒋佳惠老师，谢谢你们向我推荐了好几位优秀而靠谱的学生，没有你们无私而默默的支持，书稿是不可能完成的。

当一篇篇初稿从全球各地不断汇集过来，喜悦之情与日俱增。尽管许多学生处于不同国度，因为时差，不间断地沟通和联络变得烦琐；尽管许多学生都是第一次参与初稿的写作，学术语言的表达还稍欠火候；尽管面对30多万字的初稿，修改和完善是如此的煎熬，但是这些分布在不同国家丰富多元的谈话节目，却让整个寒假过得如此曼妙。

最后要感谢的是我的父亲牛文俭和母亲王改果，尽管二位早已仙逝，但是他们面对困难的坚韧品质和对他人永远宽爱的胸怀，使得我一直坚信即使在最艰难的时刻也要笑对未来、善对周围每一个人。

感谢我的家庭，我的每一位至亲，是你们无私的支持和关爱，使我可以尽情地徜徉在全球谈话节目的海洋中，与优秀的电视人展开一场心灵对话。

最后，谨以此书献给每一位对电视谈话节目感兴趣的同仁，献给愿意从事传媒行业并愿意持续关注和创新视听谈话节目的每一位朋友。

2018年7月7日

于中国传媒大学

图书在版编目(CIP)数据

全球知名谈话节目案例解析 / 牛慧清著. -- 北京:中国传媒大学出版社, 2022.12(2023.9 重印)
全媒体实践实验教学系列教材
ISBN 978-7-5657-2958-4

Ⅰ. ①全… Ⅱ. ①牛… Ⅲ. ①谈话—电视节目—案例—教材 Ⅳ. ①G222.3

中国版本图书馆 CIP 数据核字(2021)第 110754 号

全球知名谈话节目案例解析
QUANQIU ZHIMING TANHUA JIEMU ANLI JIEXI

著　　者　牛慧清
策划编辑　王雁来
责任编辑　王雁来
封面设计　拓美设计
责任印制　李志鹏

出版发行　中国传媒大学出版社
社　　址　北京市朝阳区定福庄东街 1 号　　邮　　编　100024
电　　话　86-10-65450528　65450532　　传　　真　65779405
网　　址　http://cucp.cuc.edu.cn
经　　销　全国新华书店

印　　刷　艺堂印刷(天津)有限公司
开　　本　787mm×1092mm　1/16
印　　张　21.25
字　　数　403 千字
版　　次　2022 年 12 月第 1 版
印　　次　2023 年 9 月第 2 次印刷

书　　号　ISBN 978-7-5657-2958-4/G・2958　　定　　价　78.00 元

本社法律顾问:北京嘉润律师事务所　郭建平